Versammlungsleitung in Personengesellschaften

Europäische Hochschulschriften

European University Studies

Publications Universitaires Européennes

Reihe II **Rechtswissenschaft**

Series II Law

Série II Droit

Band/ Volume 6008

Julia Bayer

Versammlungsleitung in Personengesellschaften

PETER LANG

Bibliografische Information der Deutschen Nationalbibliothek
Die Deutsche Nationalbibliothek verzeichnet diese Publikation in der Deutschen Nationalbibliografie; detaillierte bibliografische Daten sind im Internet über http://dnb.d-nb.de abrufbar.

Zugl.: Köln, Univ., Diss., 2017

D38
ISSN 0531-7312
ISBN 978-3-631-75762-8 (Print)
E-ISBN 978-3-631-75811-3 (E-PDF)
E-ISBN 978-3-631-75812-0 (EPUB)
E-ISBN 978-3-631-75813-7 (MOBI)
DOI 10.3726/b14226

Peter Lang – Berlin · Bern · Bruxelles · New York · Oxford · Warszawa · Wien

Diese Publikation wurde begutachtet.

www.peterlang.com

Für Thomas

Vorwort

Die vorliegende Arbeit wurde im November 2017 von der rechtswissenschaftlichen Fakultät der Universität zu Köln als Dissertation angenommen. Rechtsprechung und Literatur konnten bis Mitte Januar 2018 berücksichtigt werden.

Mein herzlicher Dank gilt meiner Doktormutter Frau Prof. Dr. *Barbara Grunewald* für die Anregung zum Thema sowie die Betreuung und Förderung dieser Arbeit. Großer Dank gebührt auch Herrn Prof. Dr. *Martin Henssler* für die schnelle Erstellung des Zweitgutachtens.

Die vorliegende Arbeit wurde durch ein Begabtenstipendium der Hanns-Seidel-Stiftung aus Mitteln des Bundesministeriums für Bildung und Forschung (BMBF) gefördert. Der *Hanns-Seidel-Stiftung* danke ich für die finanzielle und ideelle Förderung.

Von ganzem Herzen danke ich meinem Ehemann *Thomas*, dem diese Arbeit gewidmet ist, für seine Liebe, Geduld und Nachsicht sowie seine Hilfe bei Korrekturarbeiten.

Augsburg, im Januar 2018 *Julia Bayer*

Inhalt

A. Einleitung

Der Versammlungsleiter einer Gesellschafterversammlung kann den Versammlungsverlauf beeinflussen und die Beschlussfassung gegebenenfalls in eine bestimmte Richtung lenken.[1] Durch ein taktisches Vorgehen bei der Leitung kann man sich somit Vorteile verschaffen,[2] was für alle Gesellschaftsformen gleichermaßen zutrifft.

Dass man das Thema Versammlungsleitung primär im Aktienrecht verortet, liegt daran, dass die Bestellung eines Versammlungsleiters (nur) für eine beschließende Aktionärshauptversammlung rechtlich zwingend ist,[3] da wie § 130 Abs. 2 S. 1 AktG zeigt, die Beschlussfeststellung durch den Versammlungsleiter für die Wirksamkeit eines Beschlusses konstitutiv ist.[4] Dementsprechend durchlebt die Thematik im aktienrechtlichen Kontext sowohl in der Rechtsprechung[5] als auch in der Lehre[6] eine stete Entwicklung und ist Gegenstand reger Diskussion. Doch auch im GmbH-Recht, in dem ein Versammlungsleiter nicht obligatorisch ist, wird die Problematik inzwischen ausführlich besprochen.[7]

Bisher erfährt der Problemkreis Versammlungsleitung im Zusammenhang mit Personengesellschaften äußerst wenig Beachtung.[8] Selbst der Großkommentar zum

---

1 Zur GmbH: *Lange*, NJW 2015, 3190 (3191); *Geißler*, GmbHR 2016, 1289 (1294).

2 Vgl. *Fantur*, in: FS Krejci, S. 581 (582) zur österreichischen GmbH.

3 Vgl. Spindler/Stilz/*Wicke*, § 119 Anh. Rn. 1; MüKo-AktG/*Kubis*, § 119 Rn. 105; zur Einpersonen-AG *Blasche*, AG 2017, 16.

4 Hölters/*Drinhausen*, § 130 Rn. 34; Spindler/Stilz/*Wicke*, § 130 Rn. 52.

5 Vgl. nur etwa BGH v. 30.6.2015 – II ZR 142/14, NZG 2015, 1227; OLG Köln v. 9.3.2017–18 U 19/16, AG 2017, 351; OLG Stuttgart v. 8.7.2015–20 U 2/14, AG 2016, 370; OLG Köln v. 16.6.2015–18 Wx 1/15, NZG 2015, 1118; OLG Frankfurt a.M. v. 16.12.2014–5 U 24/14, AG 2015, 272; OLG Stuttgart v. 2.12.2014–20 AktG 1/14, AG 2015, 163; OLG Karlsruhe v. 16.6.2014–11 Wx 49/14, ZIP 2015, 125; LG Ravensburg v. 8.5.2014–7 O 51/13 KfH 1 (rechtskr.), ZIP 2014, 1163.

6 Exemplarisch *Pliquett*, Haftung Hauptversammlungsleiter, 2015; *Blasche*, AG 2017, 16; *Grunewald*, AG 2015, 689; *Schatz*, AG 2015, 696; *Kocher/Feigen*, NZG 2015, 620; *Poelzig*, AG 2015, 476; *Schall*, JZ 2015, 455; *Theusinger/Schila*, BB 2016, 56; *Theusinger/Schila*, BB 2015, 131; *Drinhausen/Marsch-Barner*, AG 2014, 757; *Schürnbrand*, NZG 2014, 1211; *Beck*, RNotZ 2014, 160; *von der Linden*, NZG 2013, 208; *Reul*, notar 2012, 76.

7 *Kleemann*, Versammlungsleiter GmbH, 2013; Scholz/*Seibt*, § 48 Rn. 32–53; Lutter/Hommelhoff/*W. Bayer*, § 48 Rn. 14–18; *Böttcher/Grewe*, NZG 2002, 1086; *Lange*, NJW 2015, 3190; *Werner*, GmbHR 2006, 127; *Wiester*, GmbHR 2008, 189 *Noack*, GmbHR 2017, 792 ff.; Österreich: *Dumfarth*, RdW 2011, 589; *Fantur*, in: FS Krejci, S. 581.

8 Denkanstöße finden sich nur bei *K.-S. Scholz*, in: FS Spellenberg, S. 51 ff. Beck'Formular-HdB/*Blaum/K.-S. Scholz*, Erläuterungen zu Formular VIII. D. 15; sowie vereinzelt bei *Vogel*, Gesellschafterbeschlüsse, S. 109; *Eickhoff*, Gesellschafterversammlung, S. 109 f.

HGB erwähnt einen Versammlungsleiter nur ein einziges Mal.[9] Damit ist die Rechtslage für Personengesellschaften weitaus weniger beleuchtet als die parallel gelagerte Frage zur GmbH vor etlichen Jahrzehnten.[10] Bisher ist es allein Sache der Kautelarjurisprudenz, die Gesellschaftsverträge derart zu gestalten, dass eine rechtssichere Willensbildung möglich ist.[11]

Ein Grund für diese Zurückhaltung bestünde nur dann, wenn die Versammlungsleitung in Personengesellschaften keine praktische Relevanz hätte und eine dogmatische Auseinandersetzung nicht notwendig wäre. So liegt die Sache jedoch nicht: Es macht keinen Unterschied, ob sich mehrere Personen in einer GmbH oder Personengesellschaft zusammenfinden und gemeinsam Entscheidungen treffen müssen. Es besteht immer die Möglichkeit, dass eine zügige ordnungsgemäße Beschlussfassung ohne Koordination durch eine Leitungsperson schwierig oder sogar unmöglich wird. Das Personengesellschaftsrecht ist zudem auch zahlenmäßig in der deutschen Praxis nicht zu vernachlässigen: Am 1.1.2016 waren 24.215 offene Handelsgesellschaften und 257.681 Kommanditgesellschaften im Handelsregister eingetragen[12] – daneben stehen freilich zahllose, mangels Registerpublizität nicht erfassbare Gesellschaften bürgerlichen Rechts sowie nicht von der Analyse erfasste Partnerschaftsgesellschaften (mit und ohne beschränkter Berufshaftung). Darüber hinaus rückt der anstehende Brexit die Personengesellschaften in den Fokus: So könnten Limited Companies (knapp 9.000 im Jahr 2016) oder Public Limited Companies innerhalb Deutschlands zu Personengesellschaften (GbR, OHG) werden, weil die Anerkennung der britischen Gesellschaftsformen nach dem Austritt aus der EU nicht mehr über die Niederlassungsfreiheit gewährleistet ist, soweit bei den Austrittsverhandlungen keine abweichende Vereinbarung geschlossen werde.[13] Bedenkt man zudem, dass das Personengesellschaftsrecht rechtstatsächlich ein äußerst vielfältiges Gebiet von der Kleinst- bis hin zur Publikumsgesellschaft darstellt, können, was die Durchführung einer Gesschafterversammlung betrifft, zum Teil durchaus Vergleiche mit der formalisierten Aktionärshauptversammlung[14] gezogen werden.

---

9 GroßkommHGB/*Schäfer*, § 119 Rn. 22.

10 Schon 1930 eine halbseitige Auseinandersetzung bei Brodmann-GmbHG/*Brodmann*, § 48 Rn. 1 c); Baumbach/Hueck/*Hueck*, 5. Aufl. 1951, § 48 1) B. erläuterte einen umfassenden Aufgabenkanon; ab den 1960er Jahren ausführlich kommentiert, etwa bei Scholz/*Scholz*, 4. Aufl. 1960, § 48 Rn. 5; letztlich durch die Dissertation von *Kleemann*, Versammlungsleiter GmbH, 2013 endgültig weitgehend durchdacht.

11 *K.-S. Scholz*, in: FS Spellenberg, S. 51 (51).

12 *Kornblum*, GmbHR 2016, 691 (692).

13 *J. Schmidt*, in: „Air Berlin, Drogerie Müller, Was der Brexit für die „deutsche Limited" bedeutet", http://www.handelsblatt.com/unternehmen/management/air-berlin-drogerie-mueller-was-der-brexit-fuer-die-deutsche-limited-bedeutet/13825304.html (aufgerufen am 7.7.2016).

14 Baumbach/Hopt/*Roth*, Anh. § 177a Rn. 76.

Dabei ist besonders an Publikumspersonengesellschaften[15] zu denken, bei welchen mindestens um die 50 Gesellschafter[16] zusammenkommen. Daneben ist die KG-Versammlung bei der Kapitalgesellschaft und Co. KG für Streitigkeiten rund um die Versammlungsleitung prädestiniert, weil sie oftmals zeitgleich mit der GmbH-Versammlung stattfindet, bei der die Leitung durch einen Versammlungsleiter üblich ist und in eine weitreichende Konsequenzen nach sich ziehende Feststellung der gefassten Beschlüsse mündet. Grundsätzlich kann die Versammlungsleitung daher in allen denkbaren Personengesellschaften eine Rolle spielen. Jüngst hat zu-

---

15 Der Begriff ist nicht einheitlich definiert, MüKo-HGB/*Grunewald*, § 161 Rn. 106; eine Publikumspersonengesellschaft muss sich jedenfalls deutlich vom gesetzlichen Leitbild unterscheiden, BGH v. 3.5.1982 – II ZR 78/81, NJW 1982, 2303 (2303); möglich ist wie *Grunewald* einen weiten Begriff zugrunde zu legen und allein eine große Gesellschafterzahl für ausreichend zu erachten, MüKo-HGB/*Grunewald*, § 161 Rn. 6; oder man legt einen engeren Begriff an und fordert alternativ oder kumulativ weitere Voraussetzungen, z.B. dass die Anzahl der Gesellschafter unbestimmt und nur nach der Höhe des Gesamtkapitals bestimmbar ist, wobei die Gesellschafter erst noch am Kapitalmarkt geworben werden müssen und sich nur kapitalistisch an der Gesellschaft beteiligen, dass sich die Gesellschafter persönlich nicht kennen und mehr oder weniger zufällig in einer Gesellschaft zusammengeführt werden, dass der Gesellschaftsvertrag vorformuliert ist und nicht von den „Anlegern" verhandelt werden kann: BGH v. 3.5.1982 – II ZR 78/81, NJW 1982, 2303 (2303); BGH v. 21.3.1988 – II ZR 308/87, BGHZ 104, 66 = NJW 1988, 1844 (1904); *Ulmer*, ZIP 2010, 549 (555); umfassender Überblick MünchHdb. GesR II/*Horbach*, § 61 Rn. 2 m.w.N.; einzelne Merkmale betont bei: Oetker/*Oetker*, § 161 Rn. 122; Baumbach/Hopt/*Roth*, § 177a Rn. 52; Ebenroth/Boujong/Joost/Strohn/*Henze*, Anh. B § 177a Rn. 2; daneben wird als Wesensmerkmal eingestuft, dass die geschäftsführende persönlich haftende Gesellschafterin eine von den Anlegern getrennte Management-GmbH ist, *K. Schmidt*, Gesellschaftsrecht, § 57 I 2; im Gegensatz zur bloßen kapitalistischen Gesellschaft, bei der die Geschäfte von den Gesellschaftern geleitet werden Baumbach/Hopt/*Roth*, § 177 Anh. A Rn. 10. Für die Beschlussfassung ist die Anzahl der am Beschluss beteiligten vordergründig, denn dann muss die Beschlussfassung gewissen Regeln folgen, um nicht im Chaos zu versinken. Ob zwischen den Gesellschaftern eine persönliche Verbindung besteht oder eine anonyme Massengesellschaft vorliegt, ist dagegen für die Organisation der Gesellschafterversammlung unwichtig. Vielmehr besteht gerade unter persönlich bekannten Gesellschaftern eine größere Eskalationsgefahr. Auch ein Bezug zum Kapitalmarkt ist nicht entscheidend, da es auch innerhalb der Aktiengesellschaften börsennotierte und nicht börsennotierte Unternehmen gibt, für die aber beide das AktG mit seinen Regeln zur Beschlussfassung und Versammlungsleitung gilt. Liegt zumindest eine Publikumspersonengesellschaft im weiteren Sinne vor, bestehen ganz andere Bedürfnisse an die Beschlussfassung.

16 Eine Beteiligung von nur 20 Gesellschaftern soll nicht ausreichen, BGH v. 11.12.1989 – II ZR 61/89, NJW-RR 1990, 474 (475); 50 Gesellschafter hingegen schon, BGH v. 14.4.1975 – II ZR 147/73, BGHZ 64, 238 = NJW 1975, 1318 (1319); zustimmend: *Grunewald*, Der Ausschluss aus Gesellschaft und Verein, S. 139; MüKo-HGB/*Grunewald*, § 161 Rn. 106; *Wiedemann*, JZ 1983, 559 (560).

dem der 71. Deutschen Juristentag 2016 empfohlen, das Beschlussmängelrecht in Personengesellschaften im Zuge einer umfassenden Reform neuzugestalten – hin zu einem, dem Kapitalgesellschaftsrecht angenäherten, befristeten Anfechtungsmodell.[17] Spätestens dies bringt den Versammlungsleiter mit der – ebenfalls in der Diskussion am DJT aufgeworfenen – Frage, ob eine Beschlussfeststellung durch ihn obligatorisch wird, für alle Personengesellschaften ins Gespräch.

In verschiedensten Formularbüchern werden folgende, teils knappe, teils ausführliche Klauseln vorgeschlagen:

> *„Die Poolversammlung wird von einem Leiter [einem dazu gewählten Gesellschafter, s. § 2 Abs. 1] und bei seiner Verhinderung von seinem Stellvertreter geleitet, sofern die Poolversammlung nicht mit einfacher Mehrheit der abgegebenen Stimmen einen anderen Versammlungsleiter bestimmt. Der Versammlungsleiter sorgt für die Anfertigung einer Niederschrift der Poolversammlung […]. [Bei Beschlussfassung außerhalb einer Versammlung, hat der Leiter] eine Niederschrift über die Beschlussfassung anzufertigen“*[18].

> *„Die Versammlungen leitet der geschäftsführende Sozius.“*[19]

> *„[Die] Leitung von Gesellschafterversammlungen oblieg[t] dem persönlich haftenden Gesellschafter.“*[20]

> *„Den Vorsitz in der Gesellschafterversammlung führt der Vorsitzende des Beirates, sofern die Gesellschafter nicht durch Beschluss eine andere Person zum Leiter der Versammlung bestimmen. […] Der Vorsitzende der Gesellschafterversammlung sorgt für die Anfertigung einer Niederschrift […].“*[21]

> *„Den Vorsitz in der Gesellschafterversammlung führt der Versammlungsleiter. Versammlungsleiter ist der älteste anwesende Komplementär, wenn nicht die Gesellschafterversammlung vor Eintritt in die Tagesordnung unter Leitung des ältesten Kommanditisten/Gesellschaftsvertreters einen anderen Versammlungsleiter wählt. Der Versammlungsleiter stellt die Beschlussfähigkeit der Gesellschafterversammlung fest und entscheidet über die Art der Abstimmung, sofern die Gesellschafterversammlung nicht etwas anders bestimmt.“*[22]

---

17 Abteilung Wirtschaftsrecht, Beschluss 19, http://www.djt.de/fileadmin/downloads/71/161213_71_beschluesse_web.pdf [35:9:7 Stimmen] (aufgerufen am 12.4.2018).

18 Beck'Formular-HdB/*Blaum/K.-S. Scholz*, Vertrag VIII A. 4, § 3 Abs. 4–10 (Poolvertrag von Aktionären).

19 Vertrags-/FormularHdB/*Volhard*, Vertrag II. A. 3, § 2 Abs. 4 a.E. (Freiberufler-GbR).

20 Beck'Formular-HdB/*Blaum/K.-S. Scholz*, Vertrag VIII. D. 1, § 4 Abs. 2 (Aufnahme von Kindern in elterliche KG aufgrund Beteiligungsschenkung).

21 Beck'Formular-HdB/*Blaum/K.-S. Scholz*, Vertrag VIII. D. 2, § 8 Abs. 6–8 (Familien-KG mit Beirat).

22 Vertrags-/FormularHdB/*Volhard*, Vertrag II. B. 4, § 7 Abs. 7 („Ausführlicher KG-Vertrag“); ebenso für Familien-KG (II. B. 5, § 7) und geschlossene Immobilienfonds-KG (II. B. 6, § 7).

„Den Vorsitz in der Gesellschafterversammlung führt der älteste anwesende persönlich haftende Gesellschafter, ersatzweise der älteste anwesende Kommanditist. Der Vorsitzende leitet die Versammlung. Er bestimmt die Reihenfolge der Verhandlungsgegenstände sowie die Art der Abstimmung. […]“[23].

„Die Gesellschafter wählen einen Versammlungsleiter. Dieser sorgt für die Anfertigung einer Niederschrift, die von ihm zu unterzeichnen und allen Gesellschaftern unverzüglich zu übersenden ist.“[24]

„Die Leitung der Gesellschafterversammlung steht in jedem Fall demjenigen geschäftsführenden Gesellschafter zu, der über den größten Anteil am Festkapital der Gesellschaft verfügt, ansonsten dem Ältesten.“[25]

„Den Vorsitz in der Gesellschafterversammlung führt der Vorsitzende des Beirats, sofern die Gesellschafterversammlung nicht einen anderen Vorsitzenden wählt. Der Vorsitzende leitet die Verhandlung; er bestimmt die Reihenfolge der Verhandlungsgegenstände, die Worterteilung und die Art der Abstimmung. […] Der Vorsitzende der Gesellschafterversammlung sorgt für die Anfertigung einer Niederschrift, […, die] von dem Vorsitzenden zu unterzeichnen und allen Gesellschaftern unverzüglich zuzuleiten [ist].“[26]

Auffällig ist, dass all diese in den Mustern enthaltenen Klauseln, außer in der Bearbeitung von *Blaum/Scholz*[27], unkommentiert bleiben.

Die Leitung der Beschlussfassung in der Personengesellschaft wird also in der Praxis weithin betrieben, dogmatisch ist sie indes kaum beleuchtet. Die vorliegende Arbeit bezweckt daher eine nähere Beschäftigung mit dieser Thematik. Da das Personengesellschaftsrecht de lege lata durch sehr spärliche Gesetzesregelungen ausgestaltet und in weitem Maße Richterrecht[28] ist, kann bei der Bearbeitung des Themas kaum auf Gesetzesrecht zurückgegriffen werden. Zusätzlich sind nur wenige weiterführende obergerichtliche Entscheidungen ergangen.[29] Ausgangspunkt

---

23 MüVertrags-HdB/*Riegger/Götze*, Vertrag III. 3, § 9 Abs. 4 (erweiterter KG-Vertrag).

24 Beck'Formular-HdB/*Blaum/K.-S. Scholz*, Vertrag VIII. D. 5, § 5 Abs. 5 (Beteiligungsgleiche GmbH & Co. KG).

25 BeckForm/*Giehl*, Formular 7.4.1.1, § 10 III (ausführlicher OHG-Vertrag); ähnliche Formulierungen auch in den Mustern 7.1.1.1, 7.1.2.1, 7.3.1.1, 7.5.1.1.1, 7.5.2.2, 7.6.1.2, 7.6.1.4.2, 7.6.1.5.1 zu allen Gesellschaftstypen.

26 Beck'Formular-HdB/*Blaum/K.-S. Scholz*, Vertrag VIII. D. 7, § 8 Abs. 5 f. (Beteiligungsgleiche GmbH & Co. KG „mit doppeltem Beirat, großem Gesellschafterkreis und Holdingaufgaben“).

27 Vgl. vor allem die Ausführungen zum Formular VIII. D. 15 (Protokoll über KG-Gesellschafterversammlung). Der Verfasser *Scholz* befasste sich auch in einem weiteren Beitrag mit der Versammlungsleitung in Personengesellschaften: *K.-S. Scholz*, in: FS Spellenberg, S. 51 ff.

28 S. dazu *K. Schmidt*, in: FS Carl Heymanns Verlag, S. 245.

29 Das OLG Stuttgart ließ die Fragen zur Versammlungsleitung offen, da es darauf im konkreten Fall nicht mehr ankam, OLG Stuttgart v. 27.8.2008–14 U 50/07, BeckRS 2009, 05098 , II. A. 3. c) bb) (2).

der Betrachtung muss dennoch das durch Rechtsprechung und Lehre ausgestaltete Wesen der Personengesellschaft sein. Sodann kann untersucht werden, inwieweit sich das Personengesellschaftsrecht bei der Beschlussfassung vom GmbH-Recht unterscheidet und welche für die GmbH entwickelten Grundsätze übernommen werden können. Schließlich sollen auch die schon für die GmbH abgeleiteten Prinzipien einer kritischen Prüfung unterzogen werden.

B. Grundlagen der Beschlussfassung in Personengesellschaften

Beschlüsse müssen in den verschiedensten Situationen gefasst werden: Tagtäglich zu Fragen der Geschäftsführung, freilich auch bei Änderung des Gesellschaftsvertrages oder der Änderung der Gesellschaftsgrundlage, daneben etwa zur Bestellung eines Prokuristen, zur Entziehung der Geschäftsführungsbefugnis oder Vertretungsmacht, bei Erteilung einer Ausnahme vom Wettbewerbsverbot, zur Geltendmachung eines Schadensersatzanspruchs gegen einen Gesellschafter wegen Verletzung des Wettbewerbsverbots, zur Entnahme des Kapitalanteils durch einen Gesellschafter, soweit dieser die zulässige Höhe überschreitet, zur Auflösung der Gesellschaft, zur Einräumung einer Kommanditistenstellung für einen Erben, beim Austritt oder Ausschluss eines Gesellschafters, zur Fortsetzung der Gesellschaft nach der Insolvenz, zur Bestellung, Abberufung und Anweisung vom Liquidatoren und zur Entscheidung über den Verbleib der Bücher und Papiere nach Liquidation, zur Vereinbarung einer Auseinandersetzung.[30] Zusätzlich zu diesen gesetzlich vorgesehenen Gegenständen der Beschlussfassung gibt es zahlreiche Themenkomplexe, die der Gesellschaftsvertrag vorsehen kann, wie z.B. die Entlastung der Geschäftsführung, die Gewinnentnahmen, Wahl und Abberufung sowie Vergütung von Beiratsmitgliedern, Genehmigung des Jahresabschlusses oder die Geschäftsführung im Allgemeinen, also die Gesamtheit aller unternehmerischen Entscheidungen, da die Gesellschafter das „Machtzentrum der Gesellschaft" sind.[31]

Entgegen der Einschätzung *Wielands* von 1921, dass „die offene Handelsgesellschaft, im Gegensatz zu[r ...] Aktiengesellschaft und Gesellschaft mit beschränkter Haftung, durch das allgemeine deutsche Handelsgesetzbuch ihre innerlich abgeschlossene Gestalt erhalten"[32] habe, ist die Willensbildung und Beschlussfassung in den Personengesellschaften im Gegensatz zu den Kapitalgesellschaften äußerst spärlich normiert. Die einzigen Vorschriften, welche die Beschlussfassung tangieren, sind § 709 BGB für die GbR und § 119 HGB für die OHG. Letzterer gilt über § 161 Abs. 1 HGB auch für die KG und über § 6 Abs. 3 S. 2 PartGG für die PartG. Darin wird primär nur das Einstimmigkeitsprinzip als Grundregel normiert (§ 709 Abs. 1 Hs. 2 BGB, § 119 Abs. 1 HGB) und als Ausnahme davon die Vereinbarung einer Mehrheitsentscheidung – im Zweifel nach Köpfen – zugelassen (jeweils Abs. 2).

---

30 § 116 HGB; § 712 BGB bzw. § 117 HGB; § 715 BGB bzw. § 127 HGB; § 112 Abs. 1 HGB; § 113 Abs. 2 HGB; § 122 HGB, § 131 Abs. 1 Nr. 1 HGB; § 139 Abs. 1 HGB; § 737 BGB bzw. § 140 HGB; §§ 146 Abs. 1, 147, 152 HGB; § 152 Abs. 2 S, 2 HGB; § 158 HGB; ähnliche Zusammenstellung für OHG und KG bei *Vogel*, Gesellschafterbeschlüsse, S. 12–14.

31 *Schneider/Schneider*, in: FS Möhring, S. 271 (274).

32 *Wieland*, Handelsrecht, S. 524.

Auf dem 71. DJT wurde vorgeschlagen, grundlegende Regelungen zur Beschlussfassung (Gesellschafterversammlung, Einberufung, Berechnung von Mehrheiten, Stimmverbote) für Personengesellschaften zu normieren,[33] was aber in keinen Beschluss mündete.

Ein Gesellschafterbeschluss ist nach heute ganz hM ein Rechtsgeschäft in Form eines mehrseitigen Aktes, mittels eines solchen die Beteiligten privatautonom und verbindlich über einen von ihnen beabsichtigten Rechtserfolg übereinkommen.[34] Auf ihn sind die allgemeinen Regeln über Rechtsgeschäfte anwendbar.[35] Ein Gesellschafter leitet die Beschlussfassung ein, indem er einen Beschlussvorschlag macht und diesen seinen Mitgesellschaftern zur Abstimmung stellt. Ein Beschluss kommt sodann mit Zugang (§ 130 ff. BGB) der Stimmen (empfangsbedürftige Willenserklärungen[36]) bei sämtlichen Gesellschaftern, einem von ihnen benannten Vertreter oder ggf. bei Mehrheitsbeschlüssen bei der erforderlichen Mehrheit zustande.[37] Sprechen sich genügend Gesellschafter für den betreffenden Beschlussantrag aus, so ist dieser angenommen.[38] Fehlt es an der erforderlichen Stimmanzahl kommt ein ablehnender negativer Beschluss zustande.[39]

Es ist jedoch völlig offen, in welchem Verfahren die Gesellschafter zu einem Konsens kommen. Mit Ausnahme spezieller Formvorschriften für den Sachbeschluss (z.B. § 311b Abs. 1 BGB) ist die Beschlussfassung formfrei,[40] kann also schriftlich, mündlich oder konkludent erfolgen.[41] Jegliches Verfahren ist möglich.[42] Beschluss gefasst werden kann somit im Umlaufverfahren, durch Gespräche, Briefwechsel oder Ähnliches oder im Rahmen einer Gesellschafterversammlung, d.h. sowohl durch zeitgleiche als auch durch gesonderte, nicht zeitgleiche Stimmabgabe.[43] Der historische Gesetzgeber hielt sich zurück, da er davon ausging, nach seinem Leitbild ergäben sich Beschlüsse en passant, da die Gesellschafter täglich Hand in Hand zusammenarbeiten.

Dies entspricht freilich nicht immer der Realität für alle Personengesellschaften. Die Gesellschaftsstrukturen sind äußerst verschieden und damit auch deren Weg

---

33 Referat von *Roßkopf*, These 7, Thesen der Gutachter und Referenten, S. 47.

34 Statt Aller: GroßkommHGB/*Schäfer*, § 119 Rn. 7 m.w.N.

35 BGH v. 18.9.1975 – II ZB 6/74, NJW 1976, 49 (50); MüKo-HGB/*Enzinger*, § 119 Rn. 10; Oetker/*Lieder*, § 119 Rn. 23; Baumbach/Hopt/*Roth*, § 119 Rn. 25; Schlegelberger/*Martens*, § 119 Rn. 4.

36 MüKo-HGB/*Enzinger*, § 119 Rn. 14; Heidel/Schall/*Psaroudakis*, § 119 Rn. 3; Baumbach/Hopt/*Roth*, § 119 Rn. 5

37 GroßkommHGB/*Schäfer*, § 119 Rn. 5; Baumbach/Hopt/*Roth*, § 119 Rn. 26.

38 MüKo-BGB/*Schäfer*, § 709 Rn. 71.

39 GroßkommHGB/*Schäfer*, § 119 Rn. 88.

40 MüKo-BGB/*Schäfer*, § 709 Rn. 71; Heidel/Schall/*Psaroudakis*, § 119 Rn. 2.

41 GroßkommHGB/*Schäfer*, § 119 Rn. 15; Baumbach/Hopt/*Roth*, § 119 Rn. 27; Westermann/*Wertenbruch*, Rz. I 476 f.

42 *Schneider/Schneider*, in: FS Möhring, S. 271 (276).

43 Baumbach/Hopt/*Roth*, § 119 Rn. 26.

der Beschlussfassung. Wie schon dargestellt, ist dafür auch nicht so sehr die Rechtsformunterscheidung nach dem Gesellschaftszeck in GbR, OHG, KG etc. entscheidend, oder ob es sich um eine Innen- oder Außen-, Gelegenheits- oder Dauergesellschaft handelt – maßgeblich ist vielmehr der Gesellschafterkreis und die rechtstatsächliche Ausgestaltung. Die Gesellschafteranzahl kann von zwei[44] bis zu tausenden beteiligten Personen reichen. Einige Gesellschaften entsprechen voll dem gesetzlichen Leitbild der „Arbeits- und Haftungsgemeinschaft"[45], wobei die Person des einzelnen Gesellschafters im Mittelpunkt steht[46]. Bei ihnen führen die Gesellschafter alle Geschäfte selbst[47] und entscheiden regelmäßig einstimmig.[48] Bei anderen Gesellschaften sind Mehrheitsentscheidungen in weitem Maße möglich, weshalb das Verfahren formalisiert werden muss, um das Bedürfnis nach Rechtssicherheit und Vollziehbarkeit bezüglich der Beschlüsse zu erfüllen. Damit einhergehend muss für einen hinreichenden Minderheitenschutz gesorgt sein. Auch eine entsprechende Anpassung an die Bedürfnisse der Gesellschafter ist aufgrund des weiten Gestaltungsspielraumes des Personengesellschaftsrechts weitgehend möglich, da die gesetzlichen Regelungen grundsätzlich nur dispositive Auslegungsregeln darstellen[49].

Eine Gesellschafterversammlung ist – anders als bei der GmbH (§ 48 GmbHG) – als willensbildendes Organ nicht zwingend gesetzlich vorgesehen.[50] Etwas anders ergibt sich allenfalls aus den §§ 43 und 217 UmwG für die Beschlussfassung in der OHG bei der Verschmelzung oder Umwandlung; hier ist ausdrücklich von einer „Gesellschafterversammlung" die Rede. Die Gesellschafterversammlung ist also nur ein Mittel unter vielen zur Ermöglichung der Willensbildung.[51] Demnach steht es den Gesellschaftern frei, spontan ad hoc-Versammlungen abzuhalten.[52] Sie können die Beschlussfassung jedoch auch generell im Gesellschaftsvertrag an ein bestimmtes Verfahren oder an eine Form knüpfen und somit Gesellschafterversammlungen vorsehen.[53] Das Abhalten von Versammlungen ist freilich aufwändig und hemmt die Dynamik und Schnelligkeit der Entscheidungsfindung.[54] Allerdings

44 Nach ganz hM gibt es keine Ein-Personen-Personengesellschaft BGH v. 10.7.1975 – II ZR 154/72, NJW 1975, 1774 (1775); OLG Hamm v. 8.6.1999–27 U 18/99, NJW-RR 2000, 482 (482); OLG Hamm v. 24.11.2011–28 U 196/10, NZG 2012, 20 (20); OLG Koblenz v. 15.7.2014–3 U 1462/12, NZG 2014, 1229 (1229); MüKo-BGB/*Schäfer*, § 705 Rn. 60; a.A. *Weimar*, ZIP 1997, 1769 ff.; *Baumann*, NZG 2005, 919 ff.

45 GroßkommHGB/*Schäfer*, § 119 Rn. 18.

46 *Windbichler*, Gesellschaftsrecht, § 2 Rn. 17.

47 §§ 709, 714 BGB, §§ 114, 125 HGB, §§ 6 Abs. 3, 7 Abs. 2 PartGG; *Vogel*, Gesellschafterbeschlüsse, S. 1 (über die OHG und ganz ähnlich über die KG)..

48 § 709 BGB, § 119 Abs. 1 HGB, § 6 Abs. 3 PartGG).

49 BeckOK-BGB/*Schöne*, § 705 Rn. 3.

50 MüKo-BGB/*Schäfer*, § 709 Rn. 71; *Ulmer*, in: FS Niederländer, S. 415 (415).

51 *Vogel*, Gesellschafterbeschlüsse, S. 2.

52 GroßkommHGB/*Schäfer*, § 119 Rn. 17.

53 *Schneider/Schneider*, in: FS Möhring, S. 271 (277).

54 *Vogel*, Gesellschafterbeschlüsse, S. 2.

sind Gesellschafterversammlungen zum (Informations-)Austausch der Gesellschafter unerlässlich. Insbesondere bei der Zulassung von Mehrheitsentscheidungen ist eine Versammlung zur Wahrung der Minderheitenrechte dringend zu empfehlen, denn nur so hat ein Minderheitsgesellschafter die Möglichkeit, seine Position darzustellen und auf die innere Willensbildung der Gesellschaft einzuwirken.[55] In einer Versammlung wird die Willensbildung mittels Diskussion, Erklärung und Abwägung „bewußt als gemeinschaftlicher Prozeß" vollzogen.[56] Nur bei einer Versammlung kann ein Gesellschafter mittels einer Überzeugungsrede die übrigen Gesellschafter von seiner Sicht der Dinge durch eine stringente Argumentation sowie durch rhetorisches Geschick zu einer bestimmten Stimmabgabe motivieren. Nicht zuletzt ist die Gesellschafterversammlung das „Forum zur Austragung von Gesellschafterkonflikten".[57]

Als Versammlung ist dabei die Zusammenkunft der Gesellschafter zur selben Zeit zu verstehen; nicht immer zwingend ist im digitalen Zeitalter das Treffen am selben Ort. Auch eine virtuelle Besprechung mit Bild- und Tonübertragung bzw. eine Telefonkonferenz ist als Versammlung zu qualifizieren.[58] Denn wenn sogar eine Übertragung der Hauptversammlung gem. § 118 Abs. 4 AktG möglich ist[59], muss dies erst recht für die organisatorisch freie Personengesellschaft gelten. Entscheidend ist allein, dass ein Gespräch zwischen allen Teilnehmern sowie eine schnelle multilaterale Interaktion zum Gedankenaustausch ad hoc möglich ist und alle Teilnehmer dem Wortlaut, der Betonung sowie dem Kontext der Beiträge folgen und ggf. sofort antworten können. Die Abhaltung einer Gesellschafterversammlung fördert daher primär eine schnelle und klare Entscheidungsfindung.[60]

Einer Vereinbarung, dass Beschlüsse nur in Versammlungen gefasst werden, kann zum einen bloßer Ordnungscharakter zukommen. Es kann zum anderen aber auch ein typisch körperschaftliches Element aus den Kapitalgesellschaften eingeführt werden.[61] Dies ist durch Auslegung des Gesellschaftsvertrages nach dem Wortlaut und dem subjektiven Willen der Gesellschafter zu bestimmen, §§ 133, 157 BGB.[62] Unterschiede bestehen darin, welche Konsequenzen die Abwesenheit eines Gesellschafters für die Beschlussfassung hat. Sieht der Gesellschaftsvertrag nur vor, dass die Beschlussfassung in Versammlungen erfolgt, ohne dabei Regelungen über die Beschlussfähigkeit der Gesellschafterversammlung zu treffen und ohne Vereinbarungen, dass für einen Beschluss die Einstimmigkeit oder Mehrheit der anwesenden, statt aller Gesellschafter genügt, zu enthalten, so wird eher

---

55 GroßkommHGB/*Schäfer*, § 119 Rn. 6.
56 *Schneider/Schneider*, in: FS Möhring, S. 271 (280).
57 *Wiester*, GmbHR 2008, 189 (189).
58 Dazu zur GmbH *Bochmann*, GmbHR 2017, 558 (564 f.).
59 Zur virtuellen Hauptversammlung, *Simons*, NZG 2017, 567.
60 *Schneider/Schneider*, in: FS Möhring, S. 271 (280).
61 *Schneider/Schneider*, in: FS Möhring, S. 271 (278).
62 Ausführlich zur (subjektiven) Auslegung von Personengesellschaftsverträgen Oetker/*Lieder*, § 105 Rn. 97 m.w.N.

nur Ordnungscharakter anzunehmen sein.[63] Sind hingegen solche Vereinbarungen getroffen worden oder enthält der Gesellschaftsvertrag Klauseln über die Ladung inklusive Mitteilung der Tagesordnung oder eine Auflistung der Zuständigkeiten der Gesellschafterversammlung, ist die Gesellschafterversammlung „beschränktes Repräsentativorgan", d.h. es steht grundsätzlich jedem Gesellschafter frei, an der Versammlung teilzunehmen und seine Rechte wahrzunehmen, sollte er jedoch nicht kommen, so ist er an den von den übrigen Gesellschaftern in der Gesellschafterversammlung getroffenen Beschluss gebunden.[64] In der Praxis qualifizieren viele Gesellschaftsverträge die Gesellschafterversammlung als eigenständiges Organ,[65] und damit als Institution mit Repräsentativcharakter. Ist ein derartiger Charakter der Gesellschafterversammlung vereinbart, fehlen aber dennoch Regelungen über den Ablauf einer Versammlung, so stellt sich die Frage, welche Grundsätze gelten. Insoweit werden die Regelungen des GmbH-Gesetzes sowie die dazu ergangene Rechtsprechung entsprechend herangezogen,[66] wenn diese im Einzelfall für die Personengesellschaft passen und nicht auf formelle Besonderheiten des GmbH-Rechts zurückzuführen sind.[67]

Diese Sichtweise vermag zu überzeugen, da – jeweils unter dem Vorbehalt der genauen Prüfung einer Übertragbarkeit im Einzelfall – die GmbH noch am ehesten dem Grundbild einer durch persönliche Verbundenheit innerhalb eines überschaubaren Gesellschafterkreises geprägten Gesellschaft entspricht,[68] wohingegen die Vorschriften für die AG aufgrund ihres kapitalistischen Gepräges zumindest für die „klassische" Personengesellschaft nicht passend erscheinen.[69] Auch die Regelungen des Vereinsrechts scheinen allein schon aufgrund ihrer Knappheit nicht analogiefähig zu sein.[70]

---

63 *Schneider/Schneider*, in: FS Möhring, S. 271 (284, 286).

64 *Schneider/Schneider*, in: FS Möhring, S. 271 (285 f.).

65 GroßkommHGB/*Schäfer*, § 119 Rn. 6.

66 GroßkommHGB/*Schäfer*, § 119 Rn. 17; MüKo-HGB/*Enzinger*, § 119 Rn. 48 (unter Beachtung der zwingenden Schranken der Regelungsbefugnis); Baumbach/Hopt/*Roth*, § 119 Rn. 29; *Wiedemann*, Gesellschaftsrecht Bd. II, § 4 I 2 b, S. 298 und ZGR 1996, 295 mit Rspr.-Nachw. zum Beschlussverfahren im GmbH-Recht.

67 GroßkommHGB/*Schäfer*, § 119 Rn. 17.

68 GroßkommHGB/*Schäfer*, § 119 Rn. 17.

69 MüKo-HGB/*Enzinger*, § 119 Rn. 48; GroßkommHGB/*Schäfer*, § 119 Rn. 17; grundsätzlich a.A., aber sodann einschränkend Schlegelberger/*Martens*, § 119 Rn. 6.

70 GroßkommHGB/*Schäfer*, § 119 Rn. 17; BGH v. 20.6.1994 – II ZR 103/93, MDR 1995, 374 (374) (in Bezug auf § 32 Abs. 1 S. 2 BGB); MüKo-HGB/*Enzinger*, § 119 Rn. 48; *Schneider/Schneider*, in: FS Möhring, S. 271 (292) (nicht bindende Anhaltspunkte); Westermann/*Wertenbruch*, Rz. I 476 (nicht bindende Anhaltspunkte).

C. Grundlagen der Versammlungsleitung

I. Definition und Zweck der Versammlungsleitung

Zunächst ist zu definieren, was unter Versammlungsleitung zu verstehen ist. Der Begriff „Versammlungsleiter" oder „Vorsitzender" ist aus dem AktG entlehnt, wo er in §§ 118 Abs. 4, 122 Abs. 3 S. 2, 130 Abs. 2 und 131 Abs. 2 S. 2 AktG erwähnt wird. So kann einem Hauptversammlungsleiter die Aufgabe übertragen werden, die Bild- und Tonübertragung zuzulassen (§ 118 Abs. 4 AktG) und das Rede- und Fragerecht der Aktionäre zeitlich zu beschränken (§ 131 Abs. 2 S. 2 AktG). Zudem obliegt ihm die formelle Beschlussfeststellung, wie sich aus § 130 Abs. 2 AktG ergibt. § 122 Abs. 3 S. 2 AktG sieht die Möglichkeit vor, dass er bei Gestattung der Einberufung durch die Minderheit gerichtlich bestellt werden kann. Ganz überwiegend wird aus der Existenz dieser Normen gefolgert, dass die Hauptversammlung, mit Ausnahme der Ein-Personen-AG, zwingend durch einen Versammlungsleiter geleitet werden muss.[71] Diese Normen regeln den Komplex Versammlungsleitung indes keineswegs abschließend, sondern geben nur Anhaltspunkte für das Amt des Versammlungsleiters. Ausgehend von den gesetzlichen Vorschriften haben Literatur und Rechtsprechung einen ganzen Aufgabenkanon entwickelt und zahlreiche weitere Grundsätze aufgestellt.[72]

Eine einheitliche Definition der Versammlungsleitung existiert bisher nicht. Für diese Arbeit ist Versammlungsleitung jedoch als Koordination des Beschlussfassungsvorgangs der Gesellschafter durch eine Person zu verstehen. Diese moderiert[73] die Diskussion und schafft damit ein geordnetes Forum für eine zügige Entscheidungsfindung. Der Begriff Versammlungsleiter soll nicht zwingend auf den Wortteil „Versammlungs-" beschränkt werden, da es im Personengesellschaftsrecht auch nötig sein kann, Stimmen von bei der Gesellschafterversammlung abwesenden Gesellschaftern einzuholen.

Die Versammlungsleitung verfolgt den Zweck, die Willensbildung der Personengesellschafter in der Gesellschafterversammlung zu fördern. Der Versammlungsleiter hat die Gesellschafterversammlung sach- und ordnungsgemäß durchzuführen und die Beschlussfassung sicherzustellen.[74] Die Beschlussfassung wiederum bezweckt die „Förderung des kollektiven, überindividuellen und unteilbaren Gesellschaftszwecks". Der Versammlungsleiter ist demnach allein Diener der Gesellschaft, ihrer Interessen und ihres Zwecks – nicht der der einzelnen Gesellschafter, obwohl

71 Vgl. Spindler/Stilz/*Wicke*, § 119 Anh. Rn. 1; MüKo-AktG/*Kubis*, § 119 Rn. 105.

72 *Windbichler*, Gesellschaftsrecht, § 2 Rn. 18.

73 *Dumfarth*, RdW 2011, 589 (590).

74 *K.-S. Scholz*, in: FS Spellenberg, S. 51 (58) in Übertragung der aktien- und GmbH-rechtlichen Überlegungen.

er natürlich auch deren Rechte und Interessen bei seinen Maßnahmen angemessen bedenken muss.[75]

II. Notwendigkeit, Zulässigkeit, Zweckmäßigkeit eines Versammlungsleiters

Die Bestimmung eines Versammlungsleiters ist mangels gesetzlicher Vorschriften rechtlich grundsätzlich nicht nötig.[76] Dass es eines Versammlungsleiters immer bedürfe, weil Gesellschafterversammlungen mangels Regelungen nach den Grundsätzen des Körperschaftsrechts abzuhalten seien,[77] ist unzutreffend. Eine rechtliche Notwendigkeit ergibt sich auch nicht aus sonstigen Gründen[78], insbesondere nicht dadurch, dass die Gesellschafter ihr Beschlussmängelrecht modifiziert haben.[79] Dies allein schon deshalb, da auch bei der GmbH ein Versammlungsleiter nicht obligatorisch ist.[80]

Die Gesellschafter können aber aufgrund ihrer Organisationsfreiheit einen Versammlungsleiter bestellen und/oder vereinbaren, dass ein solcher für eine ordnungsgemäße Beschlussfassung notwendig sein soll. Rechtlich zulässig ist diese Einsetzung, wann immer die Gesellschafter dies für hilfreich erachten.[81] Die Befugnis zur Einsetzung entnehmen sie ihrem innergesellschaftlichen Organisationsrecht.[82] Dieses findet seine Grenze nur darin, dass jeder Gesellschafter seine Mitverwaltungsrechte wahrnehmen kann, also an der Versammlung teilnehmen, mitdiskutieren und Anträge stellen sowie das Abstimmungsergebnis überprüfen kann,[83] was durch die Einsetzung eines Versammlungsleiters nicht tangiert wird.

Die Bestellung eines Versammlungsleiters ist vielfach förderlich: Sobald mehrere Personen – unabhängig davon, in welcher Rechtsform – zusammentreffen, gibt es natürlicherweise gegensätzliche Interessen und divergierende Ansichten, die zusammengeführt werden müssen. Auch in anderen Bereichen außerhalb des Gesellschaftsrechts zeigt sich, dass ein Leiter für den Ablauf von Gruppenentscheidungen wichtig ist, z.B. sollen der Bundestagspräsident oder die Landtagspräsidenten

75 Vgl. *K.-S. Scholz*, in: FS Spellenberg, S. 51 (55 f.).

76 *K.-S. Scholz*, in: FS Spellenberg, S. 51 (52); *Sandhaus*, Rechtsschutz, S. 19; Beck'Formular-HdB/*Blaum/K.-S. Scholz*, VIII.D.15 Rn. 6; zum österreichischen Recht *Fritz/Perktold*, Die „neue" Gesellschaft bürgerlichen Rechts, § 1192 B. I. 5.

77 So aber Ebenroth/Boujong/Joost/Strohn/*Freitag*, § 119 Rn. 59.

78 Beck'Formular-HdB/*Blaum/K.-S. Scholz*, VIII. D. 15 Nr. 6; Scholz/*Seibt*, § 48 Rn. 32; GroßkommGmbHG/*Hüffer/Schürnbrand*, § 48 Rn. 27.

79 So aber *K.-S. Scholz*, in: FS Spellenberg, S. 51 (52); zum modifizierten Beschlussmängelrecht ausführlich Kapitel D. 9.

80 Michalski/*Römermann*, § 48 Rn. 91; BeckOK-GmbHG/*Schindler*, § 48 Rn. 40; Roth/Altmeppen/*Roth*, § 48 Rn. 8.

81 MüKo-BGB/*Schäfer*, § 709 Rn. 73.

82 So zur GmbH MüKo-GmbHG/*Liebscher*, § 48 Rn. 107.

83 *Schneider/Schneider*, in: FS Möhring, S. 271 (292).

eine geordnete Diskussion im Parlament sicherstellen; auch für die Sitzungen des Gemeinderates ist der erste Bürgermeister als Vorsitzender vorgesehen (vgl. etwa Art. 36 S. 1 BayGO oder § 51 Abs. 1 GO NRW).

Es sind drei Kriterien zu nennen, bei deren alternativem oder kumulativem Vorliegen die Einsetzung eines Versammlungsleiters in jedem Fall zu empfehlen ist: Erstens bei drohender Unübersichtlichkeit, zweitens bei einem hohen Konfliktpotential[84] und drittens bei wichtigen Beschlüssen, wenn der Einhaltung von Formalien besondere Bedeutung zukommt:

Wenn eine große Zahl von Gesellschaftern beteiligt ist,[85] ist die Zweckmäßigkeit aufgrund drohender Unübersichtlichkeit auf jeden Fall zu bejahen. Wenn eine Vielzahl von Personen ihre Ansichten darlegen wollen, wird dies ohne Leitungsperson im Chaos enden, da alle durcheinanderzureden drohen und sich auch ein Abstimmungsergebnis bei einer so großen Zahl nicht auf einen Blick erkennen lässt. „Eine ordnungsgemäße und effektive Meinungs- und Willensbildung“[86] ist in einem solchen Fall ohne Versammlungsleiter nur schwer vorstellbar. Die bloße Vielzahl an Beteiligten ist jedoch nur ein Indiz für eine notwendige Versammlungsleitung.[87]

Sind nur wenige Gesellschafter beteiligt, kann es bei sachlich umstrittenen Beschlussgegenständen sinnvoll sein, einen Versammlungsleiter einzusetzen,[88] wenn „Kampfabstimmungen“[89] anstehen, da hier ein besonders großes Konfliktpotenzial besteht. Der Leiter sorgt dann für einen sachlichen Austausch aller Argumente und hat, wenn ihm im Einzelfall auch eine Beschlussfeststellungskompetenz mit entsprechenden Konsequenzen zugestanden wird, für ein rechtssicheres Beschlussergebnis Sorge zu tragen. Andernfalls könnte die Beschlussfassung in der Gesellschafterversammlung unmöglich werden oder zumindest Ungewissheit über das Beschlussergebnis eintreten.[90]

Darüber hinaus kann die Versammlungsleitung auch bei nur zwei Gesellschaftern[91] oder bei rivalisierenden Gesellschaftergruppen[92] sinnvoll sein, wenn

84 Vgl. zu den genannten Fallgruppen in der GmbH: MüKo-GmbHG/*Liebscher*, § 48 Rn. 105; Lutter/Hommelhoff/*W. Bayer*, § 48 Rn. 14; *Wicke*, GmbHR 2017, 777 (784).

85 *Vogel*, Gesellschafterbeschlüsse, S. 109; *K.-S. Scholz*, in: FS Spellenberg, S. 51 (52); *Eickhoff*, Gesellschafterversammlung, S. 109, 69; MüKo-BGB/*Schäfer*, § 709 Rn. 73; GmbH: Baumbach/Hueck/*Zöllner/Noack*, § 48 Rn. 16; GroßkommGmbHG/*Hüffer/Schürnbrand*, § 48 Rn. 27; Scholz/*Seibt*, § 48 Rn. 32; Henssler/Strohn/*Hillmann*, § 48 GmbHG Rn. 13.

86 *K.-S. Scholz*, in: FS Spellenberg, S. 51 (52).

87 A.A. Baumbach/Hueck/*Zöllner/Noack*, § 48 Rn. 16, die bei wenigen Gesellschaftern einen Versammlungseiter für „praktisch entbehrlich, ja evtl. nicht einmal zweckmäßig“ erachten.

88 *K.-S. Scholz*, in: FS Spellenberg, S. 51 (52).

89 *Eickhoff*, Gesellschafterversammlung, S. 109, 69.

90 *K.-S. Scholz*, in: FS Spellenberg, S. 51 (52).

91 So auch für die GmbH, *Kleemann*, Versammlungsleiter GmbH, S. 1; a.A. *Vogel*, Gesellschafterbeschlüsse, S. 90.

92 So auch MüKo-GmbHG/*Liebscher*, § 48 Rn. 105.

aufgrund persönlicher Spannungen ein hohes Konfliktpotenzial droht. Gerade bei sachfremden oder persönlichen Differenzen, nimmt eine Diskussion schnell einen unsachlichen Verlauf oder kommt gar nicht erst in Gang. Dem Gesellschaftswohl zum Nutzen, sollte daher auch in diesen Fällen auf einen Versammlungsleiter zurückgegriffen werden. Dieses Konfliktpotential besteht latent in besonders hohem Maße in Kleinstgesellschaften mit nur zwei Gesellschaftern, denen gleiches Stimmrecht zukommt.[93]

Zuletzt ist ein Versammlungsleiter auch bei bedeutsamen Beschlüssen zu empfehlen, da dort regelmäßig die genaue Einhaltung aller Formalia der Gesellschafterversammlung und Abstimmung essentiell ist,[94] um die Handlungsfähigkeit der Gesellschaft nicht durch Beschlussmängelstreitigkeiten im Hinblick auf die Wirksamkeit des zentralen Beschlusses zu gefährden.

Die dargestellten Fälle machen deutlich, dass auch in Personengesellschaften bestimmte Beschlussfassungen nicht unorganisiert erfolgen sollten und eine Leitungsfigur zweckmäßig ist. Dies zeigt sich auch daran, dass es faktisch gerade in Personengesellschaften sehr häufig Versammlungsleiter gibt, denn auch wenn eine Person nicht als Versammlungsleiter bezeichnet wird, so tut sich doch fast immer eine Person hervor, die die Beschlussfassung in geordnete Bahnen lenkt, z.B. der Seniorpartner einer Anwaltskanzlei oder der (dienst-)älteste Teilnehmer. Die Einsetzung eines Versammlungsleiters ist also nicht nur häufig sehr empfehlenswert,[95] sondern entspricht auch der Rechtswirklichkeit.

III. Person des Versammlungsleiters

BGB und HGB treffen keine Aussagen zur Versammlungsleitung und enthalten damit freilich erst recht keine Vorgaben zur Person des Versammlungsleiters. Somit stellt sich die Frage, wer Versammlungsleiter sein kann.

1. Kein geborener Versammlungsleiter

Das deutsche Gesellschaftsrecht weist die Versammlungsleitung generell in keiner Gesellschaft einer konkreten Person oder einem Funktionsträger zu.[96] Stets lässt das Gesetz wenigstens die Personenfrage offen. Die Gesellschafter müssen sich im Rahmen der jeweiligen Mehrheitsverhältnisse einigen und diese Frage selbst klären. So wenig wie im Aktienrecht ohne entsprechende Satzungsregelung der Aufsichtsratsvorsitzende Versammlungsleiter ist – auch wenn er in knapp 90 % der

---

93 Weiterführend zur Satzungsgestaltung zum Zwecke der Auflösung von Pattsituationen *Dauner-Lieb/Winnen*, in: FS Brambring, S. 45 zur GmbH.

94 *Eickhoff*, Gesellschafterversammlung, S. 109, 69.

95 Vgl. auch MüKo-BGB/*Schäfer*, § 709 Rn 73; Bestandteil der „Checkliste“ bei MAH PersGR/*Johannsson*, § 4 Rn. 273.

96 *K.-S. Scholz*, in: FS Spellenberg, S. 51 (53).

Aktiengesellschaften bestellt wird[97] –, so wenig ist in Personengesellschaften etwa der älteste oder dienstälteste Gesellschafter, der Gesellschafter mit dem größten Anteil oder der geschäftsführende Gesellschafter allein kraft dieser Eigenschaft Versammlungsleiter.[98] Denn gerade im Personengesellschaftsrecht, wo sogar die Frage, ob man überhaupt einen Versammlungsleiter möchte, schon zur freien Disposition der Gesellschafter steht, wäre es widersprüchlich, wenn es einen geborenen Versammlungsleiter gäbe.[99] Auch praktische Erwägungen sprechen gegen die Annahme eines geborenen Versammlungsleiters: Was würde gelten, wenn mehrere Gesellschafter gleich alt oder mit gleichem Anteil beteiligt sind oder es mehrere geschäftsführende Gesellschafter gibt? Würde, wenn ein fakultativer Beirat oder Aufsichtsrat eingerichtet ist, der Vorsitzende oder ein Mitglied dieser Gremien dann stets dem ‚normalen' geborenen Versammlungsleiter vorgehen? Diese Fragen zeigen deutlich die praktischen Schwierigkeiten eines geborenen Versammlungsleiters. Noch größer sind aber die dogmatischen Bedenken: Aus welchem Recht sollte das geborene Recht hergeleitet werden? Ein genereller primus inter pares unter den Gesellschaftern ist mit dem Gedanken der Personengesellschaft als vertraglichem Zusammenschluss unvereinbar.[100] Demnach existiert auch kein Grundsatz, wonach der persönlich haftende Gesellschafter oder der Beiratsvorsitzende Versammlungsleiter ist.[101] Es gibt somit keinen geborenen Versammlungsleiter[102] und ein Versammlungsleiter muss stets (aus-)gewählt werden.

Anders stellt sich die Rechtslage nur außerhalb des Gesellschaftsrechts, nämlich im Recht der WEG, dar: Hier hat der Gesetzgeber die Personalfrage in § 24 Abs. 5 WEG selbst entschieden und den Verwalter zum gesetzlichen Versammlungsleiter bestellt, zumindest sofern die Wohnungseigentümerversammlung nichts Abweichendes beschließt; der Verwalter ist geborener Versammlungsleiter.[103]

2. Gesellschafter-Leiter

Zum Leiter bestimmt werden kann grundsätzlich jeder Gesellschafter, sowohl ein geschäftsführender als auch ein nichtgeschäftsführender, sowohl der Mehrheits- als auch ein Minderheitsgesellschafter, sowohl der Komplementär als auch ein Kommanditist.

---

97 *W. Bayer/Hoffmann,* AG 2012, R339 (R339); zum Aufsichtsratsvorsitzenden als Versammlungsleiter jüngst überblicksartig bei *Hoffmann-Becking,* NZG 2017, 281 ff.

98 *Schneider/Schneider,* in: FS Möhring, S. 271 (292); Beck'Formular-HdB/*Blaum/ K.-S. Scholz,* VIII.D.15 Rn. 6.; *K.-S. Scholz,* in: FS Spellenberg, S. 51 (53); so auch Reichert/*Liebscher,* § 17 5. Kapitel V Rn. 133.

99 *K.-S. Scholz,* in: FS Spellenberg, S. 51 (53).

100 *K.-S. Scholz,* in: FS Spellenberg, S. 51 (53).

101 *Schneider/Schneider,* in: FS Möhring, S. 271 (292).

102 *K.-S. Scholz,* in: FS Spellenberg, S. 51 (53).

103 *Häublein,* ZWE 2012, 1 (10).

Die Einsetzung eines Gesellschafters kann aber Probleme mit sich bringen.[104] Ein Versammlungsleiter sollte neutral und integer sein,[105] was bei einem Gesellschafter schwierig ist, da er innerhalb der Gesellschaft eigene Interessen verfolgt und für ihn günstige Beschlussergebnisse erreichen möchte. Es besteht daher immer die Gefahr, dass er seine Kompetenzen in eigennütziger Weise missbraucht. Je unterschiedlicher die verschiedenen Interessen der Gesellschafter sind und je tiefer sich Gräben zwischen den einzelnen Lagern gezogen haben, desto größer ist die Gefahr einer Eskalation. Somit kann die Versammlungsleitung in der Hand eines Gesellschafters die Konsequenz nach sich ziehen, dass der Versammlungsleiter die Willensbildung nicht erleichtert, sondern vielmehr verkompliziert. Aus Gründen eines drohenden Interessenkonfliktes (etwa bei der Entlastung), kann die Hauptversammlung einer AG daher nach ganz herrschender Ansicht nicht von einem Vorstandsmitglied geleitet werden.[106] Gerade einen geschäftsführenden Gesellschafter kann die zusätzliche Aufgabe der Versammlungsleitung auch überfordern, da ihm daneben auch andere Pflichten wie die Berichterstattung, die Erläuterung der Bilanz oder die Beantwortung von Fragen zukommen.[107] Trotz der praktischen Bedenken ist die Versammlungsleitung durch einen Gesellschafter rechtlich freilich zulässig. Gerade weil das Gesetz ein solches Amt nicht einmal vorsieht, genügt es, wenn sich die Gesellschafter auf einen Leiter aus ihrer Mitte einigen, denn die Gesellschafter haben die Möglichkeit, ihr Innenrecht frei zu bestimmen.

3. Dritt-Leiter

Im GmbH-Recht ist anerkannt, dass auch ein Nichtgesellschafter Versammlungsleiter sein kann.[108] Zu denken ist etwa an den Syndikus[109] oder einen anderen (externen) Rechtsanwalt[110]. Weil ein Dritter nicht unmittelbar persönlich durch die in der Gesellschafterversammlung gefassten Gesellschafterbeschlüsse betroffen und daher neutraler ist, wäre die Einsetzung eines Dritt-Leiters auch in Personengesellschaften oftmals vielversprechend und dürfte dem Gesellschaftsinteresse dienen.[111]

---

104 Zum GmbH-Gesellschafter als Versammlungsleiter der GmbH-Gesellschafter versammlung, *Kleemann*, Versammlungsleiter GmbH, S. 28 ff.

105 MüKo-GmbHG/*Liebscher*, § 48 Rn. 109.

106 MüKo-AktG/*Kubis*, § 119 Rn. 106 m.w.N.

107 *Vogel*, Gesellschafterbeschlüsse, S. 90.

108 MüKo-GmbHG/*Liebscher*, § 48 Rn. 109; GroßkommGmbHG/*Hüffer/Schürnbrand*, § 48 Rn. 29; Scholz/*Seibt*, § 48 Rn. 33; Baumbach/Hueck/*Zöllner/Noack*, § 48 Rn. 16; Lutter/Hommelhoff/*W. Bayer*, § 48 Rn. 14; BeckOK-GmbHG/*Schindler*, § 48 Rn. 45; Henssler/Strohn/*Hillmann*, § 48 GmbHG Rn. 13; *Böttcher/Grewe*, NZG 2002, 1086 (1088); *Wiester*, GmbHR 2008, 189 (191); *Wicke*, GmbHR 2017, 777 (785).

109 *Böttcher/Grewe*, NZG 2002, 1086 (1088); BeckOK-GmbHG/*Schindler*, § 48 Rn. 45.

110 MüKo-GmbHG/*Liebscher*, § 48 Rn. 1089.

111 Ähnlich für die GmbH *Geißler*, GmbHR 2016, 1289 (1294).

a) Kein Verstoß gegen den Grundsatz der Selbstorganschaft

Für die Personengesellschaft ist die rechtliche Zulässigkeit der Bestellung eines Dritten aufgrund des Grundsatzes der Selbstorganschaft indes nicht gänzlich unproblematisch: Soweit man dieses Prinzip anerkennt und für alle Personengesellschaften einschlägig hält,[112] steht es dafür, dass Geschäftsführung[113] und organschaftliche Vertretung[114] grundsätzlich[115] von persönlich haftenden Gesellschaftern wahrgenommen werden und nicht gänzlich auf Dritte übertragen werden können. Geschäftsführung ist jede tatsächliche oder rechtliche Handlung, die dazu dient, den Gesellschaftszweck zu fördern, ohne Grundlagengeschäft zu sein.[116] Dabei ist sowohl ein Handeln im Innenverhältnis, als auch im Außenverhältnis (als Pendant zur Vertretung) erfasst.[117] Dazu zählt *Schöne* auch die „Vorbereitung eines Gesellschafterbeschlusses“[118]. Die Versammlungsleitung dient zwar der Beschlussfassung, ist aber selbst keine Geschäftsführungsmaßnahme: Vielmehr können die mit Unterstützung des Versammlungsleiters gefassten Beschlüsse selbst der Geschäftsführung angehören – oder aber freilich auch Grundlagenbeschlüsse darstellen. Dem Versammlungsleitung kommt daher im Hinblick auf die Beschlussfassung nur eine dienende Funktion zu. Blickt man vergleichend auf die GmbH, bestätigt sich das gefundene Ergebnis: Die Versammlungsleitung in der GmbH ist kein Teil der Geschäftsführung, vielmehr ist der „gesamte Bereich der körperschaftsrechtlichen Beziehung kein Bestandteil der Geschäftsführung“[119]. Somit ist die Versammlungsleitung der Gesellschafterversammlung keine dem Geschäftsführer obliegende Aufgabe.[120] Dieser ist gerade nicht der geeigneteste Vorsitzende,[121] weil in der Gesellschafterversammlung z.B. auch über seine Entlastung etc. abgestimmt wird und er daher befangen sein kann.[122]

Die Versammlungsleitung selbst ist also schon nicht als Geschäftsführungsmaßnahme einzustufen – sie dient vielmehr nur als rein organisatorische Unterstützung der Beschlussfassung. Damit kommt es auf die Frage der Delegierbarkeit an einen Dritten gar nicht mehr an.

---

112 Kritisch *Grunewald*, Gesellschaftsrecht, § 1 Rn. 42 ff. m.w.N.

113 Zu diesem Aspekt BeckOK-BGB/*Schöne*, § 709 Rn. 4 ff.

114 Dazu MüKo-HGB/*K. Schmidt*, § 125 Rn. 5 ff.

115 Ausnahme ist der besondere Vertreter, dazu *Karrer*, NZG 2008, 206; *Karrer*, NZG 2009, 932.

116 Vgl. MüKo-BGB/*Schäfer*, § 709 Rn. 7.

117 Vgl. BeckOK-BGB/*Schöne*, § 709 Rn. 3.

118 BeckOK-BGB/*Schöne*, § 709 Rn. 3.

119 *Kleemann*, Versammlungsleiter GmbH, S. 33.

120 A.A. *Vogel*, Gesellschafterbeschlüsse, S. 143, der davon ausgeht, dass sie ihm „naturgemäß“ zusteht.

121 Vgl. Lutter/Hommelhoff/*W. Bayer*, § 48 Rn. 14; Kleemann, Versammlungsleiter GmbH, S. 33; *Lange*, NJW 2015, 3190 (3192); a.A. MüKo-GmbHG/*Liebscher*, § 48 Rn. 110.

122 Ausführlich dazu *Kleemann*, Versammlungsleiter GmbH, S. 31 ff.

b) *Mangelndes Teilnahmerecht des Dritten*

Darüber hinaus sind Dritte auch nicht generell von der Versammlungsleitung ausgeschlossen, weil sie grundsätzlich kein Zugangsrecht zur Gesellschafterversammlung haben.[123] Dies wird damit begründet, dass den Gesellschaftern ansonsten aufgezwungen werden könnte, Dritte innerhalb der Gesellschaft zu dulden, die sie sich nicht als Mitgesellschafter ausgesucht haben.[124] Dieses Problem betrifft freilich die GmbH gleichermaßen.

Sobald aber ein Dritter zum Versammlungsleiter bestellt ist, erwächst ihm kraft seines Amtes ein eigenes Teilnahmerecht,[125] da er ansonsten die ihm aufgetragene Tätigkeit gar nicht ausüben könnte. Eine abweichende Beurteilung kann sich nur ausnahmsweise aus Treu und Glauben (§ 242 BGB) ergeben, wenn die Bestellung zum Versammlungsleiter einzig dazu dient, einem Dritten unberechtigten Zutritt zu verschaffen.[126] Voraussetzung eines Teilnahmerechts ist allerdings, dass der Versammlungsleiter schon im Amt ist. Soll ein Dritter zum erstem Mal gewählt werden, so steht ihm noch kein eigenes Teilnahmerecht zu. Seine Lage ist im Übrigen nicht vergleichbar mit einem Erwerber von Geschäftsanteilen unter einer aufschiebenden Bedingung, für den eine Teilnahmerecht kraft Anwartschaftsrecht diskutiert wird.[127]

c) *Verschwiegenheitspflicht des Dritten*

Weiterhin könnten Bedenken gegen einen Dritten bestehen, weil er auf der Gesellschafterversammlung von internen Angelegenheiten der Gesellschaft und der Gesellschafter Kenntnis erlangt.[128] Die Gesellschafter haben ein berechtigtes Geheimhaltungsinteresse an ihren internen Entscheidungen.[129] Allerdings werden oftmals Dritte bestellt, die ohnehin bereits einer beruflichen Verschwiegenheitspflicht unterliegen, wie Anwälte (§ 43a Abs. 2 BRAO), Steuerberater (§ 57 Abs. 1 StBerG) oder Wirtschaftsprüfer (§ 43 Abs. 1 WPO). Aber auch sonstige Dritte sind zumindest als Nebenpflicht (§ 241 Abs. 2 BGB) aus dem mit der Gesellschaft bestehenden

---

123 GroßkommHGB/*Schäfer*, § 119 Rn. 20; MüKo-HGB/*Enzinger*, § 119 Rn. 49; umfassende Darstellung des Streitstandes in Rechtsprechung und Literatur *Saenger*, Beteiligung Dritter, S. 48 ff.

124 *Saenger*, Beteiligung Dritter, S. 133.

125 So auch herauslesbar bei *K.-S. Scholz*, in: FS Spellenberg, S. 51 (57); gleiche Ergebnisse auch *Kleemann*, Versammlungsleiter GmbH, S. 9 (zur GmbH); MüKo-AktG/*Kubis*, § 119 Rn. 106 (zur AG).

126 *K.-S. Scholz*, in: FS Spellenberg, S. 51 (57).

127 Gegen ein Teilnahmerecht: GroßkommHGB/*Schäfer*, § 119 Rn. 20; Koller/Kindler/Roth/Morck/*Kindler*, § 119 Rn. 2 (zum Stimmrecht); dafür: OLG Dresden v. 13.3.2000–2 U 3190/99, NZG 2001, 403 (zum anwartschaftsberechtigten Kommanditisten).

128 *Saenger*, Beteiligung Dritter, S. 133.

129 *Saenger*, Beteiligung Dritter, S. 133.

Schuldverhältniss[130] zur Verschwiegenheit verpflichtet.[131] Der Versammlungsleiter ist somit – soweit dies nicht schon aus beruflichen Gründen der Fall ist – jedenfalls gem. § 241 Abs. 2 BGB zur Verschwiegenheit über die Geschehnisse in der Gesellschafterversammlung verpflichtet.

d) Probleme mit Dritt-Leitern

Problematisch hinsichtlich eines externen Leiters könnte sein, dass dieser nicht rund um die Uhr zur Verfügung steht, wenn ggf. sehr eilige Entscheidungen zu treffen sind. Dieses Problem ist jedoch rein wirtschaftlicher Natur und wird mit entsprechender Vergütung des Leiters zu lösen sein.

In der Tatsache, dass ein Externer nicht unentgeltlich tätig wird, sondern mitunter hohe Kosten verursacht, liegt auch schon das Hauptproblem. Die anfallende Vergütung wird Gesellschaften regelmäßig abschrecken, einen dringend benötigten und kompetenten externen Leiter mit fundierten (gesellschafts-)rechtlichen Kenntnissen zu engagieren, selbst wenn die präventive Investition in einen sachkundigen, neutralen Dritten im Endeffekt eine sinnvolle, kostengünstigere und vor allem harmoniefördernde Lösung für den Fall einer hitzigen Stimmungslage wäre.[132]

Die Gesellschafter können daher, sofern sie die Kosten nicht scheuen, auch einen Dritten als Versammlungsleiter einsetzen.[133] Ausgenommen wäre wegen § 3 Abs. 1 S. 1 BeurkG nur der beurkundende Notar,[134] sofern der Gesellschaftsvertrag die notarielle Beurkundung bestimmter Beschlüsse vorsieht[135].

4. Aufsichts- oder Beiratsmitglied

Ein Mittelweg zwischen der Bestellung eines Gesellschafters und eines Dritten wäre die Bestimmung des Aufsichtsrats- oder Beiratsvorsitzenden als Leiter[136]. Allerdings sind derartige Institutionen in der Personengesellschaft nicht vorgesehen und wohl auch nur ausnahmsweise eingerichtet. Zudem können diese Positionen auch von Gesellschaftern eingenommen werden, womit wieder das Problem eines Interessenkonfliktes im Raum stünde. Somit bleibt diese Option zwar für den Einzelfall geeignet, ist für das Gros der Gesellschaften jedoch uninteressant.

---

130 Dazu Kapitel F.

131 Vgl. nur BeckOK-BGB/*Sutschet*, § 241 Rn. 88.

132 Ähnliche Gedanken für die GmbH bei *Kleemann*, Versammlungsleiter GmbH, S. 29.

133 *K.-S. Scholz*, in: FS Spellenberg, S. 51 (53).

134 Für die AG: KG v. 6.12.2010–23 AktG 1/10, NZG 2011, 305; für die GmbH: Lutter/Hommelhoff/*W. Bayer*, § 48 Rn. 14.

135 Zur Zulässigkeit MüKo-HGB/*Enzinger*, § 119 Rn. 46.

136 So für die GmbH: BeckOK-GmbHG/*Schindler*, § 48 Rn. 45; Henssler/Strohn/*Hillmann*, § 48 GmbHG Rn. 13 Michalski/*Römermann*, § 48 Rn. 102; MüKo-GmbHG/*Liebscher*, § 48 Rn. 109.

5. Persönliche Qualifikationen

In der Wahl der Leitungsperson sind die Gesellschafter völlig frei. Rechtskenntnisse sind nicht zwingend, aber in keinem Fall nachteilig. Die Kenntnis der deutschen Sprache ist immer dann nicht relevant, sobald sich alle Gesellschafter und der Leiter in derselben Sprache fließend verständigen können. Selbst in der AG muss der Hauptversammlungsleiter nicht zwingend deutsch sprechen, sondern kann sich eines Dolmetschers bedienen.[137] Zwar wäre auch in der Personengesellschaft ein Dolmetscher zulässig, jedoch scheint ein solch großer Aufwand unnötig. Auch ist es deutlich schwieriger für einen nur mittels Dolmetscher agierenden Versammlungsleiter seine Leitungsaufgaben, die auch in entscheidender Weise von dessen rhetorischem Geschick, Autorität etc. beeinflusst werden, durch einen Dritten erfolgreich wahrzunehmen.

6. Versammlungsleitung durch nicht natürliche Personen

Sowohl die Einsetzung einer natürlichen als auch einer juristischen Person in das Amt des Versammlungsleiters dürfte wohl rechtlich zulässig sein.[138] Zudem müsste auch die Einsetzung einer Personengesellschaft möglich sein.

Denn wenn Gesellschafter einer Personengesellschaft auch eine juristische Person oder eine Personengesellschaft sein kann, dann ist kein Grund ersichtlich, weshalb die Versammlung nicht ebenfalls von einer solchen geleitet werden könnte. Praktisch relevant ist dies z. B. für die Komplementär-GmbH einer GmbH & Co. KG oder im Falle einer extern beauftragten Anwaltssozietät.

Natürlich müsste sich die juristische Person oder Personengesellschaft in jedem Fall durch eine natürliche Person vertreten lassen, da sie selbst handlungsunfähig ist; somit wäre stets eine natürliche Person entscheidungsbefugt. Wichtig ist allein, dass die leitende Gesellschaft nur von *einer* natürlichen Person vertreten wird; ist dagegen eine Personenmehrheit (z. B. mehrere GmbH-Geschäftsführer oder Gesamtvertretung für die Personengesellschaften) bestimmt, so muss zwingend intern die Versammlungsleitung in der zu leitenden Gesellschaft einem Vertreter zugewiesen werden, dem hierbei die alleinige Entscheidungsbefugnis zukommt. Es würde die Leitungsaufgabe sonst ad absurdum führen, wenn innerhalb der zu leitenden Gesellschafterversammlung eine Versammlung der Versammlungsleiter nötig wäre, um eine Entscheidung zu treffen. Die natürliche Person muss zudem unbeschränkt geschäftsfähig sein; fehlt es daran, kann ein Rechtsverhältnis[139] mit ihr, zumindest

---

137 OLG Hamburg v. 12.1.2001–11 U 162/00, NZG 2001, 513 (516); Hüffer/*Koch*, § 129 Rn. 18; Spindler/Stilz/*Wicke*, § 119 Anh. Rn. 2.

138 Rechtlich möglich, aber unpraktikabel: *Kleemann*, Versammlungsleiter GmbH, S. 28; für die AktG soll es rechtlich unmöglich sein, MüKo-AktG/*Kubis*, § 119 Rn. 106.

139 Zum Rechtsverhältnis s. ausführlich Kapitel F.

ohne die Mitwirkung gesetzlicher Vertreter, nicht wirksam abgeschlossen werden (§§ 104, 107 BGB).[140]

7. Zusammenfassung

Jeder der potentiellen Kreise, aus denen der Versammlungsleiter stammen kann, hat seine Vor- und Nachteile. Je harmonischer die Stimmung unter den Gesellschaftern ist, desto empfehlenswerter ist es, lediglich einen Gesellschafter zum Versammlungsleiter zu küren und sich die Kosten für eine externe Leitung zu sparen. Je mehr rivalisierende Gruppen, größere Uneinigkeit und geringeres Vertrauen in die Integrität der Gesellschafter deren Verhältnis untereinander dominieren, desto mehr lohnt sich die Investition in einen neutralen Dritten. Im besten Fall verfügt der Dritte bereits über Erfahrung bei der Versammlungsleitung sowie über gesicherte Rechtskenntnisse.

Eine weitere Option wäre, gesellschaftsvertraglich zwar einen Gesellschafter vorzusehen, jedoch eine davon abweichende Wahl zuzulassen, was auch als auflösende oder aufschiebende Bedingung formuliert werden könnte. Dadurch wäre es möglich, für schwierige Sitzungen oder streitige Einzelsituationen auf einen externen Experten zurückzugreifen, ohne dass dieser fortlaufende Kosten verursachen würde.

---

140 *Kleemann*, Versammlungsleiter GmbH, S. 28.

D. Die Kompetenzen des Versammlungsleiters

Im Folgenden werden die dem Versammlungsleiter zukommenden Rechte und Pflichten, d.h. sein Aufgabenkanon, beschrieben. Der Versammlungsleiter schafft den organisatorischen Rahmen für die Gesellschafterbeschlüsse, trifft selbst aber keine inhaltlichen Entscheidungen[141] – ist der Versammlungsleiter zugleich Gesellschafter, entscheidet er nur als solcher inhaltlich. Der Versammlungsleiter hat daher, sofern er Gesellschafter ist, auch keine besonderen Stimmrechte und entscheidet somit bei Stimmgleichheit nicht über das Beschlussergebnis.[142]

Welche Kompetenzen ihm zustehen, lässt sich mangels Regelung nicht aus dem BGB, HGB oder GmbHG entnehmen. Vorrangig sind, soweit vorhanden, getroffene Regelungen im Gesellschaftsvertrag oder sonstige Vereinbarungen bei der Bestellung.[143] Hierbei können aufgrund der Organisationsfreiheit der Gesellschafter grds. alle gewünschten Kompetenzen übertragen oder eingeschränkt werden.

Um Konflikte über die Reichweite der Kompetenzen zu vermeiden, wäre es sogar zu empfehlen, die Aufgaben gesellschaftsvertraglich zu regeln.[144] Die wenigsten Gesellschaftsverträge benennen jedoch Kompetenzen des Versammlungsleiters. Gibt es keine Regelungen, so muss der Aufgabenumfang „interpretativ“[145] aus der Funktion des Versammlungsleiters abgeleitet[146] werden. Dabei besteht einerseits ein Spannungsfeld zwischen der Notwendigkeit weitreichender Kompetenzen, um die Leitung effektiv auszuüben, und dem ausreichenden Schutz der – in Personengesellschaften persönlich haftenden – Gesellschafter andererseits.

Die Aufgabe des Versammlungsleiters ist es, in einem ordnungsgemäßen Verfahren für eine zügige Beratung und Beschlussfassung der Gesellschafter zu sorgen.[147] Er soll also die Diskussion und Abstimmung in der Gesellschafterversammlung in geordnete Bahnen lenken, jedem Gesellschafter die Möglichkeit geben, seine Rechte wahrzunehmen[148] und zu einem förderlichen Miteinander beitragen. Diesen Zweck verfolgt die Versammlungsleitung sowohl bei der GmbH als auch im Kern bei der AG. Daher kommen

141 *Vogel*, Gesellschafterbeschlüsse, S. 90; *Dumfarth*, RdW 2011, 589 (590 f.).

142 So ausdrücklich zur Rechtslage in Österreich *Fritz/Perktold*, Die „neue“ Gesellschaft bürgerlichen Rechts, § 1192 B. 5.

143 Scholz/*Seibt*, § 48 Rn. 36; GroßkommGmbHG/*Hüffer/Schürnbrand*, § 48 Rn. 31.

144 Beck'Formular-HdB/*Blaum/K.-S. Scholz*, VIII.D.15 Rn. 7; MüKo-BGB/*Schäfer*, § 709 Rn. 73; *Dumfarth*, RdW 2011, 589 (590); Saenger/Inhester/*Bergjan*, § 48 Rn. 10.

145 *Fantur*, in: FS Krejci, S. 581 (582).

146 Vgl. BGH v. 11.11.1965 – II ZR 122/63, BGHZ 44, 245 = NJW 1966, 43 (44) (zur AG); *K.-S. Scholz*, in: FS Spellenberg, S. 51 (58); Beck'Formular-HdB/*Blaum/K.-S. Scholz*, VIII.D.15 Rn. 7; Michalski/*Römermann*, § 48 Rn. 106.

147 *Vogel*, Gesellschafterbeschlüsse, S. 90; Beck'Formular-HdB/*Blaum/K.-S. Scholz*, VIII.D.15 Rn. 7; *Eickhoff*, Gesellschafterversammlung, S. 109, 70.

148 *Eickhoff*, Gesellschafterversammlung, S. 109, 70.

dem Versammlungsleiter in weiten Teilen dieselben Rechte wie dort zu.[149] Diese Rechte beinhalten alle Kompetenzen, die für eine effektive Leitung notwendig sind.[150]

Dieses Kapitel behandelt die grundlegenden Aufgaben des Versammlungsleiters. Mit der Frage des Verhältnisses seiner Entscheidungen zu denen der Gesellschafter, d. h. deren Letztentscheidungsbefugnis, befasst sich das Kapitel G. II.

I. Allgemeine Leitungsrechte

Die allgemeinen Versammlungsleiterkompetenzen werden üblicherweise in Leitungs- und Ordnungsrechte eingeteilt.[151] Leitungsrechte bezwecken die sachgerechte Durchführung der Versammlung, Ordnungsrechte die Sicherstellung eines geordneten Verfahrensablaufs.[152] Die Beibehaltung dieser Einteilung ist aus Zwecken der Übersichtlichkeit zielführend.

1. Einberufung der Gesellschafterversammlung?

Wer die Gesellschafterversammlung in Personengesellschaften einberufen darf, richtet sich primär nach den Vereinbarungen im Gesellschaftsvertrag. Enthält dieser keine Regelungen, so ist die Frage streitig:

Nach einer Ansicht ist jeder Gesellschafter einberufungsbefugt.[153] Teilweise wird für die Ausübung der Befugnis ein wichtiger Grund gefordert,[154] teilweise auf dieses Erfordernis verzichtet[155]. Andere wollen die jederzeitige grundlose Möglichkeit der Einberufung nur einer Minderheit zusprechen.[156] Wieder andere fordern einschränkend, dass der Einberufende zumindest stimmbefugt bezüglich der zu fassenden Beschlüsse sein muss.[157] Für das Einberufungsrecht eines jeden Gesellschafters wird häufig ein Urteil des OLG Stuttgart angeführt.[158] Diese Entscheidung vermag die Aussage indes nicht gänzlich zu stützen: Es sieht lediglich vor, dass die Gesellschafterversammlung durch einen einzelvertretungsberechtigten zu 40 % beteiligten

149 So *K.-S. Scholz*, in: FS Spellenberg, S. 51 (58); Beck'Formular-HdB/*Blaum/K.-S. Scholz*, VIII.D.15 Rn. 7.

150 So zur AG: BGH v. 11.11.1965 – II ZR 122/63, BGHZ 44, 245 = NJW 1966, 43 (44).

151 MüKo-AktG/*Kubis*, § 119 Rn. 128 m.w.N.

152 MüKo-AktG/*Kubis*, § 119 Rn. 128.

153 MüKo-HGB/*Enzinger*, § 119 Rn. 49; Baumbach/Hopt/*Roth*, § 119 Rn. 29; Koller/Kindler/Roth/ Morck/*Kindler*, § 119 Rn. 6; Röhricht/Graf v. Westphalen/Haas/*Haas*, § 119 Rn. 4; Heidel/Schall/*Psaroudakis*, § 119 Rn. 2.

154 Schlegelberger/*Martens*, § 119 Rn. 6; Koller/Kindler/Roth/Morck/*Kindler*, § 119 Rn. 6; Heidel/Schall/*Psaroudakis*, § 119 Rn. 2; *Schneider/Schneider*, in: FS Möhring, S. 271 (289).

155 Vgl. Röhricht/Graf v. Westphalen/Haas/*Haas*, § 119 Rn. 4; Baumbach/Hopt/*Roth*, § 119 Rn. 29.

156 vermittelnde Ansicht bei *Schneider/Schneider*, in: FS Möhring, S. 271 (289).

157 Ebenroth/Boujong/Joost/Strohn/*Freitag*, § 119 Rn. 56.

158 OLG Stuttgart v. 11.3.2009–14 U 7/08, NZG 2009, 1303.

Komplementär[159] einer KG ordnungsgemäß einberufen wurde.[160] Die Entscheidung könnte damit genauso ein Beleg für die im Anschuss darzustellende Gegenansicht sein, nach der nur ein geschäftsführender Gesellschafter einberufen kann. Die Aussage dieses Urteils in Bezug auf die Einberufungskompetenz beschränkt sich allein darauf, dass es jedenfalls nicht zu beanstanden ist, wenn ein einzelgeschäftsführungsbefugter, persönlich haftender Gesellschafter die Gesellschafterversammlung einberuft.

Die gerade angesprochene Gegenansicht geht davon aus, dass entsprechend § 49 Abs. 1 GmbHG nur der oder die geschäftsführenden Gesellschafter als Pendant zum Geschäftsführer der GmbH zur Einberufung befugt sind.[161] Zumindest soll dies gesellschaftsvertraglich vereinbart werden können.[162] Bei Gesamtgeschäftsführung soll dennoch jeder einzeln zur Einberufung ermächtigt sein.[163] In entsprechender Anwendung des § 50 Abs. 1 GmbHG soll dann aber jeder Gesellschafter – und nicht nur eine Minderheit von 10 % der Geschäftsanteile (wie im GmbHG vorgesehen) – an den oder die geschäftsführenden Gesellschafter herantreten und eine Einberufung verlangen können; sollte dies nicht zum Erfolg führen, so soll die Versammlung unter Beachtung der Regelungen über das subsidiäre Selbsthilferecht entsprechend selbst einberufen werden können.[164] Teilweise wird dieses Selbsteinberufungsrecht nicht auf § 50 GmbHG, sondern auf § 118 Abs. 2 HGB analog gestützt.[165] Für Publikumspersonengesellschaften wird sogar vertreten, dass ein Minderheitenantrag analog § 122 Abs. 1 oder 2 AktG bei Gericht eingereicht werden muss.[166]

Stellungnahme: Für die GbR und OHG, in der alle Gesellschafter gleichermaßen unbeschränkt haften und daher auch dieselbe Möglichkeit haben sollten, eine interne Willensbildung zu erreichen, ist das Einberufungsrecht jedem Gesellschafter jederzeit zuzusprechen. Für die KG überzeugt Folgendes:[167] Grundsätzlich obliegt die Einberufung der Versammlung dem geschäftsführenden Komplementär. Den nicht geschäftsführenden und auch nur beschränkt haftenden Kommanditisten kann das Recht zur Einberufung als „Hilfsrecht" zur Durchsetzung ihres „Rechts auf Teilnahme an und Beschlussfassung in der Gesellschafterversammlung" nicht gänzlich

---

159 OLG Stuttgart v. 11.3.2009–14 U 7/08, NZG 2009, 1303 (1304).

160 OLG Stuttgart v. 11.3.2009–14 U 7/08, NZG 2009, 1303 (1305).

161 GroßkommHGB/*Schäfer*, § 119 Rn. 18.

162 *Teichmann*, Gestaltungsfreiheit in Gesellschaftsverträgen, S. 211.

163 GroßkommHGB/*Schäfer*, § 119 Rn. 18 (zur OHG).

164 BGH v. 9.11.1987 – II ZR 100/87, NJW 1988, 969 (970); BGH v. 30.3.1998 – II ZR 20–97, NJW 1998, 1946 (1947); OLG Köln v. 13.2.1987–19 U 172/86, juris; Baumbach/Hopt/*Roth*, § 119 Rn. 29; Oetker/*Lieder* § 119 Rn. 39; Ebenroth/Boujong/Joost/Strohn/*Freitag*, § 119 Rn. 57; *Eickhoff*, Gesellschafterversammlung, S. 105; *Wiedemann*, ZGR 1996, 286 (295); MüKo-HGB/*Enzinger*, § 119 Rn. 49 (aber analog § 118 Abs. 2 HGB); Schlegelberger/*Martens*, § 119 Rn. 6.

165 MüKo-HGB/*Enzinger*, § 119 Rn. 49; Ebenroth/Boujong/Joost/Strohn/*Freitag*, § 119 Rn. 57; *Schneider/Schneider*, in: FS Möhring, S. 271 (289).

166 *Schneider*, ZGR 1978, 1 (23, 25).

167 *Grunewald, in:* FS Baums, S. 507 ff.

verwehrt sein. Auch ohne wichtigen Grund steht es den Kommanditisten zu, ihre Rechte wahrzunehmen. Besteht nicht genügend Zeit, um bis zur nächsten regulären Versammlung zu warten, kann das Recht auf eine außerordentliche Versammlung bestehen, selbst wenn der Tagesordnungspunkt nicht essentiell für die Gesellschaft ist. Primär haben sich die Kommanditisten mit ihrem Einberufungs- oder Ergänzungsverlangen an den Komplementär zu wenden; lehnt dieser das Verlangen ab, so steht es jedem Kommanditisten einer klassischen KG – oder 10 % des Kapitalanteils in einer Publikumsgesellschaft – zu, Klage gegen die KG auf Durchführung der Versammlung bzw. Ergänzung der Tagesordnung zu erheben oder wahlweise die gewünschte Maßnahme analog § 50 Abs. 3 S. 1 GmbHG selbst vorzunehmen.[168]

Daneben entschied der BGH jüngst, dass § 121 Abs. 2 Satz 2 AktG jedenfalls nicht auf eine zu Unrecht im Handelsregister eingetragenen persönlich haftendende Gesellschafterin einer Personengesellschaft – auch nicht auf Publikumsgesellschaften – entsprechend anwendbar ist.[169]

Bei allen Differenzen im Einzelfall steht jedenfalls fest, dass die Initiative zu Abhaltung einer Gesellschafterversammlung stets von den Gesellschaftern ausgehen muss.[170] Daher ist die Einberufung – auch wenn der Versammlungsleiter dauerhaft bestellt ist – keine dem Versammlungsleiter kraft seines Amtes zustehende Aufgabe. Sollte der Versammlungsleiter gleichzeitig Gesellschafter sein, so kommt ihm das Recht zur Einberufung aus dieser Stellung heraus zu. Mit der Bestellung eines Versammlungsleiters wird also das Recht zur Einberufung weder exklusiv, noch zusätzlich zu den Gesellschaftern begründet. Werden ihm alle Eckdaten vorgegeben, so kann der Versammlungsleiter allerdings die Gesellschafterversammlung im Namen der ihn beauftragenden Gesellschafter einberufen. Insoweit kann aber nicht von einer Kompetenz des Versammlungsleiters die Rede sein.

2. Eröffnung der Versammlung

Haben sich die Gesellschafter zur vereinbarten Zeit am Versammlungsort eingefunden, so eröffnet der Versammlungsleiter die Gesellschafterversammlung.[171] Eröffnen kann er aber freilich nur, wenn er schon vor Beginn der Versammlung im Amt ist und nicht erst in der Versammlung gewählt wird.[172] Gibt es zu Beginn

---

168 Näher: *Grunewald, in:* FS Baums, S. 507 (510).

169 Jüngst BGH v. 25.10.2016 – II ZR 230/15, AG 2017, 316, Rz. 40; gleiches für den GmbH-Geschäftsführer BGH v. 8.11.2016 – II ZR 304/15, NZG 2017, 182, Rz. 11, 13; dazu kritisch *W. Bayer/Illhardt,* NZG 2017, 801.

170 *K.-S. Scholz,* in: FS Spellenberg, S. 51 (59).

171 *K.-S. Scholz,* in: FS Spellenberg, S. 51 (58); Beck'Formular-HdB/*Blaum/ K.-S. Scholz,* VIII.D.15 Rn. 7; *Vogel,* Gesellschafterbeschlüsse, S. 109, 91; zur GmbH: GroßkommGmbHG/*Hüffer/Schürnbbrand,* § 48 Rn. 31; Scholz/*Seibt,* § 48 Rn. 36; Baumbach/Hueck/*Zöllner/Noack,* § 48 Rn. 17; BeckOK-GmbHG/*Schindler,* § 48 Rn. 43; Henssler/Strohn/*Hillmann,* § 48 GmbHG Rn. 14.

172 Michalski/*Römermann,* § 48 Rn. 109; MüKo-GmbHG/*Liebscher,* § 48 Rn. 112; *Kleemann,* Versammlungsleiter GmbH, S. 76.

der Versammlung noch keinen Versammlungsleiter, kann die Versammlung durch einen Gesellschafter eröffnet werden, wobei sich der Einberufende anbietet, oder aber die Gesellschafter beginnen schlicht mit ihrer Besprechung. Jedenfalls gibt es bis zur Bestellung eines Versammlungsleiters keinen kommissarischen Leiter, da ein Versammlungsleiter rechtlich regelmäßig nicht notwendig ist.[173]

Es stellt sich die Frage, ob der Versammlungsleiter stets eröffnen muss oder ob ihm ein Recht zukommt, die Versammlung eigenständig wieder abzusetzen oder auch gar nicht zu eröffnen: Der Versammlungsleiter ist insbesondere bei Einberufung durch den Komplementär – vor allem, wenn dieser dem Einberufungswunsch eines Kommanditisten nachkam – oder bei klageweiser Einberufung bzw. Selbsteinberufung durch den Kommanditisten zur Eröffnung verpflichtet.[174] Diese Pflicht ist jedoch nicht nur auf das Einberufungsverlangen eines Kommanditisten beschränkt, sondern kann verallgemeinert werden.

Denn ebenso wie die Einberufung gehört auch die unmittelbar mit ihr im Zusammenhang stehende Eröffnung der Versammlung nicht in den Dispositionsbereich des Versammlungsleiters, da dies zum „Ob“ der Versammlung zu zählen ist, der Versammlungsleiter aus seiner Funktion heraus aber nur für den Ablauf, also das „Wie“, zuständig ist.

Den Versammlungsleiter trifft daher die Pflicht, die Versammlung zu eröffnen; er kann nicht selbständig entscheiden, sie nicht zu eröffnen oder abzusagen. Dazu ist nur der Einberufende befugt.[175] Nicht einmal ein Beschuss der Gesellschafterversammlung, die Versammlung nicht zu eröffnen oder abzugsagen, wäre beachtlich, weil die Versammlung selbst nicht für die Einberufung zuständig ist – es sei denn, im Beschluss kommt auch der Wille des Einberufenden zum Ausdruck.[176] Konsequenterweise gibt es davon keine Ausnahme, selbst, wenn sich die Umstände, aufgrund derer einberufen wurde, verändert haben.[177] Bei veränderten Umständen kann höchstens der Einberufende (bei Personalunion mit dem Versammlungsleiter aber in der Funktion des einberufenden Gesellschafters) nicht mehr an seine Einberufungsentscheidung gebunden sein, und die Versammlung selbst wieder absagen. Die Eröffnung ist also ein formaler Akt, der nicht zur Disposition des Versammlungsleiters steht.

Verspätet sich ein Gesellschafter und haben die zu beratenden und zu treffenden Beschlüsse für diesen besondere Bedeutung, kann es unter Umständen notwendig sein, dass der Versammlungsleiter eine kurze Zeit wartet, bevor er die Gesellschafterversammlung eröffnet.[178] Diesbezüglich steht ihm ein gewisser Ermessensspielraum

173 So zutreffend zur GmbH MüKo-GmbHG/*Liebscher*, § 48 Rn. 110; *Kleemann*, Versammlungsleiter GmbH, S. 76.

174 *Grunewald*, FS Baums, S. 507 (513 f.).

175 *Grunewald*, FS Baums, S. 507 (513 f.).

176 *Grunewald*, FS Baums, S. 507 (513)

177 A.A. *Grunewald*, FS Baums, S. 507 (515).

178 OLG Hamm v. 3.11.1997–8 U 197–96, NJW-RR 1998, 967 (969 f.); Baumbach/Hueck/*Zöllner/Noack*, § 48 Rn. 17; Roth/Altmeppen/*Roth*, § 48 Rn. 9; MüKo-GmbHG/*Liebscher*, § 48 Rn. 114.

zu. Ein Missbrauch des Ermessens läge vor, wenn das geringfügige Zuspätkommen eines Gesellschafters ausgenutzt würde, um für diesen nachteilige Beschlüsse zu fassen.[179]

3. Nicht Vertagung, aber Unterbrechung der Versammlung

Nach einhelliger Ansicht kann der Versammlungsleiter die Versammlung nicht vertagen.[180] Die Vertagung ist Annexkompetenz zur Einberufung,[181] welche dem Versammlungsleiter auch nicht zusteht (s. o.). Ebenso wie die Einberufung ist dies Angelegenheit der Gesellschafter. Wenn der Versammlungsleiter schon nicht einen einzigen Tagesordnungspunkt absagen kann (s. sogleich), dann erst recht auch nicht die gesamte Versammlung.

Man könnte annehmen, dass die Unterbrechung als Minus zur Vertagung ebenso wenig Aufgabe des Versammlungsleiters sei. Dementsprechend müsste der Versammlungsleiter dann, wenn er z.B. selbst oder andere Gesellschafter Ermüdungsanzeichen oder Konzentrationsschwächen zeigen oder interne Einzel- oder Gruppengespräche der Gesellschafter notwendig erscheinen,[182] einen Beschluss der Gesellschafterversammlung über eine Pause herbeiführen. Dies wäre aber mit großem Aufwand verbunden und ist darüber hinaus dogmatisch nicht zwingend. Denn die Gesellschafter entscheiden zwar über das „Ob“ der Versammlung, eine bloß zeitlich begrenzte Unterbrechung von einigen Minuten betrifft jedoch das „Ob“ gar nicht, da es außer Frage steht, dass die Versammlung nach der Pause weitergeht. Demnach handelt es sich bei Unterbrechungen lediglich um eine Frage des „Wie“, also des genauen Ablaufs, die dem Versammlungsleiter übertragen wurde. Somit kann der Versammlungsleiter die Versammlung bei Bedarf für kurze Zeit unterbrechen.[183] Zur vereinbarten Zeit nach der Pause führt der Versammlungsleiter die Versammlung wieder fort.[184]

---

179 *Eickhoff*, Gesellschafterversammlung, S. 109, 72.

180 *K.-S. Scholz*, in: FS Spellenberg, S. 51 (59); Beck'Formular-HdB/*Blaum/ K.-S. Scholz*, VIII.D.15 Rn. 7; *Vogel*, Gesellschafterbeschlüsse, S. 109, 96; *Eickhoff*, Gesellschafterversammlung, S. 109, 73; zur GmbH: BGH v. 21.6.2010 – II ZR 230/08, NJW 2010, 3027, Rz. 16; Baumbach/Hueck/*Zöllner/Noack*, § 48 Rn. 18; Scholz/*Seibt*, § 48 Rn. 36; Roth/Altmeppen/*Roth*, § 48 Rn. 9; Saenger/Inhester/*Bergjan*, § 48 Rn. 10; zur AG MüKo-AktG/*Kubis*, § 119 Rn. 141; Österreich: *Dumfarth*, RdW 2011, 589 (591).

181 *Lange*, NJW 2015, 3190 (3193).

182 *Eickhoff*, Gesellschafterversammlung, S. 109, 75.

183 *K.-S. Scholz*, in: FS Spellenberg, S. 51 (58); Beck'Formular-HdB/*Blaum/ K.-S. Scholz*, VIII.D.15 Rn. 7; *Vogel*, Gesellschafterbeschlüsse, S. 109, 96; *Eickhoff*, Gesellschafterversammlung, S. 109, 75; GroßkommGmbHG/*Hüffer/Schürnbrand*, § 48 Rn. 31; Scholz/*Seibt*, § 48 Rn. 36; Henssler/Strohn/*Hillmann*, § 48 GmbHG Rn. 14; Roth/Altmeppen/*Roth*, § 48 Rn. 9.

184 *Eickhoff*, Gesellschafterversammlung, S. 109, 75.

4. Teilnahmekontrolle und Feststellung der Anwesenheit

Vor Beginn der Beratungen ist es wichtig, zu prüfen, wer sich alles im Tagungslokal aufhält und wer dazu ggf. nicht berechtigt ist.

a) Teilnahmeberechtigte

Geborene Teilnehmer der Gesellschafterversammlung sind die Gesellschafter, auch wenn sie im Einzelfall einem Stimmverbot unterliegen.[185] Dieses Teilnahmerecht ist nach bisheriger Dogmatik ein unverzichtbares Mitgliedschaftsrecht.[186]

Streitig ist, inwieweit sich verhinderte Gesellschafter durch Mitgesellschafter oder Dritte vertreten lassen können, bzw. ob Gesellschafter das Recht haben, sich durch externe Beistände beraten zu lassen: Im Grundsatz kann das Teilnahmerecht nur höchstpersönlich wahrgenommen werden, da die Möglichkeit einer Vertretung nicht vorgesehen ist.[187] Im Gesellschaftsvertrag kann aber für verschiedene Situationen der Verhinderung etwas Abweichendes vereinbart werden.[188] Bei nicht selbst handlungsfähigen juristischen Personen oder Personengesellschaften bzw. nicht geschäftsfähigen natürlichen Personen als Gesellschafter steht das Teilnahmerecht per se deren Vertreter zu.[189] Probleme bei der Vertretung durch Mitgesellschafter ergeben sich aus dem Verbot des Insichgeschäfts, § 181 BGB.[190] Bedeutender für den Verlauf der Untersuchung ist aber die Frage nach der Beteiligung Dritter.[191] Dritten steht kein Teilnahmerecht zu, soweit der Gesellschaftsvertrag sie nicht zulässt oder die Teilnahme im Einzelfall durch die Gesellschafter gestattet wurde.[192] Grund dafür ist erstens das Geheimhaltungsinteresse der Gesellschaft bezüglich aller die Gesellschaft betreffenden Informationen und zweitens der Wille der Mitgesellschafter, sich nicht mit Dritten, die von den Gesellschaftern nicht als Mitgesellschafter ausgewählt wurden, befassen zu müssen (s. bereits oben).[193]

Im Einzelfall können die Gesellschafter aufgrund der gesellschaftsrechtlichen Treuepflicht dazu verpflichten sein, bei einer nachvollziehbaren Verhinderung,

---

185 GroßkommHGB/*Schäfer*, § 119 Rn. 20.

186 MüKo-HGB/*Enzinger*, § 119 Rn. 49; *K. Schmidt*, Gesellschaftsrecht, § 16 III 3 a); *Teichmann*, Gestaltungsfreiheit in Gesellschaftsverträgen, S. 210; *Immenga*, ZGR 1974, 385 (414) (für den Kommanditisten); näher dazu Kapitel E. I. 1.

187 GroßkommHGB/*Schäfer*, § 119 Rn. 21.

188 GroßkommHGB/*Schäfer*, § 119 Rn. 21.

189 BGH v. 21.6.1965 – II ZR 68/63, NJW 1965, 1961; GroßkommHGB/*Schäfer*, § 119 Rn. 21.

190 Zum Problem umfassend GroßkommHGB/*Schäfer*, § 119 Rn. 60.

191 Zum Thema Dritte als Stellvertreter und Beistände ausführlich *Saenger*, Beteiligung Dritter.

192 Umfassende Darstellung des Streitstandes in Rechtsprechung und Literatur *Saenger*, Beteiligung Dritter, S. 48 ff.; *Kirberger/Kirberger*, BB 1978, 1390 (1390 ff.).

193 *Saenger*, Beteiligung Dritter, S. 133.

wie etwa längerfristiger Erkrankung, einen externen Vertreter zu genehmigen,[194] soweit dies für die übrigen Gesellschafter bei „objektiver Abwägung der widerstreitenden Interessen der übrigen Gesellschafter und der Gesellschaft“[195] nicht aus einem wichtigen Grund unzumutbar ist.[196] Gleiches gilt, wenn eine Vertretung durch einen Mitgesellschafter wegen § 181 BGB nicht möglich ist.[197] Dabei ist ein Berufsgeheimnisträger aufgrund seiner gesetzlich verankerten Geheimhaltungspflicht als Vertreter leichter zuzulassen.[198]

Soweit es sich bei dem Dritten um einen sachverständigen externen Berater, beispielweise für Fragen über außergewöhnliche Geschäfte oder sonstige komplexe Gegenstände,[199] handelt und der einzelne Gesellschafter tatsächlich auf die Dienste des Experten in der Versammlung angewiesen ist sowie dieser schon aus beruflichen Gründen zur Verschwiegenheit verpflichtet ist (z. B. Steuerberater, Rechtsanwalt, Wirtschaftsprüfer), ist dem Dritten auch auf Verlangen eines Einzelnen die Teilnahme zu gestatten,[200] soweit dies dem Mitgesellschaftern zumutbar ist.[201] Insoweit verlangt wiederum die Treuepflicht gegenüber diesem Mitgesellschafter die Zustimmung zur Zulassung.[202]

Entscheidend ist daher die Treuepflicht, bei der insbesondere folgende Kriterien heranzuziehen sind: Die tatsächliche Ausgestaltung der Gesellschaft, das konkrete Recht, das durch einen Dritten ausgeübt werden soll, der Beweggrund für die Hinzuziehung eines Dritten und die Person des Dritten.[203] Soweit es sich bei dem Dritten hingegen um einen Zuhörer, Beobachter für Abwesende[204] oder jemand Vergleichbares handelt, haben diese Personen grundsätzlich kein Zutrittsrecht.

---

194 BGH v. 1.12.1969 – II ZR 14/68, NJW 1970, 706 (706); MüKo-HGB/*Enzinger*, § 119 Rr. 19; Baumbach/Hopt/*Roth*, § 119 Rn. 21; Westermann/*Wertenbruch*, Rz. I 490; GroßkommHGB/*Schäfer*, § 119 Rn. 21.

195 BGH v. 1.12.1969 – II ZR 14/68, NJW 1970, 706 (706).

196 MüKo-HGB/*Enzinger*, § 119 Rn. 19.

197 MüKo-HGB/*Enzinger*, § 119 Rn. 21.

198 A.A. MüKo-HGB/*Enzinger*, § 119 Rn. 19 (eine Vertretung durch eine solchen sei auch ohne Zustimmung stets möglich).

199 Beispiele von GroßkommHGB/*Schäfer*, § 119 Rn. 20.

200 Weitergehend Beck'Formular-HdB/*Blaum/K.-S. Scholz*, VIII.D.15 Rn. 7, die zumindest im Falles des Abschlussprüfers beim Jahresabschluss oder bei dringend benötigten Sachverständigen daran zweifeln, ob die anderen Gesellschafter dessen Teilnahme überhaupt erlauben müssen.

201 GroßkommHGB/*Schäfer*, § 119 Rn. 20; Westermann/*Wertenbruch*, Rz. I 492; Baumbach/Hopt/*Roth*, § 119 Rn. 30; *Kirberger/Kirberger*, BB 1978, 1390 (1390); weitergehend *Saenger*, Beteiligung Dritter, S. 179, wonach schon die Glaubhaftmachung genügt.

202 LG Köln v. 25.10.1974–48 O 129/74, NJW 1975, 981 (982) (zur KG); OLG Düsseldorf v. 14.5.1992–6 U 201/91, GmbHR 1992, 610 (611) (zur GmbH); *Kirberger/Kirberger*, BB 1978, 1390 (1390).

203 *Saenger*, Beteiligung Dritter, S. 153 ff.

204 Baumbach/Hopt/*Roth*, § 119 Rn. 30.

b) Anwesenheitskontrolle durch den Versammlungsleiter

Der Versammlungsleiter prüft, welche Personen anwesend sind. Diese Anwesenheitskontrolle und Prüfung der Teilnahmeberechtigung und somit das Erkennen nicht teilnahmeberechtigter Personen ist Aufgabe des Versammlungsleiters.[205]

Bei den teilnahmeberechtigten Personen stellt er deren Teilnahmeberechtigung fest.[206] Erkennt der Versammlungsleiter eine teilnahmewillige Person, die weder Gesellschafter noch gesellschaftsvertraglich als Teilnehmer zugelassen ist, so hat er die Gesellschafter darüber in Kenntnis zu setzen und sodann einen Gesellschafterbeschluss über die Zulassung dieser Person herbeizuführen.[207] Die Zulassung nicht teilnahmeberechtigter Personen ist Aufgabe der Gesellschafter, nicht des Versammlungsleiters.[208] Es obliegt den Gesellschaftern selbst, ihre Interessen, insbesondere ihr Geheimhaltungsinteresse, gegenüber anderen Interessen abzuwägen. Die Gesellschafter entscheiden einstimmig oder, wenn vereinbart, mit Mehrheit; sie können durch die Treuepflicht zu einer bestimmten Stimmabgabe gezwungen sein.

Sofern der Beschluss negativ ausfällt, verweist der Versammlungsleiter den nicht zugelassenen Dritten mittels seiner Ordnungsrechte der Versammlung.[209]

Befinden sich nur noch teilnahmeberechtigte Personen am Versammlungsort, so stellt der Versammlungsleiter die Anwesenheit fest.[210] Das Führen eines Teilnehmerverzeichnisses ist nicht notwendig, kann aber vorgesehen werden, was gerade in Publikumsgesellschaften hilfreich sein kann.[211]

---

205 MüKo-GmbHG/*Liebscher*, § 48 Rn. 113; Scholz/*Seibt*, § 48 Rn. 36; GroßkommGmbHG/*Hüffer/Schürnbrand*, § 48 Rn. 31; Henssler/Strohn/*Hillmann*, § 48 GmbHG Rn. 14; *Kleemann*, Versammlungsleiter GmbH, S. 77; *Eickhoff*, Gesellschafterversammlung, S. 109, 70.

206 Beck'Formular-HdB/*Blaum/K.-S. Scholz*, VIII.D.15 Rn. 7; *Eickhoff*, Gesellschafterversammlung, S. 109, 70; Scholz/*Seibt*, § 48 Rn. 36; Henssler/Strohn/*Hillmann*, § 48 GmbHG Rn. 14; *Lange*, NJW 2015, 3190 (3192).

207 Vgl. *Kleemann*, Versammlungsleiter GmbH, S. 76 f.

208 Lutter/Hommelhoff/*W. Bayer*, § 48 Rn. 9, 16; MüKo-GmbHG/*Liebscher*, § 48 Rn. 113; missverständlich *Kleemann*, Versammlungsleiter GmbH, S. 76, wonach die Zulassung zu Gesellschafterversammlung (gemeint ist wohl Prüfung) zur Versammlungsleitung gehöre; a.A. Roth/Altmeppen/*Roth*, § 48 Rn. 9; Centrale für GmbH/*Bochmann/Cziupka*, Rz. 1581.

209 Beck'Formular-HdB/*Blaum/K.-S. Scholz*, VIII.D.15 Rn. 7; MüKo-GmbHG/*Liebscher*, § 48 Rn. 113.

210 *K.-S. Scholz*, in: FS Spellenberg, S. 51 (59); Beck'Formular-HdB/*Blaum/K.-S. Scholz*, VIII. D. 15; *Eickhoff*, Gesellschafterversammlung, S. 109, 70; zur GmbH: BeckOK-GmbHR/*Schindler*, § 48 Rn. 43; GroßkommGmbHG/*Hüffer/Schürnbrand*, § 48 Rn. 33; *Lange*, NJW 2015, 3190 (3192); *Kleemann*, Versammlungsleiter GmbH, S. 77.

211 *Eickhoff*, Gesellschafterversammlung, S. 109, 71 f.

5. Feststellung der ordnungsgemäßen Ladung und Beschlussfähigkeit

Sodann prüft er, ob die Einberufung der Gesellschafter ordnungsgemäß erfolgte.[212]

a) *Einberufungs-Formalitäten*

Primär ergeben sich die Einberufungsformalitäten aus dem Gesellschaftsvertrag. Falls darin nichts geregelt ist, stellt sich die Frage, wie die Einberufung sodann vonstattengeht. Ausgangspunkt der Überlegungen muss stets der Zweck von Ladungsregeln sein, den Gesellschaftern die Vorbereitung auf die Sitzung sowie die Teilnahme an der Sitzung zu ermöglichen.[213] Die soeben zitierte Entscheidung erging zwar zu einer Publikums-KG, der Zweck einer Ladung kann jedoch für Personengesellschaften verallgemeinert werden.

aa) Ort

Als Ort der Gesellschafterversammlung ist, soweit nichts Abweichendes geregelt ist, regelmäßig der Gesellschaftssitz zu wählen,[214] wobei die Gesellschafter diesbezüglich aber keinem Zwang unterliegen. Jedenfalls muss sichergestellt sein, dass allen Gesellschaftern die Teilnahme möglich ist und sie hinreichend vor Überrumpelung geschützt werden.[215] Dies ergibt sich aus den jeweiligen Gesellschaftsstrukturen im Einzelfall. Regelmäßig dürfte daher ein Versammlungsort im Ausland als überrumpelnd angesehen werden,[216] etwa, wenn er nur gewählt wird, um gewissen Gesellschafter die Teilnahme zu erschweren und somit evtl. unpopuläre Beschlüsse mit einer Minderheit zu fassen und die übrigen Gesellschafter dadurch zu schikanieren.

bb) Zeit

Der Abstand zwischen den einzelnen Sitzungen ist abhängig vom Umfang der der Gesellschafterversammlung zukommenden Aufgaben: je mehr tagesaktuelle unternehmerische Entscheidungen gemeinsam zu treffen sind, desto öfter sind Treffen nötig.[217] Zudem müssen immer die Belange der Gesellschaft an zu treffenden Entscheidungen (z. B. Bilanzfeststellung, Kapitalerhöhungen, Gewinnverteilung oder Auflösung der Gesellschaft, Wettbewerbsverbote oder Neubesetzung von Positionen) sowie die rechtmäßigen Interessen einzelner Gesellschafter (z. B. der Wunsch nach einer Veräußerung seiner Anteile, seines Ausscheidens gegen Gewinnabfindung,

---

212 *Eickhoff*, Gesellschafterversammlung, S. 109, 70; *Kleemann*, Versammlungsleiter GmbH, S. 77; Michalski/*Römermann*, § 48 Rn. 110; Scholz/*Seibt*, § 48 Rn. 36.

213 BGH v. 14.11.1994 – II ZR 160/93, NJW 1995, 1353 (1355 f.).

214 *Schneider/Schneider*, in: FS Möhring, S. 271 (290).

215 MüKo-HGB/*Enzinger*, § 119 Rn. 49; Baumbach/Hopt/*Roth*, § 119 Rn. 29.

216 *Schneider/Schneider*, in: FS Möhring, S. 271 (290).

217 GroßkommHGB/*Schäfer*, § 119 Rn. 18.

außerplanmäßiger Gewinnentnahmen, Änderungen des Gesellschaftsvertrages oder der Geschäftspolitik) bestimmend sein. Dies ergibt sich aus der gesellschaftsrechtlichen Treuepflicht, die nach heute allgemeiner Ansicht sowohl der Gesellschaft als auch den anderen Gesellschaftern gegenüber besteht.[218]

Empfehlenswert ist es, ungeachtet der Beschlussgegenstände, in regelmäßigen Abständen ordentliche Gesellschafterversammlungen vorzusehen, um einen regen Austausch durch Ausübung des Auskunfts- und Rederechts unter den Gesellschaftern zu fördern.[219]

Wird eine Versammlung einberufen, so sollte sie, außer in dringenden Gründen, zu einer angemessenen Zeit stattfinden, bei entsprechender Heranziehung der Zwangsvollstreckungsvorschriften also zumindest nicht zur Unzeit (§ 758a Abs. 4 S. 2 ZPO), d.h. nicht zwischen 21 Uhr abends und 6 Uhr morgens. Dies ist jedoch keine starre Regel, sondern die zumutbare Tageszeit sollte im Einzelfall bestimmt werden. Dies dient wiederum dazu, einem Missbrauch vorzubeugen.[220]

cc) Form der Einladung

§ 51 Abs. 1 S. 1 GmbHG sieht für die GmbH den eingeschriebenen Brief als gesetzliche Form für die Einberufung vor. Das Personengesellschaftsrecht zeichnet sich gerade durch eine Formfreiheit aus: Nicht einmal die Gesellschaftsverträge an sich bedürfen einer bestimmten Form – anders als im GmbHG (§ 2 Abs. 1 S. 1 GmbHG) und im AktG (§ 23 Abs. 1 S. 1 AktG), wo eine notarielle Beurkung angeordnet ist. Aufgrund dieses generellen Fehlens an Formalitäten gilt § 51 Abs. 1 S. 1 GmbHG nicht entsprechend, vielmehr ist die Einladung in jeder Form möglich,[221] z.B. mittels Brief, E-Mail, Fax, fernmündlich oder via sozialer Netzwerke oder Messenger-Services, wenn der Gesellschafter hierfür den Zugang eröffnet hat.

§ 51 Abs. 1 S. 2 GmbHG verlangt eine Einberufungsfrist von mindestens einer Woche. Diese Wochenfrist ist als Richtschnur anzulegen.[222] Der Fristbeginn ist auch schon für die GmbH umstritten. Nach einer eher veralteten Ansicht ist auf den Zeitpunkt der Aufgabe zur Post abzustellen.[223] Mit dem BGH ist aus Zwecken der Planbarkeit für den Einladenden einerseits und dem „Dispositionsschutz“ der Eingeladenen andererseits auf den voraussichtlichen Zugang abzustellen.[224] Die

---

218 Statt aller MüKo-HGB/*K. Schmidt,* § 105 Rn. 189; MüKo-BGB/*Schäfer,* § 705 Rn. 226 ff.

219 vgl. *Schneider/Schneider,* in: FS Möhring, S. 271 (288 f.).

220 MüKo-HGB/*Enzinger,* § 119 Rn. 49; Baumbach/Hopt/*Roth,* § 119 Rn. 29.

221 GroßkommHGB/*Schäfer,* § 119 Rn. 18; Ebenroth/Boujong/Joost/Strohn/*Freitag,* § 119 Rn. 56.

222 GroßkommHGB/*Schäfer,* § 119 Rn. 18; Ebenroth/Boujong/Joost/Strohn/*Freitag,* § 119 Rn. 56; a.A. MüKo-HGB/*Enzinger,* § 119 Rn. 49 (nur angemessene Frist, die je nach Beschluss variieren kann).

223 RG v. 11.2.1905 – I 444/04, RGZ 60, 144 (145).

224 BGH v. 30.3.1987 – II ZR 180/86, NJW 1987, 2580 (2581).

Frist ist aber nur Mindestfrist, es kann aufgrund der tatsächlichen Zusammensetzung des Gesellschafterkreises (z. B. lange Anreisezeit, starke berufliche oder private Belastung einzelner Gesellschafter) oder der bisher üblichen Gewohnheiten innerhalb der Gesellschaft geboten sein, eine längere Vorlauffrist zu veranschlagen.[225]

dd) Angabe des Zwecks und der Tagesordnung

In der GmbH ist den Gesellschaftern mit der Ladung stets der Zweck der Versammlung mitzuteilen, § 51 Abs. 2 GmbHG. Sämtliche Tagesordnungspunkte müssen gem. § 51 Abs. 4 GmbHG spätestens drei Tage vor der Versammlung angekündigt worden sein. Fristbeginn muss auch hier, um die Frist aufgrund ihrer Kürze nicht bedeutungslos werden zu lassen, der Zeitpunkt des voraussichtlichen Zugangs sein.[226]

Das gesetzlich normierte Personengesellschaftsrecht sieht hingegen keine Einberufungsformalitäten vor; beachtlich sind also nur gesellschaftsvertraglich vereinbarten Formerfordernisse.[227] Nach Ansicht der Rechtsprechung ist die Angabe des Zwecks und der Tagesordnung nur dann erforderlich, wenn ansonsten eine „Überrumpelung" droht.[228] Allerdings spricht viel dafür, dass auch die Angabe der Tagesordnung zu den Voraussetzungen einer ordnungsgemäßen Ladung gehört.[229] Dieses Wissen ist zur Vorbereitung auf die Versammlung – was laut BGH gerade der Zweck der Ladung sein soll – unerlässlich.[230] Vielmehr ist es von noch größerer Bedeutung, wenn die Beschussfähigkeit auch ohne Anwesenheit aller Gesellschafter gegeben ist (Repräsentativorgan). Nur wenn zumindest der Zweck und der grobe Ablaufplan vorher feststehen, kann sich der Gesellschafter entscheiden, ob er überhaupt an der Gesellschafterversammlung teilnehmen möchte. Bei Vorliegen einer solchen Versammlung müssen §§ 51 Abs. 2 und 4 GmbHG analog angewandt werden. Eine bloße Vertagungsmöglichkeit[231] aufgrund von „Überrumpelung" kann nicht genügen, denn wer schon gar nicht da ist, kann konsequenterweise keine Vertragung fordern. An den Darstellungsumfang der erforderlichen Tagesordnung können indes keine allzu großen Anforderungen gestellt werden; sie variiert je nach Beschlussgegenstand.[232] Unter Heranziehung der Ansicht des BGH[233] (der aber die analoge Anwendung des § 51 Abs. 3 GmbHG gänzlich ablehnt) besteht jedenfalls

225 GroßkommHGB/*Schäfer*, § 119 Rn. 18.

226 BGH v. 30.3.1987 – II ZR 180/86, NJW 1987, 2580 (2581).

227 BGH v. 14.11.1994 – II ZR 160/93, NJW 1995, 1353 (1356).

228 BGH v. 14.11.1994 – II ZR 160/93, NJW 1995, 1353 (1355); BGH v. 30.3.1998 – II ZR 20–97, NJW 1998, 1946 (1947); so auch GroßkommHGB/*Schäfer*, § 119 Rn. 18; Oetker/*Lieder*, § 119 Rn. 38; Koller/Kindler/Roth/Morck/*Koller*, § 119 Rn. 6.

229 MüKo-HGB/*Enzinger*, § 119 Rn. 49.

230 Ebenroth/Boujong/Joost/Strohn/*Freitag*, § 119 Rn. 56; Baumbach/Hopt/*Roth*, § 119 Rn. 26.

231 *Hueck*, OHG, § 11 2.

232 MüKo-HGB/*Enzinger*, § 119 Rn. 49.

233 BGH v. 14.11.1994 – II ZR 160/93, NJW 1995, 1353 (1356).

dann ein Fehler, wenn nach den Grundsätzen von Treu und Glauben eine wirkliche, schwerwiegende Überrumpelung vorlag, mit welcher der Gesellschafter nicht zu rechnen brauchte. Dies kann insbesondere bei komplizierten, weitreichenden Beschlüssen wie Gesellschaftsvertragsänderungen angenommen werden.[234]

ee) Einzuladende

Zu laden sind alle Gesellschafter, die zur Beschlussfassung über die abzuhandelnden Tagesordnungspunkte berufen sind, z.B. alle geschäftsführenden Gesellschafter zur Abstimmung gewöhnlicher Geschäftsführungsentscheidungen.[235] Eine darüberhinausgehende Ladung aller, auch der an den jeweiligen Beschlüssen kraft gesellschafterlicher Vereinbarung nicht beteiligten Gesellschafter, ist nicht nötig, um die Termin- und Entscheidungsfindung nicht zu verkomplizieren.[236] Grundsätzlich zuständige, aber im Einzelfall beispielsweise wegen eines Stimmverbotes nicht Stimmberechtigte sind dennoch zu laden, da ihnen gleichwohl ein Rede- und Antragsrecht zusteht und sie Beschlüsse gerichtlich überprüfen lassen können.[237] Liegt eine allgemeine Versammlung vor, an der verschiedenste Themen behandelt werden, für die nicht nur ein bestimmter Gesellschafterkreis zuständig ist, sind alle Gesellschafter zu laden.[238]

b) Prüfung und Feststellung der ordnungsgemäßen Ladung

Der Versammlungsleiter prüft, ob im Einzelfall die notwendigen Formalitäten eingehalten wurden, und stellt die ordnungsgemäße Ladung fest.[239]

Erkennt er Fehler, so ist zu prüfen, ob eine Vollversammlung vorliegt und ob kein Gesellschafter die fehlerhafte Ladung rügt bzw. sich alle Gesellschafter trotz des Ladungsfehlers ausdrücklich dazu bereit erklären, eine Gesellschafterversammlung mit dem Ziel der Beschlussfassung abzuhalten; dann können entsprechend § 51 Abs. 3 GmbHG dennoch wirksame Beschlüsse gefasst werden.[240] Ist dies nicht der Fall, stellt er fest, dass die Ladung nicht ordnungsgemäß erfolgte und rät zum Schluss der Versammlung, da ansonsten die gefassten Beschlüsse unwirksam (zum Beschlussmängelrecht ausführlich Kapitel D. I. 9.) zu sein drohen – zumindest dann, wenn der mit den gesellschaftsvertraglichen oder gesetzlichen Ladungsbestimmungen verfolgte Zweck, dem einzelnen Gesellschafter die Vorbereitung auf die Tages-

---

234 MüKo-HGB/*Enzinger*, § 119 Rn. 49.
235 Ebenroth/Boujong/Joost/Strohn/*Freitag*, § 119 Rn. 56.
236 Ebenroth/Boujong/Joost/Strohn/*Freitag*, § 119 Rn. 14.
237 MüKo-HGB/*Enzinger*, § 119 Rn. 40; Baumbach/Hopt/*Roth*, § 119 Rn. 30; Ebenroth/Boujong/Joost/Strohn/*Freitag*, § 119 Rn. 14; GroßkommHGB/*Schäfer*, § 119 Rn. 20.
238 Ebenroth/Boujong/Joost/Strohn/*Freitag*, § 119 Rn. 14.
239 *Eickhoff*, Gesellschafterversammlung, S. 109, 70; *Kleemann*, Versammlungsleiter GmbH, S. 77.
240 BGH v. 9.11.1972 – II ZR 63/71, NJW 1973, 235 (236) (zum Verein); GroßkommHGB/*Schäfer*, § 119 Rn. 18; Baumbach/Hopt/*Roth*, § 119 Rn. 29.

ordnungspunkte und die Teilnahme an der Versammlung zu ermöglichen, vereitelt werde.[241]

c) *Prüfung und Feststellung der Beschlussfähigkeit*

Danach prüft der Versammlungsleiter die Beschlussfähigkeit der Versammlung:[242] Maßgeblich sind Regelungen im Gesellschaftsvertrag, wie etwa die Anwesenheit eines bestimmten Quorums der Gesellschafter,[243] wobei im Zweifel unerheblich ist, ob im Einzelfall Stimmverbote bestehen, um den Zweck solcher Bestimmungen, „ein Minimum an interner Gesellschaftsöffentlichkeit und ggf. auch kontroverser Diskussion herzustellen" zu erreichen.[244]

Gibt es keine Regelungen bezüglich der Beschlussfähigkeit, so ist anders als im GmbH-Recht, bei der die Gesellschafterversammlung schon ab einem anwesenden Gesellschafter beschlussfähig ist,[245] entscheidend, welche Mehrheiten für die Beschlussfassung notwendig sind: Eine Trennung von Beschlussfähigkeit und notwendiger Beschlussmehrheit ist im Personengesellschaftsrecht nicht bestimmt, gehen doch die §§ 709 Abs. 1 BGB, 119 Abs. 1 HGB vom Einstimmigkeitsprinzip aus.[246] Gilt das Einstimmigkeitsprinzip, müssen alle Gesellschafter anwesend sein, damit die Gesellschaft beschlussfähig ist,[247] denn die Nichtteilnahme zählt wie eine ablehnende Stimmabgabe[248].

Genügt eine Mehrheit gleich welcher Höhe, so ist es ausreichend, dass diese Mehrheit der Gesellschafter anwesend ist.[249] Besteht eine sog. relative Mehrheitsklausel[250], nach der die Mehrheit der anwesenden Gesellschafter entscheidet, muss die Beschlussfähigkeit denklogisch bereits separat geregelt sein.

Weil das Personengesellschaftsrecht allerdings (wenn nicht vertraglich etwas Anderes gilt) nicht einmal eine Beschlussfassung in Versammlungen vorsieht, kann es teilweise sogar sinnvoll sein, nicht beschlussfähige Gesellschafterversammlungen durchzuführen und die noch fehlenden Stimmen der anderen Gesellschafter später einzuholen.

---

241 BGH v. 14.11.1994 – II ZR 160/93, NJW 1995, 1353 (1355 f.).

242 *K.-S. Scholz*, in: FS Spellenberg, S. 51 (59); zur GmbH MüKo-GmbHG/*Liebscher*, § 48 Rn. 114; *Lange*, NJW 2015, 3190 (3192); *Kleemann*, Versammlungsleiter GmbH, S. 77.

243 MAH PersGR/*Pückelmann*, § 8 Rn. 109; zur Zulässigkeit solcher Regelungen BGH v. 20.6.1994 – II ZR 103/93, DStR 1994, 1543 (1544); Baumbach/Hopt/*Roth*, § 119 Rn. 41; Ebenroth/Boujong/Joost/Strohn/*Freitag*, § 119 Rn. 67.

244 Ebenroth/Boujong/Joost/Strohn/*Freitag*, § 119 Rn. 63.

245 OLG Köln v. 21.12.2001–2 Wx 59/01, NZG 2002, 381 (383); Lutter/Hommelhoff/*W. Bayer*, § 48 Rn. 20; Baumbach/Hueck/*Zöllner*, § 48 Rn. 3; Scholz/*Seibt*, § 48 Rn. 43.

246 Ebenroth/Boujong/Joost/Strohn/*Freitag*, § 119 Rn. 63.

247 MAH PersGR/*Pückelmann*, § 8 Rn. 110.

248 GroßkommHGB /*Schäfer*, § 119 Rn. 30.

249 MAH PersGR/*Pückelmann*, § 8 Rn. 110.

250 Ebenroth/Boujong/Joost/Strohn/*Freitag*, § 119 Rn. 63.

Ist die Versammlung beschlussfähig, so stellt der Versammlungsleiter dies fest;[251] ist sie nicht beschlussfähig, weißt er die Gesellschafter darauf hin und stellt fest, dass sie nicht beschlussfähig ist. Dann steht es zur Disposition der Anwesenden, die Versammlung dennoch fortzuführen und Beschlüsse vorzubereiten, die anschließend noch der Abstimmung der übrigen nicht anwesenden Gesellschafter bedürfen.

6. Abhandlung der Tagesordnung

Im Anschluss gilt es, die Tagesordnung abzuhandeln.[252] Dafür hat der Versammlungsleiter zu sorgen, indem er die Behandlung der Tagesordnungspunkte leitet.[253] Grundsätzlich wird der Versammlungsleiter in der vorgesehenen Reihenfolge vorgehen.[254]

a) Keine eigenständige Aufnahme von Tagesordnungspunkten

Es steht dem Versammlungsleiter nicht zu, eigenverantwortlich Tagesordnungspunkte auf die Tagesordnung zu setzten.[255] Es liegt nicht in seinem Aufgabenbereich, den Gesellschaftern die Themen ihrer Beratung und Beschlussfassung vorzugeben. Dies gilt aber nur für Sachfragen. Für Verfahrensentscheidungen, über die eine Entscheidung notwendig ist und die nicht vom Versammlungsleiter selbst getroffen werden können, etwa ob eine dritte Person zugelassen werden soll oder ob die Versammlung trotz mangelnder Beschlussfähigkeit fortgeführt werden soll (s. o.), muss dem Versammlungsleiter das Recht zukommen, jederzeit eine Entscheidung der Gesellschafter herbeizuführen. Dies folgt daraus, dass dem Versammlungsleiter als bloßem Organisator – gerade in der Personengesellschaft – keine umfassenden Rechte zukommen. Könnte er nicht stets die Gesellschafter um Mithilfe bitten, könnte das Versammlungsgeschehen stagnieren, was keinesfalls zweckmäßig wäre.

b) Kein eigenständiges Absetzen von Tagesordnungspunkten

Der Versammlungsleiter hat keine Kompetenz, eigenständig Tagesordnungspunkte abzusetzen.[256] Die Frage des „Ob“ einer Versammlung und des „Ob“ der zu beratenden

251 Beck'Formular-HdB/*Blaum/K.-S. Scholz*, VIII.D.15 Rn. 7; *K.-S. Scholz*, in: FS Spellenberg, S. 51 (59); GmbH: Scholz/*Seibt*, § 48 Rn. 44; BeckOK-GmbHG*Schindler*, § 48 Rn. 43; Centrale für GmbH/*Bochmann/Cziupka*, Rz. 1647.

252 *Geißler*, GmbHR 2016, 1289 (1294).

253 Beck'Formular-HdB/*Blaum/K.-S. Scholz*, VIII.D.15 Rn. 7; Michalski/*Römermann*, § 48 Rn. 112.

254 *Eickhoff*, Gesellschafterversammlung, S. 109, 7; 2; GroßkommGmbHG/*Hüffer/Schürnbrand*, § 48 Rn. 31.

255 *K.-S. Scholz*, in: FS Spellenberg, S. 51 (59); Scholz/*Seibt*, § 48 Rn. 36.

256 *K.-S. Scholz*, in: FS Spellenberg, S. 51 (59); Beck'Formular-HdB/*Blaum/K.-S. Scholz*, VIII.D.15 Rn. 7; *Eickhoff*, Gesellschafterversammlung, S. 109, 73; ganz hM in der GmbH: BGH v. 21.6.2010 – II ZR 230/08, NJW 2010, 3027, Rz. 16; MüKo-GmbHG/*Liebscher*, § 48 Rn. 112; GroßkommGmbHG/*Hüffer/Schürnbrand*, § 48

Gegenstände ist Sache der Gesellschafter, die die Herren der Gesellschafterversammlung sowie die „Herren der Tagesordnung“[257] sind – die Fragen des „Wie“, also der organisatorischen Vorgehensweise, sind hingegen Sache des Versammlungsleiters.[258]

Wurde ein Ergänzungsverlangen bezüglich der Tagesordnung zugelassen, ist der Versammlungsleiter daran gebunden (ggf. besteht bei Personenidentität Selbstbindung); er hat also die Pflicht, diesen Tagesordnungspunkt zu behandeln.[259] Die Entscheidung des einberufenden Gesellschafters ist für ihn verbindlich.[260] Für diesen generellen Grundsatz spricht, dass der einberufende Gesellschafter ausreichend Zeit hatte, sich – ggf. mithilfe von Rechtsrat – ausführlich über die Rechtmäßigkeit des Verlangens Gedanken zu machen, wohingegen der Versammlungsleiter spontan aus der Situation entscheiden müsste.[261] Der initiierende Gesellschafter darf sich also auf die Behandlung verlassen.[262] Umso mehr gilt der Grundsatz bei einer gerichtlich erfolgreichen Ergänzung der Tagesordnung.[263] Selbst bei der Selbstergänzung muss dieser Grundsatz gelten.[264] Dieser Gedanke kann – wie bereits bei der Eröffnung dargelegt – dahingehend verallgemeinert werden, dass der Versammlungsleiter generell keine Kompetenz hat, Tagesordnungspunkte selbst abzusetzen und nicht zu behandeln, da die Frage, welche Themen besprochen werden, wieder zum Ob der Versammlung gehört, also gänzlich den Gesellschaftern zufällt. Hiervon gibt es konsequenterweise keine Ausnahme, selbst dann nicht, wenn sich die Umstände, unter denen ein Tagesordnungspunkt aufgenommen wurde, nunmehr verändert haben.[265]

Anders könnte sich die Frage darstellen, wenn der zur Abstimmung zu stellende Beschluss rechtswidrig oder sogar nichtig wäre, denn dann wäre der Versammlungsleiter gezwungen an einem rechtswidrigen, möglicherweise sogar nichtigen Beschluss mitzuwirken.[266] Allerdings ist diese Rechtsfolge in den ganz überwiegenden Fällen nicht eindeutig. Die Klärung bleibt vielmehr einem Gericht, nicht dem Versammlungsleiter, vorbehalten. Er muss dem – möglicherweise auch rechtswidrigen – Willen der Gesellschafter Folge leisten, kann bzw. sollte aber auf seine Einschätzung der Rechtslage hinweisen, damit die Folgen des nichtigen Beschlusses bei der Gesellschaft und den Gesellschaftern liegen. Der Versammlungsleiter kann, wenn er zum Ausdruck gebracht hat, dass ein Beschluss seiner Meinung nach un-

---

Rn. 31; Baumbach/Hueck/*Zöllner/Noack*, § 48 Rn. 18; Scholz/*Seibt*, § 48 Rn. 36; *Kleemann*, Versammlungsleiter GmbH, S. 78 ff.; BeckOK-GmbHG/*Schindler*, § 48 Rn. 43.

257 LG Bielefeld v. 2.12.1997–12 O 209/97, NZG 1998, 511.

258 Im Ergebnis ähnlich *Vogel*, Gesellschafterbeschlüsse, S. 109, 95; *Eickhoff*, Gesellschafterversammlung, S. 109, 73 f.

259 *Grunewald*, FS Baums, S. 507 (514 f.).

260 *Grunewald*, FS Baums, S. 507 (514 f.).

261 *Grunewald*, FS Baums, S. 507 (514).

262 *Grunewald*, FS Baums, S. 507 (514).

263 *Grunewald*, FS Baums S. 507 (514).

264 *Grunewald*, FS Baums, S. 507 (515).

265 *Grunewald*, FS Baums, S. 507 (515); *dies.*, AG 2015, 689 (692).

266 Entsprechende Überlegungen bei *Grunewald*, AG 2015, 689 (692).

wirksam ist, dann später nicht im Wege des Schadensersatzes für Leitungsfehler bei entstandenen Schäden herangezogen werden.

Zusammenfassend sei daher festgehalten, dass der Versammlungsleiter die Tagesordnung inhaltlich nicht verändern kann.[267]

c) Änderung der Reihenfolge der Tagesordnungspunkte

Wie bereits dargestellt, wird sich der Versammlungsleiter grundsätzlich an die angekündigte Reihenfolge der zu behandelnden Tagesordnungspunkte halten.[268] Daran ist er allerdings nicht gebunden,[269] weil er die Koordination des „Wie" des Versammlungsablaufes innehat. Mit der Bestellung eines Versammlungsleiters haben die Gesellschafter dieses Recht auf ihn übertragen.[270] Der Versammlungsleiter kann somit aus sachdienlichen Gründen[271] zur Förderung einer effektiveren Abhandlung der Beschlussgegenstände[272] von der angekündigten Tagesordnung abweichen.[273] Er macht dies sodann deutlich und zieht den Punkt vor.[274] Nicht zulässig ist es freilich willkürlich Beschlussgegenstände zu tauschen, um eine Präjudizwirkung zu erreichen.[275]

d) Zulassung von Anträgen

Grundsätzlich arbeitet der Versammlungsleiter die Tagesordnung ab und stellt sie zur Diskussion.[276] Einzelne Anträge können zwar auch noch während der laufenden Versammlung gestellt werden, Sachanträge indes nur, soweit sie im Sachzusammen-

---

267 So zur Rechtslage in Österreich: *Dumfarth*, RdW 2011, 589 (591).

268 *Vogel*, Gesellschafterbeschlüsse, S. 109, 92; *Eickhoff*, Gesellschafterversammlung, S. 109, 72; MüKo-GmbHG/*Liebscher*, § 48 Rn. 112; Scholz/*Seibt*, § 48 Rn. 36.

269 *Eickhoff*, Gesellschafterversammlung, S. 109, 72; *Vogel*, Gesellschafterbeschlüsse, S. 109, 92; *Kleemann*, Versammlungsleiter GmbH, S. 78 ff.; Baumbach/Hueck/*Zöllner/Noack*, § 48 Rn. 18; GroßkommGmbHG/*Hüffer/Schürnbrand*, § 48 Rn. 31; Michalski/*Römermann*, § 48 Rn. 113; Scholz/*Seibt*, § 48 Rn. 36, 48; MüKo-GmbHG/*Liebscher*, § 48 Rn. 112; BeckOK-GmbHG/*Schindler*, § 48 Rn. 43; Roth/Altmeppen/*Roth*, § 48 Rn. 9.

270 Vgl. zur GmbH *Kleemann*, Versammlungsleiter GmbH, S. 79.

271 *Eickhoff*, Gesellschafterversammlung, S. 109, 72; GroßkommGmbHG/*Hüffer/Schürnbrand*, § 48 Rn. 31; Scholz/*Seibt*, § 48 Rn. 36; Baumbach/Hueck/*Zöllner/Noack*, § 48 Rn. 18; *Kleemann*, Versammlungsleiter GmbH, S. 78 ff.; BeckOK-GmbHG/*Schindler*, § 48 Rn. 43; Gehrlein/*Witt*, S. 188; einschränkend *K.-S. Scholz*, in: FS Spellenberg, S. 51 (59 Fn. 40), der im sachlichen Grund nur eine allg. Verfahrensmaxime sieht.

272 Zur GmbH ähnlich Scholz/*Seibt*, § 48 Rn. 36.

273 *K.-S. Scholz*, in: FS Spellenberg, S. 51 (59); Beck'Formular-HdB/*Blaum/K.-S. Scholz*, VIII.D.15 Rn. 7; zur GmbH *Lange*, NJW 2015, 3190 (3192); Österreich: *Dumfarth*, RdW 2011, 589 (590); *Fantur*, in: FS Krejci, S. 581 (583).

274 Zur GmbH ähnlich *Kleemann*, Versammlungsleiter GmbH, S. 81, wenngleich er darauf betont, dass sich gegen diese Leitungsmaßnahme kein Widerspruch regen darf.

275 Gehrlein/*Witt*, S. 188.

276 Beck'Formular-HdB/*Blaum/K.-S. Scholz*, VIII. D. 15.

hang mit der Tagesordnung stehen.[277] Diese Einschränkung kann freilich nur dann bestehen, wenn nicht alle Gesellschafter anwesend sind.

Der Versammlungsleiter nimmt die Anträge der Gesellschafter entgegen und hat sie den Gesellschaftern mitzuteilen.[278] Dies kann er mündlich, durch Wiederholung oder Verlesung des Antrags sowie durch Bezugnahme auf einen allen Gesellschaftern schriftlich vorliegenden Antrag tun.[279] Sind die Anträge unsauber, unpräzise oder mehrdeutig formuliert, so kann er einen Antrag sinngemäß umformulieren.[280]

Verfahrensanträge können jederzeit – unabhängig von der Tagesordnung – gestellt werden. Von ganz besonderer Relevanz ist dabei der Abwahlantrag bezüglich des Versammlungsleiters. Ob ein solcher zuzulassen ist, richtet sich nach der Art der Bestellung zum Versammlungsleiter.[281] Ein rechtsmissbräuchlicher Antrag, z.B. wenn derselbe Gesellschafter den Abwahlantrag in derselben Versammlung schon mehrfach gestellt hat und er jedes Mal keine Mehrheit gefunden hat, wäre aber in jedem Fall nicht zuzulassen.[282]

7. Koordination der Redebeiträge

Auch ist es Aufgabe des Versammlungsleiters, die Redebeiträge der Gesellschafter in der Diskussion zu koordinieren. Er muss dabei eine „sachbezogene Diskussion und Aussprache“[283] bezwecken.

a) Worterteilung und Reihenfolge der Wortmeldungen

Er erteilt den Gesellschaftern in der Beratung das Wort.[284] Dabei hat jeder Gesellschafter, auch wenn er nicht stimmberechtigt ist, das Recht, sich an der Aus-

---

277 *Eickhoff*, Gesellschafterversammlung, S. 109, 76; *Vogel*, Gesellschafterbeschlüsse, S. 109, 91.

278 *K.-S. Scholz*, in: FS Spellenberg, S. 51 (59); BeckOK-GmbHG/*Schindler*, § 48 Rn. 43; Henssler/Strohn/*Hillmann*, § 48 GmbHG Rn. 14; *Lange*, NJW 2015, 3190 (3192).

279 *Eickhoff*, Gesellschafterversammlung, S. 109, 76.

280 Beck'Formular-HdB/*Blaum/K.-S. Scholz*, VIII. D. 15; Michalski/*Römermann*, § 48 Rn. 113; ähnlich MüKo-GmbHG/*Liebscher*, § 48 Rn. 112; GroßkommGmbHG/*Hüffer/Schürnbrand*, § 48 Rn. 31.

281 Zum Abwahlantrag s. Kapitel G. I. 2. d).

282 Sog Geschäftsordnungsbeschluss bei der GmbH, Lutter/Hommelhoff/*W. Bayer*, § 48 Rn. 14 m.w.N.

283 MüKo-GmbHG/*Liebscher*, § 48 Rn. 112.

284 *Vogel*, Gesellschafterbeschlüsse, S. 91; *K.-S. Scholz*, in: FS Spellenberg, S. 51 (59); *Eickhoff*, Gesellschafterversammlung, S. 109, 73; MüKo-GmbHG/*Liebscher*, § 48 Rn. 112; Scholz/*Seibt*, § 48 Rn. 36; BeckOK-GmbHG/*Schindler*, § 48 Rn. 43; Henssler/Strohn/*Hillmann*, § 48 Rn. 14; Michalski/*Römermann*, § 48 Rn. 112; Baumbach/Hueck/*Zöllner/Noack*, § 48 Rn. 17; Roth/Altmeppen/*Roth*, § 48 Rn. 9; GroßkommGmbHG/*Hüffer/Schürnbrand*, § 48 Rn. 31.

sprache aktiv zu beteiligen und sein Recht auf Gehör wahrzunehmen.[285] Der Versammlungsleiter lässt den Gesellschafter, der z. B. durch Handzeichen um Erteilung des Worts bittet, sprechen; wenn sich mehrere Gesellschafter melden, wird er regelmäßig entsprechend der Reihenfolge der Wortmeldungen vorgehen.[286] Er kann jedoch eine andere Reihenfolge wählen, wenn er dies für „sachdienlich[...] und verhandlungsökonomisch[...]" hält,[287] etwa wenn einer der Gesellschafter in einer Frage Experte ist und sich durch seine vorgezogene Erläuterung weitere Nachfragen erübrigen.[288] Der Versammlungsleiter ist also im Grundsatz frei, in welcher Reihenfolge er vorgeht.[289] Gilt in der konkreten Gesellschaft das GmbH-Recht bezüglich Einberufung und Tagesordnung analog und ist auf Verlangen eines Einzelnen oder einer Gesellschaftergruppe ein bestimmter Gegenstand auf die Tagesordnung gelangt, so hat der Versammlungsleiter dem oder den antragstellenden Gesellschaftern in der Debatte zuerst das Wort zu erteilen, die sodann die Möglichkeit haben, die anderen von der Relevanz und dem Inhalt seines Begehrens zu überzeugen.[290] Dass der Versammlungsleiter dafür sorgen solle, dass nicht immer derselbe Gesellschafter zuerst spreche, weil er dann stets den Lauf der Diskussion bestimme und „Meinungsführer" wäre,[291] überzeugt nicht gänzlich, beispielsweise nicht, wenn dieser Gesellschafter in besonderer Weise von den diskutierten Fragen betroffen oder etwa der einzige Komplementär ist, dem die persönliche unbeschränkte Haftung droht. Außerdem sind die Gesellschafter nicht gezwungen, am Redebeitrag des Vorredners anzusetzen, sondern können eigene Argumente einbringen. Der Versammlungsleiter kann einen Gesellschafter, der sich bisher noch nicht zu Wort gemeldet hat, auffordern, seine Ansicht zur Thematik darzulegen, wenn er dies für förderlich hält.[292] Anders als in Kapitalgesellschaften droht immer die persönliche (unbeschränkte oder beschränkte) Haftung eines jeden Gesellschafters. Will sich der angesprochene Gesellschafter trotz Aufforderung (noch) nicht äußern, kann er zu einem späteren Zeitpunkt das Wort erhalten, er ist nicht präkludiert[293], schließlich kann er zum Zeitpunkt des

---

285 *Eickhoff*, Gesellschafterversammlung, S. 109, 73.
286 *Eickhoff*, Gesellschafterversammlung, S. 109, 73; *Vogel*, Gesellschafterbeschlüsse, S. 109, 91; *Kleemann*, Versammlungsleiter GmbH, S. 87; Michalski/*Römermann*, § 48 Rn. 135.
287 *Vogel*, Gesellschafterbeschlüsse, S. 109, 91.
288 *Vogel*, Gesellschafterbeschlüsse, S. 109, 91; *Eickhoff*, Gesellschafterversammlung, S. 109, 73; *Kleemann*, Versammlungsleiter GmbH, S. 87.
289 *Kleemann*, Versammlungsleiter GmbH, S. 87; Baumbach/Hueck/*Zöllner/Noack*, § 48 Rn. 17.
290 Überzeugend zur GmbH *Kleemann*, Versammlungsleiter GmbH, S. 88.
291 *Kleemann*, Versammlungsleiter GmbH, S. 87 f.
292 *Eickhoff*, Gesellschafterversammlung, S. 109, 73; *Vogel*, Gesellschafterbeschlüsse, S. 109, 91.
293 So aber *Vogel*, Gesellschafterbeschlüsse, S. 109, 91; *Eickhoff*, Gesellschafterversammlung, S. 109, 73.

Aufrufs noch keine Meinung gehabt haben und die Möglichkeit, eine Präklusion herbeizuführen, wäre ein leichter Anknüpfungspunkt für einen Versammlungsleiter, der die Beratung in eine gewisse Richtung lenken will.

b) Zeitliche Beschränkung des Rederechts

Generell bestimmen allein die Gesellschafter, wann eine Sache hinreichend erörtert wurde und eine Abstimmung erfolgen kann.[294] Um den Gesellschaftern bei ihrer Debatte Gelegenheit zu geben, alle Punkte ausreichend zu diskutieren, ist es in kleineren Gesellschaften oftmals nicht nötig, die Redezeit zu beschränken. Es droht aufgrund der kleineren Anzahl potentieller Redner keine unangemessen lange Diskussion, wo doch die Dauer einer Gesellschafterversammlung (anders als die einer Hauptversammlung) nicht zeitlich beschränkt ist und die Gesellschafter oftmals leichter zu einer weiteren Gesellschafterversammlung zusammenfinden können. Je mehr Gesellschafter an der Gesellschaft beteiligt sind und demzufolge sprechen wollen und je breiter der Gesellschafterkreis örtlich verstreut ist, sodass ein weiteres Treffen für einige Gesellschafter nicht zumutbar wäre, desto eher muss der Versammlungsleiter für einen straffen Ablauf der Debatte innerhalb einer angemessenen Zeit sorgen. Allerdings ist bei der Verhältnismäßigkeitsprüfung einer allgemeinen Redezeitbeschränkung zu beurteilen, wo das Rederecht des Einzelnen seine ihm immanente Grenze findet, was besonders von der Wichtigkeit der aktuell diskutierten Frage für die Gesellschaft abhängt.[295] Es ist problematisch, diese materielle Abwägung vom für das Verfahren zuständigen Versammlungsleiter durchführen zu lassen.[296] Sind besonders viele Tagesordnungspunkte zu diskutieren und/oder melden sich viele Gesellschafter zu Wort, sodass eine unbegrenzte Debatte den Rahmen der (zeitlich vorangeschrittenen) Versammlung sprengen würde, kann der Versammlungsleiter eine Abstimmung der Gesellschafterversammlung über eine generelle zeitliche Redezeitbegrenzung (von etwa zehn Minuten) herbeiführen.[297] Richtigerweise kann er aber auch selbst einen zeitlichen Rahmen vorgeben,[298] der – wie all seine Entscheidungen – grundsätzlich von den Gesellschaftern aufgehoben oder modifiziert werden kann[299].

---

294 *Eickhoff*, Gesellschafterversammlung, S. 109, 73.

295 *Vogel*, Gesellschafterbeschlüsse, S. 109, 94.

296 *Vogel*, Gesellschafterbeschlüsse, S. 109, 94; ausdrücklich offengelassen Beck'Formular-HdB/*Blaum/K.-S. Scholz*, VIII. D. 15 Rn. 7; a.A. für die GmbH: Roth/Altmeppen/*Roth*, § 48 Rn. 9; Rowedder/Schmidt-Leithoff/*Ganzer*, § 48 Rn. 15; Scholz/*Seibt*, § 48 Rn. 37; GroßkommGmbHG/*Hüffer/Schürnbrand*, § 48 Rn. 31.

297 So *Vogel*, Gesellschafterbeschlüsse, S. 109, 94.

298 *Schneider/Schneider*, in: FS Möhring, S. 271 (272 f.); *Eickhoff*, Gesellschafterversammlung, S. 109, 74; Beck'Formular-HdB/*Blaum/K.-S. Scholz*, VIII. D. 15 Rn. 7; hM in der GmbH, statt aller Lutter/Hommelhoff/*W. Bayer*, § 48 Rn. 16; a.A *Vogel*, Gesellschafterbeschlüsse, S. 109, 94.

299 Zum Prärogativrecht ausführlich Kapitel G. II.

c) *Schluss der Debatte*

Wurde die Frage hinreichend diskutiert und sind alle Gesellschafter, die dies wollten, zumindest innerhalb einer beschränkten Zeit zu Wort gekommen, kann die Debatte geschlossen werden. Hat der Versammlungsleiter den Eindruck, dass dieser Zustand erreicht ist, kann er einen dahingehenden Beschluss der Gesellschafterversammlung herbeiführen.[300] Dies gilt auch dann, wenn sich die Gesellschafter mit ihren Argumenten ‚im Kreis' drehen, also dieselben Argumente immer von denselben Gesellschaftern dargelegt werden, wobei es den Anschein hat, dass jeder Gesellschafter sich über sein Stimmverhalten bereits sicher ist.

Scheint dem Versammlungsleiter hingegen, dass es noch viele Unklarheiten gibt, kann er umgekehrt sogar einen gestellten Antrag auf Schließung der Rednerliste zurückstellen.[301]

8. Leitung des Abstimmungsvorgangs

Ist die Debatte beendet, so ist der Versammlungsleiter für die Koordination der eigentlichen Beschlussfassung zuständig.

a) *Festlegung der Abstimmungsart und Zählweise*

Der Versammlungsleiter hat es in der Hand, die Abstimmungsart festzulegen,[302] etwa offene Abstimmung per Handzeichen, Zuruf, Aufstehen oder geheime schriftliche Abstimmung.[303] Dabei muss er sich davon leiten lassen, was für den konkreten Gesellschafterkreis zielführend ist. Dies hängt insbesondere von der Anzahl der Gesellschafter und deren Verhältnis zueinander ab.[304] Ziel muss es immer sein, dass jeder Gesellschafter frei und „nicht durch Druck verfälscht[...]“, seinem Willen Ausdruck verschaffen kann.[305] Daneben muss gewährleistet sein, dass zumindest der Versammlungsleiter stets weiß, wer wie gestimmt hat (etwa durch entsprechend gekennzeichnete Stimmkarten), um einerseits zu überprüfen, ob Stimmverbote beachtet wurden oder damit später entschieden werden kann, ob sich ein Gesellschafter widersprüchlich verhält, etwa indem er den Beschluss nachträglich angreift.[306]

---

300 *Eickhoff*, Gesellschafterversammlung, S. 109, 74; ob eine eigene Kompetenz des Versammlungsleiters besteht ausdrücklich offengelassen bei Beck'Formular-HdB/*Blaum/K.-S. Scholz*, VIII. D. 15 Rn. 7; eigene Kompetenz bei GmbH: Scholz/*Seibt*, § 48 Rn. 37.

301 *Eickhoff*, Gesellschafterversammlung, S. 109, 74.

302 *K.-S. Scholz*, in: FS Spellenberg, S. 51 (59); Beck'Formular-HdB/*Blaum/Scholz*, VIII.D.15 Rn. 7; *Eickhoff*, Gesellschafterversammlung, S. 109, 78.

303 *Vogel*, Gesellschafterbeschlüsse, S. 109, 96.

304 *Vogel*, Gesellschafterbeschlüsse, S. 109, 96.

305 *Vogel*, Gesellschafterbeschlüsse, S. 109, 96.

306 *Eickhoff*, Gesellschafterversammlung, S. 109, 79; *Vogel*, Gesellschafterbeschlüsse, S. 109, 97 f.

b) Stellen und Formulieren eines Beschlussantrages

Der Versammlungsleiter stellt die Beschlussanträge nach und nach zur Abstimmung.[307] Er ist bei der Reihenfolge der Behandlung der Anträge – wie bei der Reihenfolge der Wortmeldungen – frei.[308]

Dennoch sollte er stets Verfahrens- vor Sachfragen stellen – insbesondere, wenn ansonsten der Gesellschafterwillen verzerrt würde; denn wenn ein Verfahrensantrag, wie etwa die Abwahl des Versammlungsleiters oder ein Vertagungsantrag nicht sofort bei Stellung behandelt wird, kann dies Auswirkungen auf die folgenden Sachbeschlüsse haben.[309]

Er kann einen thematisch weiteren Sachantrag zum selben Thema (kein Aliud) vorziehen, da sich bei dessen Annahme weitere, weniger weitgehende, Anträge erledigt haben, und erst bei Ablehnung dessen, weniger weitgehende Anträge abarbeiten.[310] Für die allgemeine Stimmungslage in der Gesellschaft kann es nach einer hitzigen Diskussion aber auch zweckmäßig sein, den kleinsten gemeinsamen Nenner aller Gesellschafter zu finden und erst dann erweiterte Anträge zur Abstimmung zu stellen. Daneben kann der Versammlungsleiter einen Antrag vorziehen, von dem er annimmt, dass er die meisten Stimmen auf sich vereinen wird.[311] Werden mehrere Anträge gestellt, kann der Versammlungsleiter auch gleichzeitig über sie abstimmen lassen und sehen, welcher Antrag die meisten Stimmen auf sich vereinigt; wird die vereinbarte Stimmmehrheit von keinem Antrag erreicht, muss die Abstimmung separat wiederholt werden, beginnend bei dem Antrag, der ursprünglich schon am meisten Stimmen erzielt hat.[312] Andersherum kann er auch über mehrere Anträge getrennt abstimmen lassen, soweit kein Recht an einer gemeinsamen Abstimmung besteht[313] oder wenn eine getrennte Abstimmung sachgemäß erscheint[314].

c) Entgegennahme der Stimmen

Anders als in Kapitalgesellschaften geben die Personengesellschafter ihre auf die Fassung eines Beschlusses gerichteten Willenserklärungen nicht gegenüber der

---

307 Michalski/*Römermann*, § 48 Rn. 112; MüKo-GmbHG/*Liebscher*, § 48 Rn. 112.
308 *Eickhoff*, Gesellschafterversammlung, S. 109, 76.
309 *Vogel*, Gesellschafterbeschlüsse, S. 109, 92; *Eickhoff*, Gesellschafterversammlung, S. 109, 77.
310 *Eickhoff*, Gesellschafterversammlung, S. 109, 77; *Vogel*, Gesellschafterbeschlüsse, S. 109, 92.
311 *Vogel*, Gesellschafterbeschlüsse, S. 109, 92; *Eickhoff*, Gesellschafterversammlung, S. 109, 77.
312 *Vogel*, Gesellschafterbeschlüsse, S. 109, 92; *Eickhoff*, Gesellschafterversammlung, S. 109, 77.
313 MüKo-GmbHG/*Liebscher*, § 48 Rn. 112.
314 Scholz/*K. Schmidt*, § 47 Rn. 149.

Gesellschaft[315], sondern gegenüber ihren Mitgesellschaftern[316] ab. Gibt es einen Versammlungsleiter, so sind die Erklärungen ihm gegenüber abzugeben, denn er ist kraft seines Amtes zum Empfangsvertreter (§ 130 Abs. 1 S. 1 BGB) der Gesellschafter eingesetzt,[317] sodass es für die Wirksamkeit einer Willenserklärung allein auf den Zugang beim Versammlungsleiter ankommt.[318] Mit Zugang beim Versammlungsleiter wird die Willenserklärung bindend.[319]

aa) Anwesende

Normalerweise nimmt er daher die im bestimmten Verfahren abgegebenen Stimmen der anwesenden Gesellschafter auf der Gesellschafterversammlung entgegen.

bb) Abwesende

(1) Exkurs: Umlaufverfahren

In Personengesellschaften ist die Abhaltung von Gesellschafterversammlungen gesetzlich nicht zwingend vorgesehen. Daher ist, wenn der Gesellschaftsvertrag keine Versammlungspflicht vorsieht oder diese ggf. konkludent durch rügelose Durchführung eines Umlaufverfahrens aufgegeben wurde,[320] auch die Beschlussfassung im Umlaufverfahren möglich. Das heißt, dass die Gesellschafter nacheinander ihr Willenserklärungen über ein bestimmtes Medium (Brief, E-Mail, SMS, Messenger, Telefon) abgeben. Dieses Verfahren birgt aufgrund der Nachzeitigkeit der einzelnen Erklärungen große Rechtsunsicherheit und ist unübersichtlich, z. B. kann es unklar sein, wie lange eine Erklärung noch widerruflich ist bzw. ab wann sie bindend ist[321] oder wann und ob überhaupt ein Beschluss zustande gekommen ist.

Daher bietet sich auch hier die Einschaltung eines Organisators ein. Als solcher kommt der „Versammlungs"-leiter in Betracht.[322] In chronologischer Weise geordnet,

---

315 Versammlungsleiter als Vertreter der Gesellschaft, Baumbach/Hueck/*Zöllner/Noack*, § 48 Rn. 17

316 Nahezu einhellige Meinung RG v. 13.4.1940 – II 143/39, RGZ 163, 385 (392); *Hueck*, OHG § 11 II 3; GroßkommHGB/*Schäfer*, § 119 Rn. 24; a.A. *Sandhaus*, Rechtsschutz, der auf den Zugang bei der Gesellschaft abstellt.

317 BGH v. 27.6.1957 – II ZR 37/56, BeckRS 1957, 31387935 (zur Frage der Übertragbarkeit des Zugangserfordernisses); zum Versammlungsleiter: Ebenroth/Boujong/Joost/Strohn/*Freitag*, § 119 Rn. 51, 59; MüKo-HGB/*Enzinger*, § 119 Rn. 14; GroßkommHGB/*Schäfer*, § 119 Rn. 24; Baumbach/Hopt/*Roth*, § 119 Rn. 26; Koller/Kindler/Roth/Morck/*Kindler*, § 119 Rn. 10; schon *Hueck*, OHG, § 11 II 3.

318 *Hueck*, OHG § 11 II 3 Fn. 8.

319 *Ulmer*, in: FS Niederländer, S. 415 (421 ff.); *Grunewald*, Gesellschaftsrecht, § 1 Rn. 71.

320 Ausführlich zur Qualität der Gesellschafterversammlung *Schneider/Schneider*, in: FS Möhring, S. 271 (278 ff.).

321 GroßkommHGB/*Schäfer*, § 119 Rn. 16.

322 Zur Relevanz jüngst BGH v. 25.10.2016 – II ZR 230/15, BeckRS 2016, 113768.

sind die Aufgaben im Umlaufverfahren folgende: Ein Gesellschafter, der einen Beschluss im Umlaufverfahren erreichen möchte, tritt an den Versammlungsleiter heran und übersendet ihm die abzustimmende Frage. Sodann übersendet der Versammlungsleiter die Beschlussfrage und fordert die Gesellschafter auf, ihre Stimme innerhalb einer ihnen gesetzten, je nach Art des Beschlusses sowie des gewählten Kommunikationsmediums angemessenen Frist abzugeben. Sodann nimmt er ihre Erklärungen entgegen.[323] Dabei agiert er als rechtsgeschäftlich ermächtigter Empfangsvertreter (§ 164 Abs. 3 BGB) für alle Mitgesellschafter. Sobald ihm die Erklärung zugegangen ist, ist sie grundsätzlich bindend (§ 130 Abs. 1 S. 1 und 2 BGB); ein Widerruf ist nur noch aus wichtigem Grund möglich. Ein solcher liegt vor, wenn sich nachträglich die Umstände oder Informationsgrundlage derart geändert haben, dass ein Festhalten am unveränderten Beschluss unzumutbar wäre.[324] Schließlich wertet er das Stimmergebnis aus. Daraufhin stellt er das Beschlussergebnis fest und teilt es den Gesellschaftern mit.

Somit ist für Umlaufbeschlüsse ein ordnungsgemäßer Rahmen geschaffen. Gewinnbringend ist solch ein formloses Verfahren bei einstimmig zu treffenden Entscheidungen, da ein Beschluss schnell, z.B. mittels Telemedien und Fernkommunikationsmitteln, möglich ist; zudem kommt ein Beschluss nur bei Mitwirken aller Gesellschafter zustande, sodass jeder hinreichend geschützt ist.[325] Dennoch birgt ein Umlaufbeschluss auch Probleme: Oft wird für das Informations- und Auskunftsrecht der Gesellschafter (§ 118 Abs. 1 HGB) nicht genügend Raum bleiben; zudem ist gerade bei Mehrheitsbeschlüssen der Minderheitenschutz durch eine fehlende Möglichkeit, auf die Willensbildung der Mehrheit in effektiver Weise Einfluss zu nehmen, nicht ausreichend gewährleistet.[326] Ein dennoch im Unlaufverfahren getroffener Beschluss soll sogar unwirksam sein.[327] Somit ist es um einer rechtssicheren Beschlussfassung willen im Allgemeinen vorzugswürdig – zumindest bei der Zulässigkeit vom Mehrheitsentscheidungen – in der Gesellschafterversammlung zu tagen und dort Beschluss zu fassen.

(2) Kombination

Das Umlaufverfahren kann auch neben die Gesellschafterversammlung treten. Denn sofern keine Gesellschafterversammlung etabliert wurde, bei der nur die Anwesenden stimmberechtigt sind, sind dies alle Gesellschafter, ob anwesend oder nicht; sind zudem Mehrheitsentscheidungen zulässig, so ist die Mehrheit aller, nicht bloß der Anwesenden, entscheidend.[328] Sodann müssen die noch einzuholenden Stimmen gegenüber dem Versammlungsleiter abgegeben werden. Sind alle Stimmen

323 Als „Quasi-Versammlungsleiter" Scholz/*Seibt*, § 48 Rn. 60.
324 GroßkommHGB/*Schäfer*, § 119 Rn. 34.
325 Heidel/Schall/*Psaroudakis*, § 119 Rn. 2.
326 GroßkommHGB/*Schäfer*, § 119 Rn. 16.
327 GroßkommHGB/*Schäfer*, § 119 Rn. 16, 88.
328 Dazu ausführlich *Schneider/Schneider*, in: FS Möhring, S. 271 (279 ff.).

abgegeben, kommt der Beschluss zustande. In diesem Fall ist eine (deklaratorische) Beschlussfeststellung des Versammlungsleiters (dazu sogleich Kapitel D. 1. 9.) unerlässlich, um alle Gesellschafter vom Zustandekommen des Beschlusses und dessen Inhalt zu informieren.

9. Beschlussfeststellungskompetenz

Die wohl meist diskutierte Frage in der GmbH-rechtlichen Diskussion im Zusammenhang mit der Versammlungsleitung ist, ob dem Versammlungsleiter ein sog. formelles Beschlussfeststellungsrecht zukommt. Zwar ist in der GmbH eine Beschlussfeststellung nicht konstitutiv für das Zustandekommen eines Beschlusses,[329] allerdings wandeln sich nach inzwischen allgemeiner Ansicht die Rechtsschutzmöglichkeiten gegen Beschlüsse, wenn ein Beschluss festgestellt wurde; die Beschlussfeststellung stellt eine „Wasserscheide"[330] dar: Ohne förmliche Beschlussfeststellung gelte die objektive oder wahre Rechtslage, d. h. ein Beschluss ist entweder wirksam oder nichtig, was entweder mit der allgemeinen Feststellungsklage (§ 256 Abs. 1 ZPO) geltend gemacht oder stets auch inzident entgegengehalten werden kann.[331] Wurde der Beschluss hingegen durch einen Versammlungsleiter festgestellt, ist er vorläufig verbindlich[332] und das aktienrechtliche Beschlussmängelrecht der §§ 241 ff. AktG wird analog angewandt[333]. Dies bedeutet, dass die Fehlerhaftigkeit des Beschlusses nur noch binnen einer angemessenen Frist von mindestens einem Monat mittels Anfechtungsklage (§ 246 AktG analog) gerügt und der festgestellte Beschluss nur durch gerichtliches Urteil aufgehoben werden kann.[334] Die Anfechtungsklage ist gegen die Gesellschaft zu richten (§ 246 Abs. 2 S. 1 AktG analog) und die Gerichtsentscheidung entfaltet Inter-omnes-Wirkung (§ 248 Abs. 1 S. 1 AktG analog).[335]

---

329 Baumbach/Hueck/*Zöllner*, § 47 Rn. 26; Scholz/*Seibt*, § 48 Rn. 52 (trotz Unklarheit in Rn. 53); missverständlich MüKo-GmbHG/*Liebscher*, § 48 Rn. 117.

330 *Noack*, GmbHR 2017, 792 (794).

331 BGH v. 24.3.2016 – IX ZB 32/15, Rz. 32 – juris; OLG München v. 23.2.2017–23 U 4888/15, GmbHR 2017, 476 (477 f.); statt aller MüKo-GmbHG/*Liebscher*, Anh. § 47 Rn. 193; a.A. stets wenigstens Beschlussfeststellung durch die Gesellschafter: *Altmeppen*, NJW 2016, 2833 (2837).

332 *Wicke*, GmbHR 2017, 777 (785); gegen eine ‚tatsächliche Verbindlichkeit', weil das Registergericht Verfahren bis zum Ablauf der Anfechtungsfrist aussetzten wird, *Noack*, GmbHR 2017, 792 (794).

333 St. Rspr: BGH v. 21.3.1988 – II ZR 308/87, BGHZ 104, 66 = NJW 1988, 1844, LS. 1; jüngst OLG Brandenburg v. 5.1.2017–6 U 21/14, Rz. 59 – juris; statt Aller: MüKo-GmbHG/*Liebscher*, § 48 Rn. 115; Scholz/*Seibt*, § 48 Rn. 53; auch im Fall der Abberufung des Geschäftsführers *Winkler*, GmbHR 2017, 334 (338 ff.); a.A. Heranziehung eines allg. Beschlussmängelrechts statt des AktG: *Fehrenbach*, Der fehlerhafte Gesellschafterbeschluss in der GmbH, S. 195 ff; ebenfalls kritisch *Münnich*, GmbHR 2017, 188 (192 f.).

334 Statt aller Michalski/*Römermann*, Anh. § 47 Rn. 262, 459

335 Statt aller Wicke/*Wicke*, Anh. § 47 Rn. 1 ff.

Dies bedeutet, dass durch die Beschlussfeststellung im GmbH-Recht ein vorläufig verbindliches Präjudiz geschaffen wird und die Klageobliegenheit denjenigen Gesellschafter trifft, der das festgestellte Ergebnis bestreitet. Für das Personengesellschaftsrecht stellt sich indes die Frage, ob der Beschlussfeststellungskompetenz überhaupt eine Bedeutung zukommt.

a) Gesetzlicher Regelfall

Zunächst soll der gesetzliche Regelfall betrachtet werden.

aa) Beschlussmängelrecht in Personengesellschaften

Im Gesetz finden sich keine expliziten Regelungen zum Beschlussmängelrecht in Personengesellschaften.

Ein beachtlicher Teil der Lehre plädiert daher dafür, ebenfalls auf das gerade dargestellte aktienrechtliche System abzustellen – entweder uneingeschränkt[336] oder zumindest bei allen Personengesellschaften, die Mehrheitsbeschlüsse zulassen,[337] bei körperschaftlich strukturierten Personengesellschaften[338], bei Gesellschaften mit einer großen Zahl an Gesellschaftern (Publikumsgesellschaften i.w.S.)[339] oder bei Publikumsgesellschaften i.e.S[340]. Die dogmatischen Ansätze differieren dabei. Nach *K. Schmidt* ist mit der aktienrechtlichen Anfechtungsklage nur ein abstraktes „allgemeines Rechtsinstitut“ einer „negatorische[n] Mitgliederklage“ normiert worden, welches – von sich aus – immer dann gilt, wenn eine „Verbandsorganisation“ und ein „geeignete[r] Beklagte[r]“ existieren, sofern „Mitglieder[...] unter die Mehrheitsentscheidung eines Organs“ unterworfen

---

336 *K.-S. Scholz*, WM 2006, 897 (904); so wohl auch *Gaul*, DStR 2009, 804 (807, 809); Röhricht/Graf v. Westphalen/Haas/*Haas*, § 119 Rn. 8a.

337 Allen voran *K. Schmidt*, in: FS Stimpel, S. 217 ff. *K. Schmidt*, Gesellschaftsrecht, S. 447 ff., 1396 f.; *K. Schmidt*, ZGR 2008, 1 (24 ff.); im Ansatz bereits *Gierke*, Handelsrecht und Schiffahrtsrecht, S. 200; *Enzinger*, Mehrheitsbeschlüsse bei Personengesellschaften, S. 339 ff.; MüKo-HGB/*Enzinger*, § 119 Rn. 107 f.; *Priester*, in: FS Hadding, S. 607 (617); *Schwab*, Das Prozeßrecht gesellschaftsinterner Streitigkeiten, S. 420 ff, 444; *Schröder*, GmbHR 1994, 532 (536 f.); *Todtenhöfer*, Bestimmung des Klagegegners bei personengesellschaftsrechtlichen Beschlussmängelklagen, S. 303 ff.; zum Verein *Terner*, NJW 2008, 16 (19); zur parallelen Rechtslage in Österreich Torggler/*Torggler*, § 119 Rn. 24.

338 *Köster*, Anfechtungs- und Nichtigkeitsklage gegen Gesellschafterbeschlüsse bei OHG und KG, S. 94 ff.; *Timm*, in: FS Fleck, S. 365 (372); Staudinger/*Habermeier*, § 709 Rn. 26 für „unter- nehmenstragende Gesellschaften“; wohl auch *Schütz*, Sachlegitimation und richtige Prozeßpartei bei innergesellschaftlichen Streitigkeiten in der Personengesellschaft, S. 149 f.

339 *Grunewald*, Gesellschaftsrecht, § 1 Rn. 97; ebenso MüKo-HGB/*Grunewald*, § 161 Rn. 131; *Grunewald*, Der Ausschluss aus Gesellschaft und Verein, S. 273 ff.

340 Henssler/Strohn/*Servatius*, § 705 Rn. 61; *Reuter*, JZ 1986, 72 (81).

sind.[341] Die übrige Literatur stellt demgegenüber auf eine Analogie zu den Vorschriften des Aktienrechts[342] oder auf eine ergänzende Vertragsauslegung[343] ab.

Nach der Rechtsprechung[344] und der Gegenposition in der Lehre[345] gelten hingegen nur die allgemeinen Vorschriften des BGB und der ZPO. Danach sind Beschlüsse – selbst bei Publikumsgesellschaften[346] – entweder ipso iure wirksam oder nichtig, ohne dass eine Anfechtungsobliegenheit für zwar fehlerhafte, aber nicht nichtige Beschlüsse besteht.[347] Zur Nichtigkeit führen alle Verstöße gegen materielles Gesetzesrecht (§§ 134, 138 BGB) oder materielle Vertragsabreden (z. B. Verletzung von Sonderrechten).[348] Verstöße gegen Verfahrensvorschriften führen nur dann zur Nichtigkeit, wenn es sich um keine bloße Ordnungsvorschrift handelt und der Beschluss bei Einhaltung des Verfahrens nicht oder anders gefasst worden wäre und der geschützte Gesellschafter(-kreis) nicht auf ihre Einhaltung verzichtet oder dem Beschluss nicht nachträglich zugestimmt hat.[349] Mängel bei Abgabe der Stimme sind nur dann relevant, wenn sie für das Beschlussergebnis kausal waren.[350] Die Wirksamkeit oder Nichtigkeit eines Beschlusses kann mittels einer einfachen fristlosen (positiven oder negativen) Feststellungsklage (§ 256 Abs. 1 ZPO) gerichtlich ermittelt und festgestellt werden[351], aber auch jederzeit einredehalber entgegengehalten

---

341 *K. Schmidt*, in: FS Stimpel, S. 217 (221, 232).

342 Siehe Fn. 335–339, ausgenommen *Grunewald* und *K. Schmidt* und *Scholz.*

343 *Grunewald*, Gesellschaftsrecht, § 1 Rn. 98.

344 Ständige Rechtsprechung BGH v. 13.2.1995 – II ZR 15/94, NJW 1995, 1218 (1219); BGH v. 27.4.2009 – II ZR 167/07, NJW 2009, 2300, Rz. 23; BGH v. 1.3.2011 – II ZR 83/09, NJW 2011, 2578, Rz. 19; OLG Hamm v. 4.2.2013–8 U 21/12, BeckRS 2014, 14203; OLG Frankfurt a. M. v. 6.5.2014–5 U 116/13, BeckRS 2014, 09185, Rz. 96.

345 MüKo-BGB/*Schäfer*, § 709 Rn. 105; Erman/*Westermann*, § 709 Rn. 38; BeckOK-BGB/*Schöne*, § 709 Rn. 65; Baumbach/Hopt/*Roth*, § 119 Rn. 32; GroßkommHGB/*Schäfer*, § 119 Rn. 77; Oetker/*Lieder*, § 119 Rn. 67; Koller/Kindler/Roth/Morck/*Kindler*, § 119 Rn. 15; Ebenroth/Boujong/Joost/Strohn/*Freitag*, § 119 Rn. 77; Dauner-Lieb/Langen/*Heidel*, § 709 Rn. 64; Hüffer/*Koch*, § 243 Rn. 2; MAH PersGR/*Pückelmann*, § 8 Rn. 88; Soergel/*Kießling*, § 709 Rn. 44; BeckHdB PersG/*Stengel*, § 3 Rn. 461; *Vogel*, Gesellschafterbeschlüsse, S. 125 ff.; *Hueck*, OHG, S. 184; *Sandhaus*, Rechtsschutz, S. 65 ff.; *Eickhoff*, Gesellschafterversammlung, S. 109; *Bauschatz*, NZG 2002, 759 (762); *Brandes*, NZG 1999, 935 (936 f.).

346 BGH v. 7.6.1999 – II ZR 278/98, NJW 1999, 3113 (3114 f.); BGH v. 24.3.2003 – II ZR 4/01, NJW 2003, 1729 (1729); OLG Stuttgart v. 31.3.2010–14 U 20/09; *Brandes*, NZG 1999, 935 (936); a.A. *Casper*, BB 1999, 1835 (1837); *Gaul*, DStR 2009, 804 (809).

347 Statt aller nur Baumbach/Hopt/*Roth*, § 119 Rn. 31.

348 Dazu *Vogel*, Gesellschafterbeschlüsse, S. 125 f.

349 *Vogel*, Gesellschafterbeschlüsse, S. 126 f.

350 *Vogel*, Gesellschafterbeschlüsse, S. 128.

351 BGH v. 7.6.1999 – II ZR 278–98, NJW 1999, 3113 (3114); BGH v. 19.10.2009 – II ZR 240/08, BGHZ 183, 1 = NJW 2010, 65, Rz. 12; BGH v. 9.2.2009 – II ZR 231/07, NZG 2009, 501, Rz. 16; BGH v. 1.3.2011 – II ZR 83/09, NJW 2011, 2578, Rz. 19.

werden[352]. Als richtige Beklagte[353] werden alle Mitgesellschafter angesehen,[354] die eine gegenteilige Auffassung von der Wirksamkeit des Beschlusses haben und an der Abstimmung mit einer positiven oder negativen Stimme teilgenommen haben,[355] und nicht die Gesellschaft als solche, da die Gesellschaft „Gegenstand, nicht Subjekt eines Gesellschafterbeschlusses“[356] sei.

(1) Exkurs: Argumente für die Heranziehung des Aktienrechts

Für die Geltung des Aktienrechts spricht zunächst, dass die entsprechende Parallele im GmbH-Recht bedenkenlos angewendet wird, obgleich sich weder für das GmbH-Recht noch für das Personengesellschaftsrecht eine gesetzliche Stütze findet.[357] Man kann also nicht folgern, dass allein die Nichtexistenz von Gesetzesrecht[358] eine entsprechende Anwendung ausschließt,[359] ist eine Regelungslücke doch erste Voraussetzung, nicht jedoch Ausschluss einer Analogie.

Als praktisches Argument kann die Erzielung eines Gleichlaufs – ohne weitere vertragliche Regelung – bei der weit verbreiteten GmbH & Co. KG angeführt werden, bei der GmbH- und KG-Beschlüsse ohnehin oftmals schwer zu trennen sind.[360]

Die aktuelle Dogmatik kann zudem teilweise als intransparent angesehen werden, da die Rechtsprechung aus praktischen Gründen im Ergebnis eine Annäherung an das Aktienrecht vorgenommen hat, diese aber nicht offenlegt.[361] Das Nichtigkeitsdogma werde nur inkonsequent eingehalten, weil es in vielen Konstellationen (schon vollzogene strukturändernde Beschlüsse, Verstoß gegen bloße Ordnungsvorschriften, Kausalitätserfordernis für Verfahrensmängel sowie bei nichtigen oder angefochtenen Stimmabgaben) eingeschränkt wird.[362] Ab einer großen Anzahl von Gesellschaftern ist die „Grenze für die Geltendmachung der Beschlussnichtigkeit“ ohnehin nicht mehr eindeutig definierbar.[363] Als Hauptargument für die Heranziehung des Aktienrechts

---

352 *Vogel*, Gesellschafterbeschlüsse, S. 128.

353 Im Detail *Todtenhöfer*, Bestimmung des Klagegegners bei personengesellschaftsrechtlichen Beschlussmängelklagen.

354 BGH v. 13.7.1981 – II ZR 56/80, BGHZ 81, 264 = NJW 1981, 2565 (2565); BGH v. 30.4.1984 – II ZR 293/83, BGHZ 91, 132 = NJW 1984, 2104 (2104); BGH v. 13.2.1995 – II ZR 15/94, NJW 1995, 1218 (1218); BGH v. 17.7.2006 – II ZR 242/04, NJW 2006, 2854 (2855).

355 Oetker/*Lieder*, § 119 Rn. 73; Ebenroth/Boujong/Joost/Strohn/*Freitag*, § 119 Rn. 77; *Hueck*, OHG, § 11 V. 1. d).

356 BGH v. 30.6.1966 – II ZR 149/64, WM 1966, 1036 (1036).

357 *K. Schmidt*, in: FS Stimpel, S. 217 (228); *K. Schmidt*, ZGR 2008, 1 (25); *K.-S. Scholz*, WM 2006, 897 (902 f.).

358 So aber *Hueck*, OHG, S. 184.

359 *K. Schmidt*, in: FS Stimpel, S. 217 (228).

360 *K. Schmidt*, Gesellschaftsrecht, S. 449.

361 *K. Schmidt*, in: FS Stimpel, S. 217 (242).

362 Dazu *K.-S. Scholz*, WM 2006, 897 (879).

363 *Grunewald*, Gesellschaftsrecht, § 1 Rn. 97.

wird die Schaffung von Rechtssicherheit und Bestandsschutz für die Personengesellschafter(-mehrheit)[364] angeführt, für welche diese Verlässlichkeit ebenso wichtig sei wie für GmbH-Gesellschafter oder Aktionäre, denn regelmäßig obliegt der Beschlussmehrheit in Personengesellschaften die Geschäftsführung und damit der Vollzug der Beschlüsse, wozu sie eine eindeutige Rechtslage und Planungssicherheit benötigen.

(2) Exkurs: Rechtliche Bedenken

Diese oben ausgeführten Argumente sind grundsätzlich nachvollziehbar. Allerdings bestehen dogmatische Bedenken. Die für die Analogie nötige vergleichbare Interessenlage mit der aktienrechtlichen Struktur[365] kann allenfalls bei Publikumspersonengesellschaften angenommen werden. Jedoch kann bereits an der für eine Analogie zwingenden planwidrigen Regelungslücke gezweifelt werden, da der Gesetzgeber zumindest das AktG ganz regelmäßig aktualisiert, sich also regelmäßig mit Beschlussmängelfolgen beschäftigt.[366] Die Anfechtungsklage als allgemeines Institut der actio negatoria ohne Analogieschluss[367] überzeugt i.E. ebenso wenig, da die actio negatoria zum Schutz der Gesellschafterrechte vor allem dem Anspruch auf Nichtvollzug eines die Mitgliedschaftsrechte verletzenden Beschlusses dient, welcher aber nicht mit Anfechtungs- oder Feststellungsklage durchgesetzt wird, sondern daneben als Unterlassungsanspruch gegen die Mitgesellschafter besteht.[368] Ansonsten wäre es wohl auch nicht für nötig erachtet worden, die Frage des Beschlussmängelrechts am 71. DJT zu diskutieren und zu beschließen, dass es de lege ferenda eine Annäherung an das Aktienrecht geben solle.[369]

Die Gesellschafter müssen zudem die Möglichkeit haben, zu erfahren, wie sie bei vermeintlich fehlerhaft getroffenen Beschlüssen vorzugehen haben. Aktionäre können das AktG zu Rate ziehen. GmbH-Gesellschafter werden bei Gründung oder Anteilserwerb zwingend notariell beraten, auch wenn der konkrete Gesellschaftsvertrag keine Regelungen über Beschlussmängel enthalten sollte, an die sich die Gesellschafter halten könnten. Personengesellschaften können jedoch formlos ohne jegliche staatliche Hilfe – d.h. ohne ausdifferenziertes Gesetzesrecht oder Beteiligung eines Notars – sogar konkludent gegründet werden. Durch die stetige Rechtsprechung besteht momentan zudem Rechtssicherheit bezüglich der Vorgehensweise bei Beschlussmängelstreitigkeiten. Dies wäre bei einer analogen Anwendung des Aktienrechts – besonders wenn keiner einheitlichen Lösung gefolgt, sondern Differenzierungen vorgenommen werden sollen – hingegen nicht gewährleistet.

---

364 *K. Schmidt*, Gesellschaftsrecht, S. 448; *K.-S. Scholz*, WM 2006, 897 (900).

365 *Timm*, in: FS Fleck, S. 365 (372).

366 *Sandhaus*, Rechtsschutz, S. 70.

367 So auch *K.-S. Scholz*, WM 2006, 897 (904 f.).

368 *Sandhaus*, Rechtsschutz, S. 69.

369 Abteilung Wirtschaftsrecht, Beschluss 19, http://www.djt.de/fileadmin/downloads/71/161213_71_beschluesse_web.pdf (aufgerufen am 12.4.2018).

Die Gesellschafter sind darüber hinaus durch das generelle Nichtigkeitsdogma nicht unangemessen belastet,[370] da es bei Verstößen gegen Verfahrens- und Formvorschriften des Gesellschaftsvertrages gerade den gesellschafterlichen Willen darstellt, dass diese Punkte für wichtig erachtet werden; wollen sie die Nichtigkeitsfolge nicht, steht es ihnen frei, sich reine Ordnungsvorschriften zu geben.[371] Darüber hinaus besteht aktuell auch keine für die Handlungsfähigkeit der Gesellschaft und den Beschlussvollzug unerträgliche Rechtsunsicherheit, denn es steht allen Gesellschaftern, die ein besonderes Interesse an einem klaren, sicheren Beschluss haben, frei, selbst eine Feststellungsklage anzustrengen.[372] Durch das Anfechtungsmodell wird das Verhältnis von Mehrheit und Minderheit neu zulasten der Minderheit definiert, denn dann muss alleine sie aktiv werden und dazu das mit nicht unerheblichen Kosten verbundene Prozessrisiko tragen.[373] Diese Umverteilung der Klagelast sollte nicht durch Rechtsfortbildung, sondern entweder nur vom Gesetzgeber oder aber privatautonom durch die Gesellschafter selbst vorgenommen werden.

(3) Lösung anhand der Rechtsprechung

Auch wenn für ein Heranziehen des aktienrechtlichen Beschlussmängelrechts gute Gründe sprechen, so ist es hier letztlich nicht zielführend, sich vertieft mit dieser komplexen Problematik auseinanderzusetzen. Daher soll hier die Ansicht der Rechtsprechung zugrundegelegt werden, wonach im gesetzlichen Regelfall nur die Regeln des BGB und der ZPO, nicht aber diejenigen des AktG Anwendung finden.

bb) Konsequenzen für die Beschlussfeststellungskompetenz

Im gerade dargestellten gesetzlichen Normalfall ist eine Beschlussfeststellung durch einen Versammlungsleiter somit nicht notwendig.[374] Vielmehr hätte sie gar keine Konsequenz, da der Beschluss, unabhängig ob er förmlich festgestellt wurde oder nicht, ipso iure wirksam oder aber nichtig wäre.[375] Die Wiederholung des (vermeintlichen) Beschlussergebnisses wäre letztlich rein deklaratorisch.

Diese deklaratorische Wiederholung könnte nur in den Fällen Bedeutung erlangen, in denen bei der Versammlung abwesende Gesellschafter gleichwohl mitstimmungsberechtigt sind oder es zu einer sog. „Sternbeschlussfassung“ kommt,

---

370 So aber *K.-S. Scholz*, WM 2006, 897 (901).

371 *Sandhaus*, Rechtsschutz, S. 68.

372 *Sandhaus*, Rechtsschutz, S. 67.

373 *Sandhaus*, Rechtsschutz, S. 67.

374 Vgl. auch *Sandhaus*, Rechtsschutz, S. 19; zum österreichischen Recht *Fritz/Perktold*, Die „neue“ Gesellschaft bürgerlichen Rechts, § 1192 B. 5.

375 So Gegenstand bei BGH v. 7.2.2012 – II ZR 230/09, NZG 2012, 625, Rz. 25 (Immobilien-GbR); OLG Celle v. 9.11.2016–9 U 38/16, MDR 2017, 220 (Publikums-KG); OLG München v. 12.1.2017–23 U 1994/16, Rz. 50 – juris (GmbH & Co. KG).

bei der alle oder manche Gesellschafter ihre Stimmen getrennt gegenüber ihrem Empfangsbevollmächtigten (Versammlungsleiter) abgeben; dann kann der Versammlungsleiter das Ergebnis für alle zusammenfassen und über den Ausgang der Abstimmung informieren.[376]

Mangels präjudizialer Wirkung ist die Frage der Beschlussfeststellung im gesetzlichen Regelfall der Personengesellschaften bisher weitgehend ohne Relevanz.

b) Modifiziertes Beschlussmängelrecht

Generell ist das Personengesellschaftsrecht durch ein hohes Maß an Gestaltungsfreiheit gekennzeichnet. Daran soll auch in Zukunft nichts geändert werden.[377] Im Folgenden werden Gestaltungsmöglichkeiten und deren Auswirkungen auf das Beschlussfeststellungsrecht aufgezeigt. Modifizierungen durch Annäherungen an das kapitalgesellschaftsrechtliche Modell sind im Übrigen nicht auf Publikumsgesellschaften i.w. oder e.S. beschränkt.[378]

aa) Beispiel

Die Gesellschafter können ihr Beschlussmängelrecht verändern.[379] Beispielhaft sei nur folgende Klausel aus einem Formularhandbuch genannt:

> *„Die Unwirksamkeit eines fehlerhaften Gesellschafterbeschlusses ist durch Klage gegen die Gesellschaft geltend zu machen. Gegen einen fehlerhaften Gesellschafterbeschluss, der nicht gegen zwingende gesetzliche Vorschriften verstößt, kann nur innerhalb einer Frist von zwei Monaten seit der Beschlussfassung Klage erhoben werden. Die Frist beginnt mit der Absendung der Niederschrift über den Beschluss. Wird nicht innerhalb der Frist Klage erhoben oder findet das Klageverfahren ohne Entscheidung in der Sache seine Erledigung (zB. durch Klagerücknahme), ist der Mangel des Beschlusses geheilt.“*[380]

Die Gesellschafter haben dabei verschiedene Ansatzpunkte für Modifikationen: die Bestimmung des Klagegegners, die Vereinbarung einer Klagefrist und die Einführung einer rechtsgestaltenden Anfechtungsklage anstelle oder zusätzlich zur einfachen Feststellungsklage. Durch Auslegung ist zu ermitteln, welche Änderungen jeweils genau umfasst sind.[381]

---

376 Vgl. Ebenroth/Boujong/Joost/Strohn/*Freitag*, § 119 Rn. 64, wobei dieser in solchen Fällen lediglich die vertragliche Komptenzeinräumung empfiehlt.

377 Dies entspricht auch These I.5, des Gutachtens von *Schäfer*, in: Gutachten, E1 (E 44 ff.).

378 *Bergmann*, jurisPK-BGB, § 709 BGB Rn. 34.

379 BGH v. 20.1.1977 – II ZR 217/75, BGHZ 68, 212 = NJW 1977, 1292 (1293); *Vogel*, Gesellschafterbeschlüsse, S. 129.

380 Beck'Formular-HdB/*Blaum/Scholz*, Muster VIII D. 7. § 9 VII.

381 Dazu etwa BGH v. 1.3.2011 – II ZR 83/09, NZG 2011, 544.

(1) Bestimmung des Beklagten

Die Gesellschafter können vereinbaren, dass sich Klagen im Zusammenhang mit Beschlüssen – je nach Auslegung der konkreten Klausel gilt dies nur bei der Rüge von Beschlussmängeln oder auch bei Unsicherheit über den Inhalt gefasster Beschlüsse – gegen die Gesellschaft und nicht gegen die Mitgesellschafter zu richten haben.[382] Der BGH geht davon aus, dass dies bei Publikumsgesellschaften sogar ohne entsprechende Vertragsvereinbarung möglich, aber nicht zwingend ist.[383] Damit könne die bloße inter partes-Wirkung der Feststellungsklage de facto in eine solche inter omnes umgestaltet werden, da sich alle Gesellschafter konkludent gesellschaftsvertraglich verpflichtet haben, die im Streitfall mit der Gesellschaft erreichte Entscheidung als für und gegen sie wirksam zu erachten.[384]

(2) Bestimmung einer Klagefrist

Daneben können die Gesellschafter vereinbaren, dass gegen Beschlüsse nur innerhalb einer bestimmten Frist und nicht bis zur Verwirkungsgrenze geklagt werden kann.[385] Die Frist muss dabei als Erst-recht-Schluss[386] zu § 246 Abs. 1 AktG mindestens vier Wochen betragen, um das elementare Gesellschafterrecht der Angreifbarkeit von Beschlüssen nicht zu unterlaufen.[387] Der Anwendungsbereich solcher Fristklauseln kann weitergehen als die Befristung im Aktienrecht, da dort nur Anfechtungsgründe zeitlich begrenzt geltend gemacht werden können, Nichtigkeitsgründe allerdings zeitlich unbegrenzt. Dieser Unterschied zwischen Aktien- und Personengesellschaftsrecht ist zulässig und konsequent, da im Personengesellschaftsrecht de lege lata ohne privatautonome Eingriffe keine Differenzierung vorgenommen wird und alle Verstöße gleichermaßen zur Nichtigkeit führen.[388] Nur Unwirksamkeitsgründe, bei denen es schon an einer Wirksamkeitsvoraussetzung für einen Beschluss, z.B. der Zustimmung eines zustimmungspflichtigen Gesellschafters, fehlt, sind von der Frist nicht erfasst, da eine Fristklausel keine Willenserklärungen ersetzen kann.[389]

---

382 BGH v. 30.6.1966 – II ZR 149/64, WM 1966, 1036 f.; BGH v. 15.11.1982 – II ZR 62/82, BGHZ 85, 350 = NJW 1983, 1056 (1057); BGH v. 30.4.1984 – II ZR 293/83, BGHZ 91, 132 = NJW 1984, 2104 (2104 f.); BGH v. 13.2.1995 – II ZR 15/94, NJW 1995, 1218 (1218); BGH v. 7.6.1999 – II ZR 278/98, NJW 1999, 3113 (3115); BGH v. 24.3.2003 – II ZR 4/01, NJW 2003, 1729; OLG Rostock v. 30.7.2008–1 U 33/08, NZG 2009, 705 (705); BGH v. 1.3.2011 – II ZR 83/09, NJW 2011, 2578 (2579); BGH v. 16.10.2012 – II ZR 239/11, NZG 2013, 63, Rz. 14; zur Darstellung des Anwendungsbereichs dieser Vereinbarung *Sandhaus*, Rechtsschutz, S. 123 ff.

383 BGH v. 7.6.1999 – II ZR 278/98, NJW 1999, 3113 (3115).

384 *Hueck*, OHG, § 11 V. 2 d).

385 *Eickhoff*, Gesellschafterversammlung, S. 110.

386 *Sandhaus*, Rechtsschutz, S. 137 f.

387 BGH v. 13.2.1995 – II ZR 15/94, NJW 1995, 1218 (1219).

388 *Sandhaus*, Rechtsschutz, S. 139.

389 *Sandhaus*, Rechtsschutz, S. 140 f.

Die Frist beginnt zumindest bei einer Beschlussfassung im Umlaufverfahren mit der Beschlussfeststellung und Zuleitung des Beschlussergebnisses an die Gesellschafter.[390] Ob sie schon mit Anhängigkeit oder erst mit Rechtshängigkeit der Klage eingehalten ist, ist durch Auslegung der konkreten Klausel zu ermitteln, wobei der Wortlaut (Klage muss binnen ... erhoben werden (§ 246 AktG) oder andere Formulierung) bzw. die Tatsache, ob Beklagte die Gesellschaft oder alle Mitgesellschafter sind, Indizien darstellen.[391]

Die Geltendmachung innerhalb der vereinbarten Frist ist nach herrschender Ansicht keine Zulässigkeitsvoraussetzung der Klage, die bei Nichteinhaltung nicht zur Klageabweisung wegen Unzulässigkeit führt, sondern eine materiell-rechtliche Ausschlussfrist, d.h. dass die Gesellschafter mit der Rüge des Mangels nach Fristablauf nicht mehr gehört werden, weil sie präkludiert sind; der Mangel wird durch den Fristablauf nicht geheilt, allerdings kann man sich auf den Mangel nicht mehr berufen.[392] Konsequenterweise ist nach Fristablauf die inzidente Berufung auf den Mangel ebenso verwehrt.

(3) Schaffung einer Gestaltungsklage

Daneben wäre es denkbar, dass die Gesellschafter eine Anfechtungsklage mit gestaltender Wirkung anstelle einer allgemeinen Feststellungsklage vereinbaren möchten. Nach einer Ansicht ist dies unzulässig, da dem Personengesellschaftsrecht die Anfechtungsklage fremd sei und daher auch nicht vereinbart werden könne, denn Gestaltungsklagen seien durch einen numerus clausus limitiert und der Privatautonomie entzogen.[393] Inzwischen lässt die Rechtsprechung derartige Abreden aber durchaus zu.[394]

---

390 Dazu jüngst BGH v. 25.10.2016 – II ZR 230/15, BeckRS 2016, 113768, Rz. 19.

391 BGH v. 25.10.2016 – II ZR 230/15, BeckRS 2016, 113768, Rz. 16

392 BGH v. 25.10.2016 – II ZR 230/15, BeckRS 2016, 113768, Rz. 36; BGH v. 13.2.1995 – II ZR 15/94, NJW 1995, 1218 (1219); *Sandhaus*, Rechtsschutz, S. 136 f.; *Eickhoff*, Gesellschafterversammlung, S. 110.

393 So noch BGH v. 11.12.1989 – II ZR 61/89, NJW-RR 1990, 474 (475); *Rothe*, AcP 151 (1950/51), 33 (33 ff.); *Schlosser*, Gestaltungsklagen und Gestaltungsurteile, S. 276; *Nitschke*, Die körperschaftlich strukturierte Personengesellschaft, S. 206 ff.; *Henckel*, Prozessrecht und materielles Recht, S. 125; *Hueck*, OHG, S. 184; *Grunsky*, Grundlagen des Verfahrensrechts, S. 374 f.; *Schmidt*, JuS 1986, 35 (39); *Rosenberg/Schwab/Gottwald*, Zivilprozessrecht, § 91 Rn. 4; *Brandes*, NZG, 935 (937); aktuell *Eickhoff*, Gesellschafterversammlung, S. 110; *Sandhaus*, Rechtsschutz, S. 34; wohl auch Scholz/*K. Schmidt*, Anh. § 45 Rn. 49.

394 BGH v. 24.3.2003 – II ZR 4/01, NJW 2003, 1729; BGH v. 1.3.2011 – II ZR 83/09, NZG 2011, 544, Rz. 15, 19, 21; OLG Düsseldorf v. 27.7.2005 – I-15 U 173/04, 15 U 173/04, Rz. 58 ff. – juris; OLG München v. 26.9.2012–7 U 2565/11, Rz. 45 – juris; BGH v. 25.10.2015 – II ZR 230/15, BeckRS 2016, 113768 steht dem nicht entgegen, obwohl es trotz der Gesellschaftsvertragsklausel, dass Beschlüsse „angefochten" werden müssen, eine Nichtigkeitsklage zulässt, da die streitgegenständlichen auf Initiative

Dies überzeugt, da die Vorteile der Heranziehung des Aktienrechts genutzt werden können, ohne die Gesellschafter zu überfordern und ihnen eine Rechtslage aufzuzwingen. Denn, wenn die Gesellschafter eine Anfechtungsklage beschließen, erlangen alle Gesellschafter von der Geltung einer abweichenden Klageart Kenntnis. Im Gegensatz dazu steht die Anwendung des Aktienrechts kraft richterlicher Rechtsfortbildung auf Gesellschaften, die bestimmten Kriterien unterliegen: Nur weil beispielsweise eine kleine Gesellschaft von nun an Mehrheitsentscheidungen zulässt[395], wollen die Gesellschafter nicht gleich ihr Beschlussmängelrecht modifizieren und hätten keine Kenntnis von einer nunmehr zeitlich begrenzten Anfechtungsobliegenheit. Gleiches gilt, wenn in eine Familiengesellschaft durch Erbfall plötzlich zehn zusätzliche Gesellschafter eintreten und die Gesellschaft nun fünfzig Gesellschafter[396] umfasst. Es muss den Gesellschaftern vielmehr offenstehen, selbst das für ihre Zwecke passende Modell zu wählen. Es ist zudem kein dogmatisch zwingender Grund für die Beschränkung der Privatautonomie ersichtlich. Für die Gesellschafter würde sich im Vergleich zu einer befristeten Feststellungsklage nicht besonders viel verändern, da sie auch dann innerhalb dieser Frist aktiv werden müssten, um nicht später mit ihren Bedenken präkludiert zu sein. Darüber hinaus haben sich die Gesellschafter dann bewusst dafür entschieden, dass der Klarheit über einen Beschluss und damit dessen uneingeschränkter Vollziehbarkeit Vorrang eingeräumt wird und es zu einer Verteilung der Klagelast an die Gesellschafter, die an der Rechtsmäßigkeit des Beschlusses zweifeln, kommen soll. Eine Lösung über Treuepflichten hingegen ginge durch deren unklare Umrisse zulasten der Gesellschaft und ihrer Gesellschafter. Die klare Benennung des Erfordernisses einer befristeten Anfechtungsklage ist deutlich transparenter und im Endeffekt zweckdienlicher. Selbst für die Gerichte entstünde durch die Ersetzung eines Feststellungs- durch ein Gestaltungsurteil keine deutliche Mehrbelastung. Es ist nicht davon auszugehen, dass erheblich mehr Klagen angestrengt würden, die die Gerichte überlasten könnten, da zur Verhinderung der Präklusion – nach für zulässig erachteter Vertragsgestaltung – ohnehin oftmals geklagt werden müsste. Vielmehr haben ohne Anfechtungsklage mehr Gesellschafter ein Interesse an einer gerichtlichen Klärung der Rechtslage mittels positiver Feststellungsklage, nämlich auch diejenigen, die einen Beschluss für wirksam erachten und schnellstmöglich vollziehen wollen. Demnach sollte es für zulässig erachtet werden, gesellschaftsvertraglich auch eine Anfechtungsklage vorzusehen.

---

eines nicht einberufungsbefugten Gesellschafters gefasste Beschlüsse in einer KG nichtig sind, s. BGH v. 13.5.2014 – II ZR 250/12, BGHZ 201, 216, Rz. 12.

395 Kriterium von *K. Schmidt*, in: FS Stimpel, S. 217 ff. *K. Schmidt*, Gesellschaftsrecht, S. 447 ff., 1396 f.; *K. Schmidt*, ZGR 2008, 1 (24 ff.) u. A.

396 MüKo-HGB/*Grunewald*, § 161 Rn. 131; *Grunewald*, Der Ausschluss aus Gesellschaft und Verein, S. 273 ff.

bb) Folgen für die Beschlussfeststellungskompetenz

Wie aufgezeigt, können die Gesellschafter ihr Beschlussmängelrecht umfassend selbst gestalten. Dies hat Auswirkungen auf die Beschlussfeststellung durch den Versammlungsleiter.

(1) Wirkung der Beschlussfeststellung

Ist die Klage gegen die Gesellschaft zu richten (1), so legt der Versammlungsleiter mit der Beschlussfeststellung regelmäßig die Position der Gesellschaft als Beklagte fest.[397]

Ist die Rechtsschutzmöglichkeit gegen Beschlüsse befristet (2), so bestimmt er, welcher Beschlussinhalt nach Fristablauf als verbindlich gilt.[398] Nach Ablauf der Frist kann Gegenteiliges nicht mehr geltend gemacht werden, selbst wenn die Feststellung unrichtig war[399] (dazu näher auch D. I. 9. b) bb) (7)).

Ist der Beschluss mit einer Anfechtungsklage anzugreifen (3), so legt er sogar den vorläufig bis zum Fristablauf geltenden, anzufechtenden Beschlussinhalt fest.[400] Es entsteht also eine Parallele zur GmbH.

Der Feststellung durch den Versammlungsleiter kann somit auch in Personengesellschaften durchaus eine präjudizielle Wirkung zukommen.[401] Insoweit kann man, anders als im gesetzlichen Regelfall, von einer formellen Beschlussfeststellung[402] sprechen.

(2) Legitimation zur Beschlussfeststellung

Ist das Beschlussmängelrecht modifiziert, ist die Beschlussfeststellung, wie soeben dargelegt, in Personengesellschaften durchaus relevant und es stellt sich die Anschlussfrage, ob und wie dem Versammlungsleiter diese Kompetenz zukommt.

Für die GmbH wird zum Teil vertreten, dass die Beschlussfeststellungskompetenz jedem Versammlungsleiter kraft seines Amtes zukommt.[403] Andere gehen davon

---

397 Dazu *Sandhaus*, Rechtsschutz, S. 80, 127.

398 *Sandhaus*, Rechtsschutz, S. 137.

399 So BGH v. 25.10.2016 – II ZR 230/15, BeckRS 2016, 113768, Rz. 35; MüKo-BGB/*Schäfer*, § 709 Rn. 73.

400 OLG Düsseldorf v. 27.7.2005 – I-15 U 173/04, 15 U 173/04, Rz. 64 – juris; a.A. OLG München v. 12.1.2017–23 U 1994/16, Rz. 50 – juris.

401 *K.-S. Scholz*, in: FS Spellenberg, S. 51 (55), der allerdings generell das aktienrechtliche Beschlussmängelrecht analog anwendet; a.A. *Sandhaus*, Rechtsschutz, S. 34.

402 *Eickhoff*, Gesellschafterversammlung, S. 109, 83.

403 OLG Köln v. 16.5.2002–18 U 31/02, NZG 2003, 40 (41); OLG Düsseldorf v. 10.7.2015–16 U 209/13, Rz. 48 – juris; MüKo-GmbHG/*Drescher*, § 47 Rn. 55; GroßkommGmbHG/*Hüffer/Schürnbrand*, § 48 Rn. 31; Scholz/*Seibt*, § 48 Rn. 53; Lutter/Hommelhoff/*W. Bayer*, § 48 Rn. 17a; Roth/Altmeppen/*Roth*, § 48 Rn. 26; BeckOK-GmbHG/*Schindler*, § 48 Rn. 44; Saenger/Inhester/*Bergjan*, § 48 Rn. 10; *Kleemann*, Versammlungsleiter GmbH, S. 110; *Böttcher/Grewe*, NZG 2002, 1086 (187); *Werner*,

aus, dass sie nur bei einem einstimmig gewählten Leiter, dann aber automatisch, besteht.[404] Teilweise ist man aber auch der Ansicht, dass der Leiter nur dann zur Beschlussfeststellungskompetenz legitimiert ist, wenn ihm diese durch die Satzung bzw. beim ad hoc-Leiter (trotz allgemeinen Mehrheitsprinzips, § 47 Abs. 1 GmbHG) einstimmig übertragen wurde.[405] Die Beschlussfeststellungskompetenz soll nur einem solchen „qualifizierten" Leiter zukommen.[406] Auch das Kammergericht[407] sowie das OLG Brandenburg[408] verlangten jüngst bei einem ad hoc-Leiter eine besondere – zumindest konkludente – Zuweisung der Kompetenz.

Die in der GmbH-rechtlichen Diskussion angeführte Besorgnis, dass der versammlungsleitende Mehrheitsgesellschafter manipulieren und durch seine willkürliche Feststellung die Minderheit ständig benachteiligen würde, wenn ein nur mehrheitlich bestellter Leiter automatisch Beschlüsse feststellen könnte,[409] ist auf die Situation in Personengesellschaften übertragbar, sofern die Bestellung des Versammlungsleiters mit Mehrheitsentscheidung zulässig ist und sich die Mehrheiten abweichend von §§ 709 Abs. 2 BGB, 119 Abs. 2 HGB nicht nach Köpfen, sondern nach Kapital bestimmen. Nur dann (unabhängig davon, dass auch ansonsten bei einstimmigen oder mit nach Köpfen zu bemessenen Entscheidungen Stimmverbote behauptet werden können) ist dieses Argument übertragbar, denn dann wird der Versammlungsleiter nicht einstimmig bestimmt und es besteht die latente Gefahr, dass er diejenigen, die ihn nicht gewählt haben, benachteiligt.

Allerdings ist es bei klaren Mehrheiten generell der Fall, dass die Mehrheit entscheidet und sich die Minderheit gegebenenfalls klageweise zur Wehr setzen muss.[410] Der Minderheit darf keine „Erpressungsmöglichkeit"[411] durch die nur einstimmig übertragbare Beschlussfeststellungskompetenz eingeräumt werden[412]. Richtigerweise darf zudem der Extremfall der treuwidrigen Feststellung nicht zur Basis der

---

GmbHR 2006, 127 (129); *Wicke*, GmbHR 2017, 777 (785); wohl auch Henssler/Strohn/*Hillmann*, § 48 GmbHG Rn. 14.

404 Michalski/*Römermann*, § 47 Rn. 589.

405 Baumbach/Hueck/*Zöllner/Noack*, § 48 Rn. 16 f.; *Zöllner/Noack*, ZGR 1989, 525 (528) (alte Ansicht, wohl noch automatische Kompetenz für satzungsmäßigen oder einstimmig gewählten Leiter); dem folgend OLG Frankfurt a.M. v. 4.12.1998–5 W 33/98, NZG 1999, 406 (406); MüKo-GmbHG/*Liebscher*, Anh. § 47 Rn. 180; GmbHG-Handkommentar/*Bergjan*, § 48 Rn. 10; *Hoffmann/Köster*, GmbHR 2003, 1327 (1328 ff.); *Wiester*, GmbHR 2008, 189 (195); *Götze*, NZG 2017, 185 (185); daher wird eine ausdrückliche Regelung empfohlen: *Bochmann*, GmbHR 2017, 558 (566); Centrale für GmbH/*Bochmann/Cziupka*, Rz. 1651.

406 *Noack*, GmbHR 2017, 792 (795).

407 KG v. 12.10.2015–22 W 74/15, GmbHR 2016, 58.

408 OLG Brandenburg v. 5.1.2017–6 U 21/14, Rz. 63 – juris.

409 *Zöllner/Noack*, ZGR 1989, 525 (528); *Hoffmann/Köster*, GmbHR 2003, 1327 (1329); *Wiester*, GmbHR 2008, 189 (195).

410 *Altmeppen*, NJW 2016, 2833 (2837).

411 *Kleemann*, Versammlungsleiter GmbH, S. 108.

412 Saenger/Inhester/*Bergjan*, § 48 Rn. 10.

Diskussion werden.[413] So stünde diese Ansicht zudem im Widerspruch zu der allgemein anerkannten Letztentscheidungsbefugnis der Gesellschafterversammlung (dazu G. I.).

Darüber hinaus dürfen die scheinbar sehr weitreichenden Auswirkungen[414] der Beschlussfeststellung auch nicht überschätzt werden. Denn die Beschlussfeststellung ist nichts Endgültiges – trotz Feststellung ist für den Gesellschafter ‚noch nichts verloren'.[415] Vielmehr wird durch die Feststellung nur die Rechtsklarheit und -sicherheit verbessert,[416] weil eine zeitnahe Klärung erfolgt.

Die Gesellschafter müssen sich auch nicht durch einen separaten Beschluss die Kompetenzübertragung bewusstmachen, denn anders als in der GmbH ist die Beschlussfeststellung nur dann relevant, wenn die Gesellschafter ihr Beschlussmängelrecht bewusst und ausdrücklich modifiziert haben. Ein generelles Abstellen auf das aktienrechtliche System wurde gerade abgelehnt (s. D. I 9. a) aa)). Haben die Gesellschafter darüber hinaus einen Versammlungsleiter bestellt, also ein weiteres Element aus dem Kapitalgesellschaftsrecht übernommen, dessen wichtigste Aufgabe die im Aktienrecht sogar konstitutiv wirkende Beschlussfeststellung (§ 130 Abs. 2 S. 1 AktG) ist[417], spricht alles dafür, dass in dieser Konstellation auch die Beschlussfeststellungskompetenz schon bewusst – zusammen mit allen weiteren Kompetenzen – bei der Bestellung übertragen wurde. So ist eine privatautonome Befristung der Klagemöglichkeit (oder sogar der Anfechtungsklage) nur sinnvoll, wenn überhaupt feststeht, welche Rechtslage nach Fristablauf gelten soll.[418] Denn „ohne Feststellung und Verlautbarung gibt es keinen eindeutigen Gegenstand einer Beschlussmängelklage, und eine rasche Klageerhebung zur Klärung der rechtlichen Wirksamkeit eines Beschlusses ist nicht zumutbar"[419].

Wenn der Beschlussfeststellung in Personengesellschaften wegen einer der o. g. Modifikationen eine Rolle zukommt, überzeugt es, dass dem Versammlungsleiter diese schon mit seiner Bestellung übertragen wurde, also jedem Versammlungsleiter qua Amt – ohne einen weiteren Übertragungsbeschluss – zusteht. Sollten die Gesellschafter dies nicht wünschen – obwohl sie ihr Beschlussmängelrecht selbst modifiziert haben, um für mehr Rechtsklarheit zu sorgen – können sie festlegen, dass der Versammlungsleiter nicht zur Beschlussfeststellung befugt[420] sein soll; dazu ist ein Beschluss in derselben Form wie zur Änderung des Rechtsschutzes, also

413 *Schmidt*, GmbHR 1992, 9 (13).

414 *Werner*, GmbHR 2006, 127 (128); *Fantur*, in: FS Krejci, S. 581 (584).

415 So im Ergebnis auch *Werner*, GmbHR 2006, 127 (128); *Kleemann*, Versammlungsleiter GmbH, S. 108 m.w.N.

416 *Kleemann*, Versammlungsleiter GmbH, S. 109.

417 MüKo-AktG/*Kubis*, § 119 Rn. 105; Spindler/Stilz/*Wicke*, § 130 Rn. 52; K. Schmidt/Lutter/*Ziemons*, § 130 Rn. 14; Hölters/*Drinhausen*, § 130 Rn. 34.

418 BGH v. 25.10.2016 – II ZR 230/15, BeckRS 2016, 113768. Rz. 20; ähnlich *Sandhaus*, Rechtsschutz, S. 137.

419 BGH v. 25.10.2016 – II ZR 230/15, BeckRS 2016, 113768. Rz. 20.

420 *Böttcher/Grewe*, NZG 2002, 1086 (1088).

Änderung des Gesellschaftsvertrages[421], nötig, damit den Gesellschaftern der Widerspruch beider Aussagen deutlich wird.

(3) Pflicht zur Beschlussfeststellung

Fraglich ist, ob der Versammlungsleiter bei einem geänderten Beschlussmängelrecht sogar verpflichtet ist, Beschlüsse festzustellen. Eine unterbliebene Beschlussfeststellung verhindert jedenfalls allgemein[422] nicht, dass der Beschluss gefasst wird.[423] Andererseits ist die Beschlussfeststellung, wenn sie denn nach dem Gesellschafterwillen Relevanz erlangt hat, ganz entscheidend für die Gesellschafter und daher eine wesentliche Aufgabe des Leiters. In absolut unproblematischen Fällen ist ein Unterlassen der Beschlussfeststellung auf jeden Fall als Pflichtverletzung einzustufen.[424] Entgegen einer weit verbreiteten Ansicht zur GmbH[425] darf der Versammlungsleiter die Beschlussfeststellung aber auch in allen sonstigen Situationen rechtlicher oder tatsächlicher Unsicherheit nicht offenlassen. Gerade in diesen Problemfällen kommt es auf seine Feststellung an und Klarheit ist besonders wichtig. Anders als bei der GmbH haben die Gesellschafter durch die Modifizierung des auf ihre Gesellschaft anzuwendenden Beschlussmängelrechts ihren Willen zum Ausdruck gebracht, Unsicherheiten auf ein Minimum zu reduzieren.

Dieser Wille wird dann besonders deutlich, wenn der Gesellschaftsvertrag zusätzlich zum veränderten Beschlussmängelrecht noch explizit[426] die Beschlussfeststellung durch den Versammlungsleiter vorsieht. Wie schon dargelegt, besteht das Beschlussfeststellungsrecht an sich schon von Amts wegen und muss nicht zusätzlich übertragen werden. War dies dennoch der Fall, zeigt sich, dass das Beschlussergebnis in keinem Fall offenbleiben soll. Es besteht also beim Versammlungsleiter eine einklagbare[427] Pflicht zur Beschlussfeststellung. Von dieser grds. Erweiterung des Pflichtenkanons zu trennen, sind sodann die Folgefragen rund um die Haftungsmodalitäten[428] des Versammlungsleiters durch eine fehlerhafte Beschlussfeststellung. Dabei ist im Rahmen der Fahrlässigkeitsprüfung zu ermitteln, ob dem Versammlungsleiter wegen der ggf. unsicheren Rechts- und Sachlage ein

421 Satzungsänderung, s. *Kleemann*, Versammlungsleiter GmbH, S. 115.

422 Zu einem abweichenden Gesellschafterwillen sogleich.

423 Michalski/*Römermann*, § 47 Rn. 583; *Kleemann*, Versammlungsleiter GmbH, S. 113; Baumbach/Hueck/*Zöllner/Noack*, § 48 Rn. 16; Scholz/*Seibt*, § 48 Rn. 52; MüKo-GmbHG/*Liebscher*, § 48 Rn. 118; a.A. *Altmeppen*, NJW 2016, 2833 (2837).

424 *Kleemann*, Versammlungsleiter GmbH, S. 114.

425 Lutter/Hommelhoff/*W. Bayer*, § 48 Rn. 17a; Baumbach/Hueck/*Zöllner/Noack*, § 48 Rn. 17; BeckOK-GmbHG/*Schindler*, § 48 Rn. 43; *Böttcher/Grewe*, NZG 2002, 1086 (1088); in Bezug auf das Vorliegen eines wichtigen Grundes zur Abberungung des Geschäftsführers *Grunewald*, in: FS Zöllner, S. 183; a.A. MüKo-GmbHG/*Liebscher*, § 48 Rn. 118.

426 Dazu ähnlich MüKo-GmbHG/*Liebscher*, § 48 Rn. 118.

427 Vgl. Scholz/*Seibt*, § 48 Rn. 52.

428 Zur Haftung Kapitel G. III.

Verschulden vorgeworfen werden kann, wobei in unklaren Situationen nicht zu allzu hohe Anforderungen an den Versammlungsleiter zu stellen sein dürften.

Es soll Fälle geben, in denen die Gesellschafter die Beschlussfeststellung sogar zur konstitutiven[429] Formvorschrift[430] erheben wollten, d. h. dass ein Beschluss erst dann wirksam wird, wenn er festgestellt wird. Dies kann jeoch nur in engen Ausnahmefällen angenommen werden, wenn sich unzweifelhaft ein eindeutiger Gesellschafterwille ermitteln lässt.

(4) Beschlussfeststellung im Einzelnen

(a) Auszählen des Beschlussergebnisses

Der Versammlungsleiter wird die abgegebenen Stimmen im Additionsverfahren zusammenzählen[431]; bei einem großen Gesellschafterkreis oder bei Vollversammlungen kann ggf. das Subtraktionsverfahren sinnvoll sein.[432] Er hat zu prüfen, ob der Beschluss einstimmig zu fassen ist oder welche Mehrheit ggf. erforderlich ist und ob diese erreicht wurde.[433]

(b) Prüfung von Stimmverboten

Zu den wichtigsten und konfliktträchtigsten Aufgaben im Zusammenhang mit der Beschlussfeststellung gehört es, Stimmverbote zu prüfen und auszusprechen bzw. über die Nichtbeachtung von trotz Stimmverbot bzw. treuwidrig abgegebenen Stimmen zu befinden[434].

Gesetzlich geregelt sind nur einige Facetten von Stimmverboten: Bei der Befreiung vom Wettbewerbsverbot durch die „anderen" Gesellschafter (§ 112 Abs. 1 HGB), der Geltendmachung von Ansprüchen wegen Verletzung des Wettbewerbsverbots durch die „übrigen" Gesellschafter (§ 113 Abs. 2 HGB), dem Entzug der Geschäftsführungsbefugnis oder Vertretungsmacht durch die „übrigen" Gesellschafter (§§ 712, 715 BGB, §§ 117, 127 HGB) und dem Ausschluss eines Gesellschafters durch die „übrigen" Gesellschafter (§§ 737 S. 2 BGB, § 140 Abs. 1 S. 1 HGB). Daneben gilt analog § 47 Abs. 4 GmbHG ein Stimmverbot bei der Entlastung, der Befreiung von einer Verbindlichkeit, der gerichtlichen oder außergerichtlichen Geltendmachung von Ansprüchen gegen einen Gesellschafter sowie bei Maßnahmen aus wichtigem

---

429 Dazu *Kleemann*, Versammlungsleiter GmbH, S. 113; zur Zulässigkeit einer solchen Vereinbarung MüKo-GmbHG/*Drescher*, § 47 Rn. 54; Scholz/*Priester*, § 53 Rn. 87.

430 *Hueck*, OHG, § 11 II Nr. 4; *Sandhaus*, Rechtsschutz, S. 80, jeweils ohne nähere Ausführungen.

431 Beck'Formular-HdB/*Blaum/K.-S. Scholz*, VIII. D. 15 Rn. 7.

432 Ähnlich *Vogel*, Gesellschafterbeschlüsse, S. 109, 97.

433 Beispielhaft bei OLG Celle v. 9.11.2016–9 U 38/16, MDR 2017, 220, Rz. 5.

434 Beck'Formular-HdB/*Blaum/K.-S. Scholz*, VIII. D. 15 Rn. 7; Scholz/*Seibt*, § 48 Rn. 50; MüKo-GmbHG/*Liebscher*, § 48 Rn. 115; *Noack*, GmbHR 2017, 792 (798); beispielhaft OLG Celle v. 9.11.2016–9 U 38/16, MDR 2017, 220, Rz. 5, 13 (Publikums-KG).

Grund (z.B. Entzug des Sonderrechts, analog §§ 117, 127, 140 HGB) gegen einen Gesellschafter.[435]

Diese gesetzlichen Regelungen sind Teil des – nicht normierten – Grundgedankens, dass beim „Richten [...] in eigener Sache“[436] eine Interessenkollision besteht; gleiches gilt bei Abschluss eines In-sich-Geschäftes[437]. Ein Gesellschafter darf also nicht mitstimmen, wenn er sich in einem besonderen Interessenkonflikt befindet. Daneben wird teilweise anerkannt, dass auch bei sonstigen Interessenskollisionen das Stimmrecht im Wege einer Gesamtanalogie zum Körperschaftsrecht (§ 34 BGB, § 47 Abs. 4 GmbHG, § 136 Abs. 1 AktG, § 43 Abs. 6 GenG) ausgeschlossen ist, etwa bei Entlastung eines Gesellschafters oder der Einleitung eines Rechtsstreits gegen ihn.[438] Keine Stimmverbote bestehen jedoch bei der Zuweisung von „Organpositionen“, also bei Wahlen für eine Tätigkeit (z.B. Beirat, Geschäftsführer) und dem zugrundeliegenden Anstellungsverhältnis.[439] Höchst umstritten ist immer noch der Komplex der Rechtsgeschäfte mit dem Gesellschafter.[440] Daneben sind Stimmrechtsausschlüsse oder -einschränkungen aus dem Gesellschaftsvertrag zu beachten.[441] Das Stimmverbot betrifft im Übrigen, wie bereits mehrfach erwähnt, nur das Stimmrecht; alle anderen Gesellschafterrechte werden dadurch nicht eingeschränkt.[442]

Anders als in § 47 Abs. 4 GmbHG gibt es für Personengesellschaften aber keine stets anwendbare[443] entsprechende Norm, an der sich der Versammlungseiter bei der Entscheidung orientieren könnte. Die Prüfung von Stimmverboten in der laufenden Versammlung ist also eine für den Versammlungsleiter „kaum lösbare“ Aufgabe.[444] Aufgrund der rechtlichen Unsicherheiten wegen mangelnder Normierung der Grund-

---

435 Einhellige Meinung: MüKo-BGB/*Schäfer*, § 709 Rn. 65; GroßkommHGB/*Schäfer*, § 119 Rn. 64 f.; Schlegelberger/*Martens*, § 119 Rn. 39; MAH PersGR/*Pückelmann*, § 8 Rn. 66; *Eickhoff*, Gesellschafterversammlung, 107.

436 GroßkommHGB/*Schäfer*, § 119 Rn. 64; beispielhaft OLG München v. 12.1.2017–23 U 1994/16, Rz. 56 – juris.

437 MüKo-HGB/*Enzinger*, § 119 Rn. 30; Staudinger/*Habermeier*, § 709 Rn. 23 f.; MüKo-BGB/*Schäfer*, § 709 Rn. 65 ff.; MAH PersGR/*Pückelmann*, § 8 Rn. 65; MünchHdb. GesR I/*Weipert*, § 57 Rn. 11; *K. Schmidt*, Gesellschaftsrecht, § 21 II 2a).

438 Umfassende Darstellung des Streitstandes bei Staudinger/*Habermeier*, § 709 Rn. 24; auch bei GroßkommHGB/*Schäfer*, § 119 Rn. 64; *Lockowandt*, Stimmrechtsbeschränkungen im Recht der Personengesellschaften, Kernbereichslehre und Stimmrechtsausschluss, S. 35–55 mit eigenem Lösungsansatz.

439 *Eickhoff*, Gesellschafterversammlung, S. 107 m.w.N.

440 MAH PersGR/*Pückelmann*, § 8 Rn. 67; *Eickhoff*, Gesellschafterversammlung, S. 108.

441 Dazu im Überblick MAH PersGR/*Pückelmann*, § 8 Rn. 71 ff.; MünchHdb. GesR I/*Weipert*, § 57 Rn. 16 ff.

442 Baumbach/Hopt/*Roth*, § 119 Rn. 9; MüKo-HGB/*Enzinger*, § 119 Rn. 30; MAH PersGR/*Pückelmann*, § 8 Rn. 76.

443 Analoge Anwendbarkeit auf Publikumsgesellschaften: dazu BGH v. 7.2.2012 – II ZR 230/09, NZG 2012, 625, Rz. 29 ff.; im Detail KG v. 18.12.2008–23 U 95/08 – juris; OLG Celle v. 9.11.2016–9 U 38/16, MDR 2017, 220, Rz. 32.

444 *Hügel/Klepsch*, NZG 2005, 905 (909).

sätze im Personengesellschaftsrecht, können an den Versammlungsleiter keine allzu hohen Anforderungen gestellt werden. Er hat nach bestem Wissen unter Ausschöpfung der zumutbaren rechtlichen Hilfsmittel zu entscheiden und sich unter Umständen, wenn sich die Frage des Stimmrechts spontan aus der Versammlung ergibt und diesbezüglich keine Vorbereitung möglich war, auf evidente Fälle zu beschränken – mehr kann vom Versammlungsleiter, besonders ohne genauere Rechtskenntnis, nicht verlangt werden. Nicht zu den Aufgaben des Versammlungsleiters zählt es hingegen, vom Stimmrecht ausgeschlossene Personen dennoch zur Abstimmung zuzulassen.[445]

Die Pflicht zur Beurteilung von Stimmverboten ist konnex mit der Pflicht zur Beschlussfeststellung: Die Entscheidung über ein Stimmverbot kann theoretisch immer dann offenbleiben, wenn der Versammlungsleiter das Beschlussergebnis mangels Veränderung des Beschlussmängelrechts nicht feststellen muss. Stimmt ein nicht stimmberechtigter Gesellschafter mit, so bleibt dessen „Stimme" einfach unbeachtlich.[446] Praktisch soll der Versammlungsleiter jedoch stets für Rechtssicherheit und „klare Verhältnisse"[447] sorgen und die Versammlung voranbringen. Es ist für den weiteren Verlauf jedenfalls äußerst hilfreich, wenn der Versammlungsleiter zumindest den gestellten Antrag und die abgegebenen Stimmen protokolliert und vermerkt, dass Stimmverbote bei dem einen oder anderen Gesellschafter im Raum standen und diskutiert wurden.[448]

Oftmals trifft den Versammlungsleiter aber eine Pflicht zur Beschlussfeststellung (s. gerade eben). Ist er unsicher, sollte er eher „in dubio pro voce"[449] entscheiden, also kritische Stimmen mitzählen. Dies erklärt sich daraus, dass ein tatsächlich nicht gerechtfertigtes, aber dennoch ausgesprochenes Stimmverbot dem Gesellschafter sein Stimmrecht entzieht, was einen gewichtigeren Fehler als die Mitwirkung eines nicht Stimmberechtigen darstellt, soweit seine Stimme nicht den Ausschlag gegeben hat.[450] Wenn es jedoch auf seine Stimme ankam, so führen beide Fehler des Versammlungsleiters (also das Mitstimmenlassen eines vom Stimmrecht ausgeschlossenen Gesellschafters sowie der unberechtigte Ausspruch eines Stimmverbots) im Ergebnis zur Nichtigkeit bzw. – wenn vereinbart – zur Anfechtbarkeit des jeweiligen Beschlusses.[451]

Das Stimmrecht ist freilich für jeden Beschluss gesondert zu prüfen – durch eine gemeinsame Abstimmung über mehrere Beschlussgegenstände kann der Versammlungsleiter daher kein generelles Stimmverbot für alle Inhalte schaffen, wenn es objektiv bei Einzelabstimmung nicht bestünde; andersherum kann bei Einzelabstimmung dann mehrfach ein Stimmverbot aus demselben Zusammenhang bestehen.[452]

---

445 Scholz/*K. Schmidt,* § 47 Rn. 174.
446 MAH PersGR/*Pückelmann,* § 8 Rn. 76.
447 Vgl. auch *Noack,* GmbHR 2017, 792 (798).
448 *Eickhoff,* Gesellschafterversammlung, S. 109, 84.
449 *Hügel/Klepsch,* NZG 2005, 905 (909); so auch Centrale für GmbH/*Bochmann/Cziupka,* Rz. 1617.
450 MAH PersGR/*Pückelmann,* § 8 Rn. 82.
451 MAH PersGR/*Pückelmann,* § 8 Rn. 82.
452 Scholz/*K. Schmidt,* § 47 Rn. 139.

(c) Feststellung i.e.S.

Sodann verkündet der Versammlungsleiter neben dem stimmenmäßigen auch das rechtliche Ergebnis der Beschlussfassung, d.h. ob der Antrag angenommen oder abgelehnt wurde[453].

(5) Reichweite der festzustellenden Beschlüsse

Bei der GmbH wird zum Zwecke des Minderheitenschutzes sowie der Aufrechterhaltung der Satzungsautonomie teilweise vertreten, dass der Versammlungsleiter keine satzungsändernden Beschlüsse feststellen darf:[454] Erstens sei der Minderheitenschutz bei solchen Beschlüssen von ganz besonderer Bedeutung, weshalb das GmbHG für diese Beschlüsse andere Mehrheitserfordernisse und Voraussetzungen (§ 53 GmbHG) vorsehe; dies liege auch daran, dass Satzungsänderungen oft abstrakt seien und deren Konsequenzen oft erst lange Zeit später ersichtlich würden. Zudem dürfe die Satzungsautonomie nur von Gesellschaftern, nicht von Dritten ausgeübt werden, da der Beschluss „nur durch Beschluss aller Gesellschafter" (§ 53 Abs. 1 GmbHG), nicht jedoch durch Entscheidung Dritter gefasst werden kann. Der Minderheit könne es nicht zugemutet werden, bei einer Kollusion von Mehrheit und Versammlungsleiter eine zumindest vorläufig verbindliche Satzungsänderung zu dulden.

Dabei wird jedoch verkannt, dass jeder Feststellung ein entsprechender Beschluss der Gesellschafter vorausgehen muss; der Versammlungsleiter kann nicht alleine für die Gesellschaft verbindliche Beschlüsse fassen. Schließlich ist er bei der Feststellung stets an den tatsächlich gefassten Beschluss sowie an Recht und Gesetz gebunden,[455] was notfalls über Rechtsschutzmöglichkeiten[456] sichergestellt werden kann. Was den Minderheitenschutz betrifft, so gilt im Personengesellschaftsrecht qua legem für alle Beschlüsse (§§ 119 Abs. 1 HGB, 709 BGB) das Einstimmigkeitsprinzip. Dennoch können durch privatautonome Vereinbarung Mehrheiten vorgesehen werden – auch verschiedene für einfache und gesellschaftsvertragsändernde Beschlüsse. So kann ein mit einfacher Mehrheit gewählter Versammlungsleiter auch in die Situation kommen, Beschlüsse, die einstimmig oder mit qualifizierter Mehrheit zu fassen sind, festzustellen. Allerdings hat seine Feststellung nur dann Bedeutung, wenn das Beschlussmängelrecht gesellschaftsvertraglich mit eben dieser Mehrheit geändert wurde, sodass ein Legitimationsgleichlauf besteht. Auch wenn die Beschlussfeststellung von Gesellschaftsvertragsänderungen mangels obligatorischer Registereintragung (so aber § 54 Abs. 1 GmbHG) nicht dieselbe Wichtigkeit hat wie in der GmbH,[457] ist sie auch für Personengesellschaften zur Förderung der Rechtssicherheit

---

453 *Kleemann*, Versammlungsleiter GmbH, S. 100, 110 ff.; BeckOK-GmbHG/*Schindler*, § 48 Rn. 44.

454 *Hoffmann/Köster*, GmbHR 2003, 1327 (1333 f.).

455 *Kleemann*, Versammlungsleiter GmbH, S. 117.

456 So auch BGH v. 21.6.2010 – II ZR 230/08, NJW 2010, 3027, Rz. 16.

457 Dazu *Kleemann*, Versammlungsleiter GmbH, S. 117 f.

dringend zu empfehlen. Das Beschlussfeststellungsrecht bezieht sich also auf alle Beschlüsse, auch auf Grundlagen- und vertragsändernde Beschlüsse.[458]

(6) Kein Ausschluss wegen Interessenkollision

Zum Teil soll der Versammlungsleiter von der Beschlussfeststellung ausgeschlossen sein, sofern er von dem Beschluss selbst betroffen ist, also bei der Abstimmung selbst einem Stimmverbot unterläge, sodass eine Beschlussfeststellung zu unterbleiben habe.[459] Dies ergebe sich aus einer Analogie zu § 47 Abs. 4 GmbHG.[460] Nimmt der Versammlungsleiter dennoch eine Feststellung vor, besteht Uneinigkeit über die Folgen: Nach einer Ansicht ist die Feststellung sogleich unwirksam,[461] nach anderer Ansicht ist der festgestellte Beschluss nur anfechtbar – allerdings nicht wegen der Feststellung eines Befangenen alleine.[462]

Für den Ausschluss von der Beschlussfeststellung spricht, dass diese „letztlich eine Ausübung von Entscheidungsbefugnissen"[463] ist, soweit der Feststellung eine Wirkung zukommt.

Diesen Überlegungen kann im Ergebnis nicht gefolgt werden; wegen drohender Befangenheit ist kein Versammlungsleiter (automatisch) von seiner Tätigkeit ausgeschlossen.[464] Vielmehr müssen bei der Ausübung der Versammlungsleitung sonstige Interessenkonflikte außer Acht gelassen werden; der Versammlungsleiter muss stets rechtmäßig handeln, wofür letztendlich der Rechtsschutz Sorge trägt.[465] Auch aus praktischer Sicht ist dieses Ergebnis richtig, weil bei Unsicherheiten, wie sie oftmals mit der Frage nach Stimmverboten einhergehen, „Pattsituationen" sowie „parallele Gesellschafterversammlungen" mit mehreren Versammlungsleitern entstehen könnten[466] oder für jeden Tagesordnungspunkt ein eigener Versammlungsleiter gewählt werden bzw. bei Beginn der Versammlung derjenige gefunden werden müsste, der bei keinem anstehenden Beschluss im Interessenskonflikt steht. So wäre aber das mit der Beschlussfeststellung verfolgte Ziel der Rechtssicherheit und Rechtsklarheit konterkariert, weil vielmehr weitere Unsicherheit entstehen würde.[467] Denn die

---

458 Für die GmbH auch Scholz/*Seibt*, § 48 Rn. 53; GroßkommGmbHG/*Hüffer/Schürnbrand*, § 48 Rn. 32.

459 Baumbach/Hueck/*Zöllner/Noack*, § 48 Rn. 19a; Roth/Altmeppen/*Roth*, § 48 Rn. 26; *Münnich*, GmbHR 2010, 977 (979 f.); *Münnich*, GmbHR 2017, 188 (192).

460 *Hoffmann/Köster*, GmbHR 2003, 1327 (1332 f.).

461 *Hoffmann/Köster*, GmbHR 2003, 1327 (1333).

462 Baumbach/Hueck/*Zöllner/Noack*, § 48 Rn. 19a.

463 OLG München v. 12.1.2017–23 U 1994/16, Rz. 37 – juris.

464 Scholz/*Seibt*, § 48 Rn. 53; GroßkommGmbHG/*Hüffer/Schürnbrand*, § 48 Rn. 32; Lutter/Hommelhoff/*W. Bayer*, § 48 Rn. 17a; *Werner*, GmbHR 2006, 127 (129).

465 BGH v. 21.6.2010 – II ZR 230/08, NJW 2010, 3027, Rz. 16–18; OLG München v. 12.1.2017–23 U 1994/16, Rz. 37 – juris.

466 BGH v. 21.6.2010 – II ZR 230/08, NJW 2010, 3027, Rz. 16–18; OLG München v. 12.1.2017–23 U 1994/16, Rz. 37 – juris.

467 Ähnlich Lutter/Hommelhoff/*W. Bayer*, § 48 Rn. 17a zur GmbH.

Frage, ob der Gesellschafter-Versammlungsleiter einem Stimmverbot unterliegt, ist genauso schwierig zu beurteilen wie die vom Versammlungsleiter zu beantwortende Parallelfrage bezüglich anderer Gesellschafter. Denn die Beschlussfeststellung ist doch gerade dann von besonderer Relevanz, wenn es darum geht, welches Ergebnis bei einem möglicherweise bestehenden Stimmverbot besteht.[468] Letzten Endes wäre kein Gesellschafter-Versammlungsleiter leitungsfähig, weil er sich bei jeder seiner Entscheidungen als Versammlungsleiter zugleich in einem Spannungsfeld mit seinen Gesellschafterinteressen befindet. Darüber hinaus könnten auch Dritt-Leiter ausgeschlossen sein, soweit der Beschluss ihr Verhältnis zur Gesellschaft betrifft.[469] Schließlich ist es nicht zielführend, wenn der Inhalt des Beschlusses offenbleibt, wie es nach einer der dargestellten Ansichten oftmals der Fall wäre.

Es steht den Gesellschaftern aber frei, den Versammlungsleiter bei Zweifeln an seiner Neutralität abzuwählen. Hat der Gesellschafter-Leiter, obschon er als Gesellschafter wegen eines offensichtlichen Stimmverbotes nicht mit abstimmen dürfte, dennoch an der Abstimmung teilgenommen und dieses Ergebnis falsch festgestellt, wirkt sich dies zwar nicht mehr auf den schon festgetellten aktuellen Beschluss aus, stellt jedoch für die Zukunft einen wichtigen Grund zur Abberufung (Kapitel G. II.) sowie eine zum Schadensersatz verpflichtende Pflichtverletzung (Kapitel G. III. und G. IV. 3.) dar.[470]

(7) Folgen fehlerhafter Beschlussfeststellung

Bei der Beschlussfeststellung können dem Versammlungsleiter Fehler unterlaufen. Er kann die erforderliche Mehrheit falsch beurteilen, sich schlicht bei der Auszählung der Stimmen verzählen oder aber Stimmverbote falsch bewerten, sodass er im Ergebnis ein falsches Abstimmungsergebnis feststellt.[471]

Trotz der genannten Fehler behält der festgestellte Inhalt Geltung.[472] Dieses Ergebnis bleibt auch dann bestehen, wenn die Feststellung „offensichtlich fehlerhaft" oder sogar absichtlich falsch war.[473] Würde man Ausnahmen von der Wirkung der Beschlussfeststellung anerkennen, ginge damit durch ein subjektives, schwer

---

468 *Werner*, GmbHR 2006, 127 (129).

469 *Kleemann*, Versammlungsleiter GmbH, S. 116.

470 Richtig *Kleemann*, Versammlungsleiter GmbH, S. 116.

471 *Kleemann*, Versammlungsleiter GmbH, S. 118 ff.

472 BGH v. 24.3.2016 – IX ZB 32/15, Rz. 20 ff. – juris; BGH v. 21.3.1988 – II ZR 308/87, BGHZ 104, 66 = NJW 1988, 1844 (1845); GroßkommGmbHG/*Hüffer/Schürnbrand*, § 47 Rn. 29; Scholz/Seibt § 48 Rn. 53; Scholz/*Priester*, § 53 Rn. 85; Baumbach/Hueck/*Zöllner/Noack*, Anh. § 47 Rn. 118 f.

473 Vgl. auch Lutter/Hommelhoff/ *W. Bayer*, § 48 Rn. 17a; *Kleemann*, Versammlungsleiter GmbH, S. 121, 127; *Lange*, NJW 2015, 3190 (3193); a.A. OLG Frankfurt v. 15.3.2016–20 W 330/15, Rz. 22 – juris; Scholz/*Seibt*, § 48 Rn. 53; *Hoffmann/Köster*, GmbHR 2003, 1327 (1332); *Böttcher/Grewe*, NZG 2002, 1086 (1088); *Werner*, GmbHR 2006, 127 (129); *Eickhoff*, Gesellschafterversammlung, S. 109, 83; BeckOK-GmbHG/*Schindler*, § 48 Rn. 44.

beweisbares Kriterium eine Unsicherheit einher, die durch die Feststellung gerade vermieden werden soll.[474] Die Begrenzung derartiger Fälle ist schwer; eine Orientierung am öffentlich-rechtlichen Willkürbegriff[475] vermag keine hinreichende Sicherheit zu geben. Dem bezweckten Minderheitenschutz wäre bei Unwirksamkeit der Feststellung nicht genutzt, da eine gerichtliche Auseinandersetzung dennoch unumgänglich wäre, weil die Beurteilung der Willkür verbindlich nur durch die Gerichte vorgenommen werden kann und eine außergerichtliche gütliche Einigung als unwahrscheinlich einzustufen ist.[476]

Dennoch ist ein vorsätzliches, willkürliches Verhalten des Versammlungsleiters, wie bereits aufgezeigt, nicht folgenlos: Es stellt einen wichtigen Grund für dessen Abberufung dar (Kapitel G. II.) und verpflichtet ihn zugleich zum Ersatz von sowohl der Gesellschaft als auch den Gesellschaftern entstandenen Schäden (Kapitel G. III. und G. IV. 3.).

c) Ausblick de lege ferenda

Der 71. DJT 2016 hat folgenden Beschluss gefasst:

> *„Beschlussmängel sollten bei rechtsfähigen Personengesellschaften nicht automatisch zur Nichtigkeit führen, sondern durch eine befristete Anfechtungsklage gegenüber der Gesellschaft geltend zu machen sein. Dies sollte im Zuge einer Reform des gesamten Beschlussmängelrechts geregelt werden.“*[477]

Es soll also von Gesetzes wegen ein Gleichlauf des Beschlussmängelrechts in allen Gesellschaftsformen erreicht werden. Wie sich die rechtliche Lage nach einer möglichen, jedoch aktuell nicht absehbaren Reform genau darstellt, ist indes noch unklar. Es ist allerdings wahrscheinlich, dass eine starke Anlehnung an das aktuelle Aktienrecht erfolgen wird – zudem wird es wohl parallel zum Aktienrecht weiterhin Nichtigkeitsgründe geben, auch wenn diese im DJT-Beschluss nicht genannt sind.

Dennoch wird ein Versammlungsleiter nach dem neuen Personengesellschaftsrecht weiterhin nicht obligatorisch sein, um den Personengesellschaften nicht die Leichtigkeit in ihrer Beschlussfassung durch strenge Formalismen zu nehmen. Eine Beschlussfeststellung durch den Versammlungsleiter als konstitutives Element für die Wirksamkeit des Beschlusses wird nach neuer Rechtslage wohl nicht zu erwarten sein. So wird sich die Lage an die des aktuellen GmbH-Rechts angleichen: Eine Beschlussfeststellung wird dann stets relevant sein, sodass sich die Frage, ob die Feststellungskompetenz nur besteht, wenn sie – einstimmig oder mit Mehrheitsbeschluss – übertragen wurde, unter veränderten Voraussetzungen neu stellen und parallel zur GmbH zu lösen sein wird.

---

474 Vgl. Lutter/Hommelhoff/*W. Bayer*, § 48 Rn. 17a; *Lange*, NJW 2015, 3190 (3193).

475 *Hoffmann/Köster*, GmbHR 2003, 1327 (1332).

476 *Kleemann*, Versammlungsleiter GmbH, S. 124 f.

477 Beschluss 19, http://www.djt.de/fileadmin/downloads/71/161213_71_beschluesse_web.pdf [35:9:7 Stimmen] (aufgerufen am 12.4.2018).

10. Schluss der Versammlung

Sind alle Tagesordnungspunkte abgearbeitet, weist der Versammlungsleiter die Gesellschafter darauf hin und fragt, ob es noch weitere Ergänzungen, Fragen oder Wortmeldungen gibt; wenn dies nicht der Fall ist, schließt er die Gesellschafterversammlung.[478] Wird ein Antrag auf Schließung der Debatte von einem Gesellschafter gestellt, kann der Versammlungsleiter diesen zurückstellen, bis alle Gesellschafter zu Wort gekommen sind[479] oder alle offenen Punkte geklärt wurden[480]. Sind alle Punkte abgearbeitet und keine weiteren Ergänzungen vorzunehmen, verkündet der Versammlungsleiter den Schluss der Gesellschafterversammlung.[481]

Der Versammlungsleiter hat kein Recht, eigenständig zu bestimmen, wann die Versammlung zu Ende ist und sie ggf. vorzeitig zu beenden.[482] Diese Entscheidung über das „Ob" der Versammlung liegt allein bei den Gesellschaftern. Nur die Gesellschafter entscheiden, wann eine Sache ausdiskutiert ist.[483] Er kann insbesondere nicht eine gerade eröffnete Versammlung sofort wieder schließen, um so eine Beschlussfassung zu verhindern.[484] Es besteht diesbezüglich daher auch unter besonderen Umständen kein Ermessen des Versammlungsleiters.[485] Erklärt der Versammlungsleiter die Versammlung eigenmächtig für vorzeitig beendet, so ist dies unbeachtlich;[486] verlassen dennoch Gesellschafter im Vertrauen auf die Wirksamkeit der Beendigung das Versammlungslokal, sind danach gefasste Beschlüsse mangelhaft – d.h. nichtig oder zumindest anfechtbar,[487] soweit durch die Geltendmachung der Verletzung des Teilnahmerechts nicht eine wirksame Beschlussfassung durch treuwidriges kollusives Zusammenwirken mit dem Versammlungsleiter vereitelt wird[488]; darüber hinaus droht eine Schadensersatzhaftung des Versammlungsleiters (dazu G. III.).

11. Protokollierung

Es besteht keine Pflicht, den Ablauf der Gesellschafterversammlung in Personengesellschaften zu protokollieren. Allerdings ist dies durchaus sinnvoll, allein um festzustellen, wer bei welcher Versammlung anwesend war, welche inhaltlichen Be-

478 Beck'Formular-HdB/*Blaum/K.-S. Scholz*, VIII. D. 15.
479 *Vogel*, Gesellschafterbeschlüsse, S. 109, 96.
480 *Eickhoff*, Gesellschafterversammlung, S. 109, 74.
481 *Vogel*, Gesellschafterbeschlüsse, S. 109, 91; GroßkommGmbHG/*Hüffer/Schürnbrand*, § 48 Rn. 31; BeckOK-GmbHG/*Schindler*, § 48 Rn. 43; Michalski/*Römermann*, § 48 Rn. 114.
482 OLG Hamburg v. 22.1.2016–11 U 287/14, DB 2016, 2048 (2049); *Eickhoff*, Gesellschafterversammlung, S. 109, 73; *Vogel*, Gesellschafterbeschlüsse, S. 109, 95; Österreich: *Dumfarth*, RdW 2011, 589 (591).
483 *Vogel*, Gesellschafterbeschlüsse, S. 96.
484 *Grunewald*, FS Baums, S. 507 (513 ff.).
485 A.A. *Grunewald*, FS Baums, S. 507 (515).
486 OLG Hamburg v. 22.1.2016–11 U 287/14, DB 2016, 2048 (2049).
487 OLG Hamburg v. 22.1.2016–11 U 287/14, DB 2016, 2048 (2049).
488 OLG Hamburg v. 22.1.2016–11 U 287/14, DB 2016, 2048 (2049).

schlüsse gefasst wurden und wer welches Abstimmungsverhalten gezeigt hat. Demnach wird eine Protokollierungspflicht in vielen Gesellschaftsverträgen vereinbart.

In diesem Fall führt der Versammlungsleiter das Protokoll, soweit kein anderer Protokollant bestimmt wurde.[489] Eine generelle Pflicht des Versammlungsleiters zur Protokollierung, ohne dass diese vereinbart wurde,[490] würde indes zu weit führen.

Ton- und/oder Bildaufnahmen der Versammlung sind nur dann zu Protokollzwecken zulässig, wenn alle Gesellschafter damit einverstanden sind.[491] Inhaltlich hat das Protokoll zu enthalten:[492] Datum und Ort der Versammlung, Name des Versammlungsleiters, Feststellung der ordnungsgemäßen Einberufung, Teilnehmer der Versammlung, Feststellung der Beschlussfähigkeit, gestellte Anträge, Feststellung von Stimmverboten, Abstimmungsart, Stimmabgabe des Einzelnen (falls aufgrund der Gesellschafteranzahl noch zumutbar), zahlenmäßiges sowie inhaltliches Abstimmungsergebnis und dessen Feststellung (egal welche Auswirkung sie hat), ggf. sonstige Maßnahmen des Versammlungsleiters (Ordnungsrechte), ggf. Widerspruch der Gesellschafter oder Rügeverzicht. Daneben sind auch die Stimmen ggf. stimmberechtigter Abwesender aufzunehmen. Je umfangreicher der Versammlungsleiter das Protokoll führt und je mehr Details er dokumentiert, desto leichter ist es, eine nachträgliche Klärung zu erreichen.[493]

II. Ordnungsrechte

Als „Hilfsmittel" einer „straffen Versammlungsleitung" stehen dem Versammlungsleiter Ordnungsrechte zu.[494]

1. Gegenüber Dritten

Das Hausrecht übt allein dessen Inhaber aus, also der Eigentümer oder Mieter des Versammlungsortes, und somit oftmals wohl die Gesellschaft und in deren Vertretung die geschäftsführenden Gesellschafter.[495] Versagt der Hausrechtsinhaber vor Beginn der Versammlung – also unter Ausübung seines Hausrechtes und nicht in Bezug auf die Frage der Zulassung eines Teilnehmers, die der Gesellschafterversammlung obliegt (s. o.) – einem Teilnahmeberechtigten (z. B. einem zulässigen

489 Michalski/*Römermann*, § 48 Rn. 114; GroßkommGmbHG/*Hüffer/Schürnbrand*, § 48 Rn. 38; a.A. MüKo-GmbHG/*Liebscher*, § 48 Rn. 112; Scholz/*K. Schmidt*, § 45 Rn. 35

490 So aber Scholz/*Seibt*, § 48 Rn. 39.

491 *Vogel*, Gesellschafterbeschlüsse, S. 109, 103.

492 Im Wesentlichen wie bei *Vogel*, Gesellschafterbeschlüsse, S. 109, 102 f.; *Eickhoff*, Gesellschafterversammlung, S. 109, 86.

493 Zur Beweiskraft des Protokolls: *Eickhoff*, Gesellschafterversammlung, S. 109, 85.

494 *Vogel*, Gesellschafterbeschlüsse, S. 109, 93; dazu auch Beck'Formular-HdB/*Blaum/K.-S. Scholz*, VIII. D. 15 Rn. 7.

495 Zur GmbH *Lange*, NJW 2015, 3190 (3193); MüKo-GmbHG/*Liebscher*, § 48 Rn. 122; Scholz/*Seibt*, § 48 Rn. 37; Saenger/Inhester/*Bergjan*, § 48 Rn. 10.

Vertreter) den Zugang zum Versammlungsort, muss die Versammlung an einen anderen Ort verlegt werden.[496]

Sind während der laufenden Versammlung Dritte anwesend, die sowohl vom Hausrechtsinhaber als auch von der Gesellschafterversammlung geduldet werden, welche jedoch die Versammlung nun stören, stellt sich die Frage, ob der Versammlungsleiter ihnen gegenüber auf Ordnungsrechte zurückgreifen kann. Es spricht einiges dafür, dass die Gesellschafter dem Versammlungsleiter mit seiner Bestellung auch dieses Recht übertragen[497] haben, denn, wenn er gegenüber den Gesellschaftern selbst Ordnungsrechte ergreifen kann, dann gilt dies erst recht gegenüber Dritten. Sollten somit Dritte zugegen sein, die den Versammlungsverlauf stören, hat der Versammlungsleiter alle nötigen Ordnungskompetenzen.[498] Dies betrifft Zuhörer und Sachverständige, nicht jedoch zulässige Vertreter der Gesellschafter, die wie Gesellschafter zu behandeln sind. Dritten gegenüber ist der Versammlungsleiter auch nicht zur Einhaltung der allgemeinen Leitungsgrundsätze verpflichtet (insbesondere kann er sie auch ohne Ermahnung des Saales verweisen, sofern sie die Ordnung objektiv gestört haben), denn ihnen kommt kein mitgliedschaftliches Teilnahmerecht an der Gesellschafterversammlung zu.

2. Gegenüber den Gesellschaftern

Zur Sicherung der Ordnung in der Gesellschafterversammlung kann der Versammlungsleiter verschiedene Maßnahmen auch gegenüber den Gesellschaftern oder den ihnen gleichzustellenden zulässigen Vertretern vornehmen, da die Rechte des einzelnen Gesellschafters immanent durch das Recht aller Versammlungsteilnehmer auf „ordnungsgemäße Behandlung der Versammlungsgegenstände“ begrenzt sind[499].

a) Redezeitbeschränkung und Wortentziehung im Einzelfall

Wie oben dargestellt, hat der Versammlungsleiter die Kompetenz, die Redezeit im Allgemeinen zu beschränken (D. I. 7b)). Von der generellen Redezeitbeschränkung ist die Beschränkung bis hin zur Entziehung des Wortes einzelner Gesellschafter als Ordnungsmaßnahme zu unterscheiden.

Der Versammlungsleiter kann zu diesen individuellen Maßnahmen greifen, wenn ein Gesellschafter sein Rederecht missbraucht, indem er etwa sachfremde[500], zu ausschweifende[501] oder sogar beschimpfende Äußerungen von sich gibt[502]. Diese

---

496 OLG Hamm v. 6.5.2003–27 U 131/02, GmbHR 2003, 1211 (1212).

497 So auch MüKo-GmbHG/*Liebscher*, § 48 Rn. 122; Scholz/*Seibt*, § 48 Rn. 36.

498 MüKo-GmbHG/*Liebscher*, § 48 Rn. 123.

499 GroßkommGmbHG/*Hüffer/Schürnbrand*, § 48 Rn. 34.

500 Baumbach/Hueck/*Zöllner/Noack*, § 48 Rn. 18; *Lange*, NJW 2015, 3190 (3193).

501 *Eickhoff*, Gesellschafterversammlung, S. 109, 74; Henssler/Strohn/*Hillmann*, § 48 GmbHG Rn. 15.

502 *Vogel*, Gesellschafterbeschlüsse, S. 109, 95; MüKo-GmbHG/*Liebscher*, § 48 Rn. 124; GroßkomGmbHG/*Hüffer/Schürnbrand*, § 48 Rn. 35.

Eingriffsmöglichkeiten stehen allerdings wegen des vom Versammlungsleiter zu beachtenden Verhältnismäßigkeitsprinzips in strenger Abstufung.[503] Zunächst ist der Gesellschafter zu ermahnen (auch Ordnungsruf genannt),[504] bei der Sache zu bleiben und seine Ausführungen auf den Punkt zu bringen. Lässt sich der Gesellschafter dadurch nicht beeindrucken, ist es bei ausschweifenden Reden sinnvoll, dessen Redezeit zu beschränken, z. B. auf nur noch drei Minuten.[505] Nach Ablauf dieser Zeit kann ihm dann das Rederecht ganz entzogen werden.

Wurde ein Gesellschafter ausfällig und enthält sein Redebeitrag keinerlei sachliche Botschaft mehr, wäre eine bloße Begrenzung seiner Redezeit unzweckmäßig, sodass diesem nach erfolgloser Ermahnung[506] sofort das Wort entzogen werden kann.

b) Saalverweis

Als ultima ratio kann einem dauerhaft störenden Gesellschafter nicht nur das Rede-, sondern auch das Teilnahmerecht temporär entzogen werden und er sodann des Versammlungssaales verwiesen werden.[507] Ein Saalverweis kommt allerdings nur dann in Betracht, wenn alle anderen Ordnungsmaßnahmen wirkungslos geblieben sind oder unzweckmäßig wären, d. h. bei Tätlichkeiten, andauernden Beleidigungen oder der Nichtbeachtung der Wortentziehung.[508] Dann nämlich erfüllt der Gesellschafter die seinem Teilnahmerecht immanenten Mindestanforderungen nicht (mehr) und hat sich somit dieses Rechts begeben.[509]

Durch einen Saalverweis kann die Beschlussfähigkeit jedoch nachträglich entfallen:[510] Sind ohnehin nur einstimmige Entscheidungen möglich, ist die Versammlung auch erst beschlussfähig, wenn alle Gesellschafter anwesend sind. Durch den Saalverweis wird sie deshalb beschlussunfähig, weil es hier keinen Unterschied macht, ob der Gesellschafter freiwillig oder unfreiwillig nicht mehr teilnimmt, was

---

503 MüKo-GmbHG/*Liebscher*, § 48 Rn. 124.

504 *Vogel*, Gesellschafterbeschlüsse, S. 109, 95; GroßkommGmbHG/*Hüffer/Schürnbrand*, § 48 Rn. 34; Baumbach/Hueck/*Zöllner/Noack*, § 48 Rn. 18; Henssler/Strohn/*Hillmann*, § 48 GmbHG Rn. 15; *Lange*, NJW 2015, 3190 (3193).

505 *Eickhoff*, Gesellschafterversammlung, S. 109, 74.

506 Lutter/Hommelhoff/*W. Bayer*, § 48 Rn. 17.

507 *Eickhoff*, Gesellschafterversammlung, S. 109, 74; Scholz/*Seibt*, § 48 Rn. 37; Baumbach/Hueck/*Zöllner/Noack*, § 48 Rn. 18; MüKo-GmbHG/*Liebscher*, § 48 Rn. 123 f.; Lutter/Hommelhoff/*W. Bayer*, § 48 Rn. 17; Henssler/Strohn/*Hillmann*, § 48 GmbHG Rn. 15; Roth/Altmeppen/*Roth*, § 48 Rn. 9; Saenger/Inhester/*Bergjan*, § 48 Rn. 10; Rowedder/Schmidt-Leithoff/*Ganzer*, § 48 Rn. 16; GroßkommGmbHG/*Hüffer/Schürnbrand*, § 48 Rn. 34; Scholz/*Seibt*, § 48 Rn. 37: *Lange*, NJW 2015, 3190 (3193).

508 *Vogel*, Gesellschafterbeschlüsse, S. 109, 95; *Eickhoff*, Gesellschafterversammlung, S. 109, 74; Scholz/*Seibt*, § 48 Rn. 37; Henssler/Strohn/*Hillmann*, § 48 GmbHG Rn. 15; Roth/Altmeppen/*Roth*, § 48 Rn. 9.

509 *Vogel*, Gesellschafterbeschlüsse, S. 109, 95.

510 *Vogel*, Gesellschafterbeschlüsse, S. 109.

bedeutet: sobald ein Gesellschafter nicht teilnimmt, kann kein wirksamer Beschluss gefasst werden.

Aber auch bei Mehrheitsentscheidungen kann eine einmal beschlussfähige Gesellschafterversammlung durch einen Saalverweis eines Gesellschafters nachträglich beschlussunfähig werden, sofern es für die ausschlaggebende Mehrheit auf diesen einen Gesellschafter ankommt. Denn es kann wiederum keinen Unterschied machen, ob die erforderliche Mindestanzahl an Gesellschaftern durch schlichtes Gehen oder durch einen Saalverweis unterschritten wird.

Für den Fall, dass ein Gesellschafter des Saales verwiesen wird, kann dieser einen Mitgesellschafter zur Ausübung seines Stimmrechtes bevollmächtigen.[511]

c) Keine vorbeugenden Ordnungsmaßnahmen

Die dargestellten Ordnungsmaßnahmen sind allerdings nur dann möglich, wenn ein Fehlverhalten eines Gesellschafters erfolgt ist. Im Vorfeld kann keine Ordnungsmaßnahme erlassen werden; zudem wirkt eine Maßnahme nur für die Dauer einer Versammlung und nicht darüber hinaus.[512]

d) Missbrauch der Ordnungsrechte

Missbraucht der Versammlungsleiter seine Ordnungsrechte, greift er also in das Rede- oder Teilnahmerecht der Gesellschafter ein, obwohl dies nicht gerechtfertigt war, können die Gesellschafter sich mittels Rechtsschutzmöglichkeiten dagegen zur Wehr setzen (vgl. Kapitel G. IV).

III. Leitungsmaxime

Alle vom Versammlungsleiter vorzunehmenden Maßnahmen sind anhand der folgenden Leitungsmaxime auszurichten: Zunächst gilt der Wahrheitsgrundsatz, d. h. soweit eine objektive Wahrheit gegeben ist, muss er sie bei seinen Feststellungen beachten. Als Beispiele dienen etwa die Anzahl der anwesenden Gesellschafter oder die Anzahl der Ja- und Nein-Stimmen. Er muss also, soweit dies möglich ist, den tatsächlichen Ablauf der Versammlung feststellen und im Protokoll erfassen. Zumeist sind aber keine wahren Begebenheiten wiederzugeben, sondern Entscheidungen zu fällen, die rechtliche oder tatsächliche Bewertungen voraussetzen, sodass dem Versammlungsleiter teilweise ein Ermessensspielraum zukommt, innerhalb dessen er pflichtgemäß[513] entscheiden muss, wie etwa die Verhängung einer

---

511 *Eickhoff*, Gesellschafterversammlung, S. 109, 74; *Vogel*, Gesellschafterbeschlüsse, S. 109, 95.

512 *Vogel*, Gesellschafterbeschlüsse, S. 109, 95; GroßkommGmbHG/*Hüffer/Schürnbrand*, § 48 Rn. 37; Scholz/*Seibt*, § 48 Rn. 37; Lutter/Hommelhoff/*W. Bayer*, § 48 Rn. 17.

513 Lutter/Hommelhoff/*W. Bayer*, § 48 Rn. 16.

Ordnungsmaßnahme. Dabei muss sich der Versammlungsleiter unparteilich[514] verhalten, d.h. alle Gesellschafter grundsätzlich gleich behandeln,[515] es sei denn, es gibt einen sachlichen Grund zur Differenzierung. Er muss allen Gesellschaftern neutral[516] begegnen. Darüber hinaus muss er stets die Zweckmäßigkeit seiner Maßnahmen im Blick haben.[517] Sein Handeln muss verhältnismäßig[518] sein, d.h. so streng wie nötig, um die Versammlung ordentlich weiterzuführen, aber so wenig intensiv in die Gesellschafterrechte eingreifend wie möglich. Innerhalb mehrerer gleichgerichteter Kompetenzen, insbesondere in Bezug auf die Ordnungsrechte, muss er vom mildesten Mittel, der Ermahnung, ausgehen und nur, falls dies unzweckmäßig ist, Schrit für Schritt die jeweils nächstschärfere Maßnahmen ergreifen.

IV. Einsatz von Hilfspersonen

Die Versammlungsleitung ist – dem Wesen des entweder als Auftrag (§ 662 BGB) oder Geschäftsbesorgungsvertrag (§ 675 BGB) zu qualifizierenden Rechtsverhältnisses zwischen Versammlungsleiter und Gesellschaft (dazu Kapitel F. 2.) entsprechend – im Zweifel höchstpersönlich auszuführen und stellt somit eine nicht delegierbare Aufgabe i.S.d. § 664 Abs. 1 S. 1 BGB dar. Diese Einschränkung ist schon deshalb sinnvoll, weil die Gesellschafter gerade eine bestimmte Person für die Leitungsaufgabe ausgewählt haben.

Dieser Grundsatz der Höchstpersönlichkeit bedeutet indes nicht, dass der Versammlungsleiter tatsächlich alle Aufgaben selbst ausführen muss. Er hat allerdings keinen Anspruch auf die Anwesenheit von Hilfspersonen, wenn nicht alle Gesellschafter mit der Anwesenheit eines Dritten einverstanden sind,[519] da deren Geheimhaltungsinteresse zu wahren ist. Dulden sie die Anwesenheit eines Dritten, so ist die Delegation möglich ist, soweit sie sachdienlich und – als Negativmerkmal – „die Entscheidungsfunktion des Versammlungsleiters nicht berührt ist"[520]. Diese ist bei allen Ordnungsmaßnahmen wegen des damit verbundenen schweren Eingriffs in die Gesellschafterrechte per se berührt.[521] Gleiches gilt für Leitungsaufgaben, wenn in rechtlicher oder tatsächlicher Hinsicht Ermessen besteht bzw.

---

514 *Eickhoff*, Gesellschafterversammlung, S. 109, 70; *Vogel*, Gesellschafterbeschlüsse, S. 109, 91; Scholz/*Seibt*, § 48 Rn 31; *Fantur*, in: FS Krejci, S. 581 (583) (österreichische GmbH).

515 Lutter/Hommelhoff/*W. Bayer*, § 48 Rn. 16.

516 GroßkommGmbHG/*Hüffer/Schürnbrand*, § 48 Rn. 28; BeckOK-GmbHG/*Schindler*, § 48 Rn. 43; Lutter/Hommelhoff/*W. Bayer*, § 48 Rn. 16; Scholz/*Seibt*, § 48 Rn. 32.

517 *Vogel*, Gesellschafterbeschlüsse, S. 109, 91; *Eickhoff*, Gesellschafterversammlung, S. 109, 70.

518 Lutter/Hommelhoff/*W. Bayer*, § 48 Rn. 16.

519 *K.-S. Scholz*, in: FS Spellenberg, S. 51 (S. 62 f.); Beck'Formular-HdB/*Blaum/K.-S. Scholz*, VIII. D. 15 Rn. 7.

520 *Kocher/Feigen*, NZG 2015, 620 (621).

521 *Kocher/Feigen*, NZG 2015, 620 (623).

es um eine „verfahrenbestimmende Feststellung“ geht.[522] Bei der Auszählung der Stimmen – besonders bei einem großen Gesellschafterkreis – kann er sich aber grundsätzlich unterstützen lassen.[523] Außerdem könnte der Versammlungsleiter an der eigentlichen Leitungsaufgabe gehindert sein, wenn er parallel Mitschriften für das Protokoll der Gesellschafterversammlung führen muss. So kann er sich nicht gänzlich dem Geschehen widmen, sondern muss seinen Blick und seine Aufmerksamkeit oft seinen Papieren zuwenden. Auch kann dadurch eine Versammlung zwangsläufig unnötig in die Länge gezogen werden. Daher kann es grundsätzlich für zulässig erachtet werden, eine andere Person mit der Protokollführung zu betrauen. All dies steht jedoch stets unter dem Vorbehalt der Zustimmung der Gesellschafter, soweit ein nicht anwesender Dritter hinzugezogen werden soll.

---

522 *Kocher/Feigen*, NZG 2015, 620 (622 f.).
523 *Kleemann*, Versammlungsleiter GmbH, S. 100 für die GmbH.

E. Die Bestellung zum Versammlungsleiter

Wie schon dargestellt, gibt es keinen geborenen Versammlungsleiter (Kapitel C. III. 1.), sondern ein solcher muss stets von den Gesellschaftern bestellt werden.

Die Kür des Versammlungsleiters erfolgt entweder durch Bestimmung im Gesellschaftsvertrag oder durch Wahl der Gesellschafterversammlung.[524] Diese Einteilung ist aus dem GmbH-Recht[525] übernommen. Man muss sich jedoch bewusstmachen, dass die Satzung in Kapitalgesellschaften der notariellen Beurkundung bedarf, § 2 Abs. 1 S. 1 GmbHG, § 23 Abs. 1 S. 1 AktG. In Personengesellschaften ist der Gesellschaftsvertrag im gesetzlichen Regelfall hingegen formfrei,[526] sodass die Unterscheidung in einigen Personengesellschaften künstlich wirkt und die Gesellschafter oftmals selbst nicht wissen, ob sie einen einfachen oder einen vertragsändernden Beschluss fassen. Andererseits werden in vielen Gesellschaften, die Gesellschafterversammlungen abhalten und einen Versammlungsleiter benötigen, Gesellschaftsverträge zumindest privatschriftlich geschlossen und enthalten Schriftformklauseln,[527] sodass die o. g. Differenzierung sinnvoll ist. Einer näheren Betrachtung bedarf darüber hinaus eine Bestimmung mittels Losverfahren oder durch gerichtliche Bestellung analog § 122 Abs. 3 AktG.

I. Bestellung durch Gesellschaftsvertrag

Eine Regelung im Gesellschaftsvertrag kann die Versammlungsleitung aufgreifen.[528] Dabei kann etwa allgemein die Mitwirkung eines Versammlungsleiters sowie Näheres zu dessen Wahl (z. B. welche Mehrheit nötig ist) bestimmt werden.[529] Durch den Gesellschaftsvertrag kann der Versammlungsleiter aber auch direkt bestellt werden – entweder durch namentliche Benennung (Gesellschafter X, Rechtsanwalt

---

524 Ebenroth/Boujong/Joost/Strohn/*Freitag*, § 119 Rn. 59; Scholz/*K. Schmidt*, § 45 Rn. 35 (GmbH & Co. KG); *K.-S. Scholz*, in: FS Spellenberg, S. 51 (53).

525 Scholz/*Seibt*, § 48 Rn. 32; Roth/Altmeppen/*Roth*, § 48 Rn. 8; Henssler/Strohn/*Hillmann*, § 48 GmbHG Rn. 13; Rowedder/Schmidt-Leithoff/*Ganzer*, § 48 Rn. 13; *Geißler*, GmbHR 2016, 1289 (1294); *Bochmann*, GmbHR 2017, 558 (566); *Wicke*, GmbHR 2017, 777 (784); *Noack*, GmbHR 2017, 792 (798 f.).

526 Statt vieler Staudinger/*Habermeier*, § 705 Rn. 10; Ausnahme die PartG, die nach § 3 Abs. 1 PartGG Schriftform voraussetzt.

527 Vgl. Staudinger/*Habermeier*, § 705 Rn. 11.

528 Beck'Formular-HdB/*Blaum/K.-S. Scholz*, VIII.D.15 Rn. 6.; *Sandhaus*, Rechtsschutz, S. 19.

529 Vgl. Baumbach/Hueck/*Zöllner/Noack*, § 48 Rn. 16; BeckOK-GmbHG/*Schindler*, § 48 Rn. 40; Michalski/*Römermann*, § 48 Rn. 91; MüKo-GmbHG/*Liebscher*, § 48 Rn. 106; GroßkommGmbHG/*Hüffer/Schürnbrand*, § 48 Rn. 27; *Lange*, NJW 2015, 3190 (3191).

Y) oder mittels einer abstrakten, an einem Merkmal festgemachten Zuweisung (Gesellschafter mit dem höchsten Kapitalanteil, Komplementär, ältester Anwesender, Beiratsvorsitzender).[530] Möglich ist zudem, dass die Auslegung des Vertrages ergibt, dass die Versammlungsleitung einem bestimmten Gesellschafter zukommt.[531]

Klauseln zur Versammlungsleitung können bereits in den Ursprungsvertrag aufgenommen werden. Dies ist nicht der Regelfall, weil unter den Gesellschaftern in der Gründungsphase ein hohes Maß an Konsens herrscht und sie daher „vielfach nicht an detaillierten gesellschaftsvertraglichen Regelungen und einem – aus ihrer Sicht – engen rechtlichen Korsett interessiert sind“[532]. Wird eine Versammlungsleitungsklausel schon bei Abschluss des Gesellschaftsvertrages in den Ursprungsvertrag aufgenommen, so müssen freilich alle Gesellschafter einstimmig übereinkommen.[533]

Natürlich ist der Gesellschaftsvertrag später jederzeit anpassbar[534] und es kann sodann gesellschaftsvertraglich ein Versammlungsleiter bestimmt werden. Dabei stellt sich die das Personengesellschaftsrecht stets beschäftigende Frage, ob ein Mehrheitsbeschluss möglich ist.

1. Exkurs: Mehrheitsentscheidungen in Personengesellschaften

Anders als für Kapitalgesellschaften sieht das Gesetz für Personengesellschaften gem. §§ 709 Abs. 1 BGB, 119 Abs. 1 HGB (i.V.m. § 161 Abs. 2 HGB oder § 6 Abs. 3 S. 2 PartGG) vor, dass die Gesellschafter einstimmig entscheiden. Dem liegt das gesetzliche Leitbild der Personengesellschaft als „enge[r] Arbeits- und Haftungsgemeinschaft“[535] zugrunde. Einstimmigkeit in jeder Frage ist freilich oftmals nicht praktikabel und würde die Gesellschaft in ihrer Handlungsfähigkeit lähmen.[536] Dies hat auch der Gesetzgeber erkannt; so ergibt sich aus §§ 709 Abs. 2 BGB, 119 Abs. 2 HGB, dass auch Mehrheitsentscheidungen möglich sind, wobei die Mehrheit im Zweifel nach Köpfen berechnet wird.

Gerade im Personengesellschaftsrecht können Mehrheitsentscheidungen mitunter große Eingriffe in die Rechte der dissentierenden Minderheit bedeuten, da das Prinzip der persönlichen Haftung[537] gilt. Demnach muss die Minderheit – gerade in

---

530 *K.-S. Scholz*, in: FS Spellenberg, S. 51 (53); GmbH: BeckOK-GmbHR/*Schindler*, § 48 Rn. 40; Scholz/*Seibt*, § 48 Rn. 33; Michalski/*Römermann*, § 48 Rn. 91, 95; MüKo-GmbHG/*Liebscher*, § 48 Rn. 106; GroßkommGmbHG/*Hüffer/Schürnbrand*, § 48 Rn. 29; *Noack*, GmbHR 2017, 792 (799).

531 Zur GmbH: OLG Naumburg, 1.9.2016–2 U 95/15, GmbHR 2017, 83 (91).

532 Zur Rechtslage in Österreich (GmbH): *Dumfarth*, RdW 2011, 589 (589).

533 *K.-S. Scholz*, in: FS Spellenberg, S. 51 (54).

534 Zur Notwendigkeit der Anpassung und Aktualisierung von Gesellschaftsverträgen *Roesener*, NJW 2016, 2214.

535 GroßkommHGB/*Schäfer*, § 119 Rn. 18.

536 Vgl. MüKo-HGB/*Enzinger*, § 119 Rn. 61.

537 § 128 HGB (analog bzw. i.V.m. § 161 Abs. 2 HGB für Komplementäre); § 8 I 1 PartGG.

Personengesellschaften wegen der fehlenden gesetzlichen Normierung von Mehrheitsentscheidungen – hinreichend vor Mehrheitsbeschlüssen geschützt werden.[538] Dazu hat die Rechtsprechung bis vor einigen Jahren zwei Schutzelemente anerkannt: den Bestimmtheitsgrundsatz und die Kernbereichslehre, welche jedoch sowohl inhaltlich als auch begrifflich über die Jahre hinweg in Rechtsprechung und Lehre uneinheitlich verwendet wurden und deren Verhältnis zueinander bisweilen unklar war.[539]

a) Grundaussagen des Bestimmtheitsgrundsatzes

Der schon vom RG[540] entwickelte und vom BGH[541] fortgeführte Bestimmtheitsgrundsatz war ein formelles Kontrollmittel zur Wahrung der Rechte der Minderheitsgesellschafter und zur Sicherstellung der „parteiautonomen Willensbildung"[542]: Er besagte, dass sich aus dem Gesellschaftsvertrag „zweifelsfrei" ergeben muss, dass ein konkreter Beschlussgegenstand einer Mehrheitsentscheidung zugänglich sein soll.[543] Dabei bedeutet ‚zweifelsfrei' zwar nicht zwingend ausdrücklich im Sinne einer enumerativen Aufzählung der Beschlussgegenstände.[544] Eine solche Benennung im Gesellschaftsvertrag galt aber als starkes Indiz, sodass die Kautelarpraxis häufig lange Kataloge möglicher Beschlüsse im Gesellschaftsvertrag auflistete.[545] Nur so könne sichergestellt werden, dass der nicht zustimmende Gesellschafter die Mehrheit legitimiert hätte, in Bezug auf den fraglichen Beschlussgegenstand eine verbindliche Entscheidung (auch ohne seine Zustimmung) zu treffen.[546] Bei Einführung der Mehrheitsklausel, also seiner „antizipierten Zustimmung"[547], müsse er die Bedeutung des konkreten späteren Beschlusses vor Augen gehabt haben, damit er bewusst auf den „Schutz des Einstimmigkeitsprinzips"[548] verzichten konnte. Dies könne nur bei gewöhnlichen Maßnahmen der Fall sein, außergewöhnliche Beschlüsse könne der Gesellschafter schon denklogisch bei Erteilung der Zustim-

---

538 *Roth*, in: FS Schlosser, S. 761 ff.
539 *W. Goette/M. Goette*, DStR 2016, 74 (75).
540 RG v. 23.11.1917 – II 242/17, RGZ 91, 166; RG v. 15.10.1926 – II 119/26, RGZ 114, 393; RG v. 15.5.1936 – II 291/35, RGZ 151, 321; RG v. 13.4.1940 – II 143/39, RGZ 163, 385.
541 BGH v. 12.11.1952 – II ZR 260/51, BGHZ 8, 35 = NJW 1953, 102; BGH v. 13.7.1967 – II ZR 72/67, BGHZ 48, 251 = NJW 1967, 2157; BGH v. 13.3.1978 – II ZR 63/77, BGHZ 71, 53 = NJW 1978, 1382; BGH v. 15.11.1982 – II ZR 62/82, BGHZ 85, 350 = NJW 1983, 1056; BGH v. 15.6.1987 – II ZR 261/86, NJW 1988, 411.
542 Röhricht/Graf v. Westphalen/Haas/*Haas*, § 119 Rn. 17.
543 BGH v. 12.11.1952 – II ZR 260/51, BGHZ 8, 35 = NJW 1953, 102 (103).
544 BGH v. 12.11.1952 – II ZR 260/51, BGHZ 8, 35 = NJW 1953, 102 (103); BGH v. 21.10.2014 – II ZR 84/13, BGHZ 203, 77 = NJW 2015, 859, Rz. 6.
545 Vgl. etwa *Martens*, DB 1973, 413 (416); *J. Weber*, ZfPW 2015, 123 (124).
546 Röhricht/Graf v. Westphalen/Haas/*Haas*, § 119 Rn. 17.
547 Oetker/*Lieder*, § 119 Rn. 44.
548 Röhricht/Graf v. Westphalen/Haas/*Haas*, § 119 Rn. 17.

mung nicht im Blick gehabt haben.[549] Daher entwickelte der BGH drei Kategorien: Geschäftsführungsmaßnahmen und gewöhnliche sowie außergewöhnliche Vertragsänderungen; je stärker der Beschluss in die Gesellschafterrechte eingreifen soll oder je außergewöhnlicher er ist, desto deutlicher musste die Formulierung in der Mehrheitsklausel ausgestaltet sein.[550]

Ergab sich anhand des Bestimmtheitsgrundsatzes nicht zweifelsfrei, dass eine Entscheidung mehrheitlich getroffen werden können soll, galt weiterhin der gesetzliche Grundgedanke der Einstimmigkeit.[551] Man konnte somit vom Grundsatz *in dubio pro consensu* – im Zweifel für die Einstimmigkeit – sprechen.

Der Bestimmtheitsgrundsatz wurde in der Lehre[552] häufig als zu formal und nicht zielführend kritisiert, denn er konnte durch seitenlange Aufzählungen von Beschlüssen, die unter die Mehrheitsklausel fallen sollen, in seiner Wirkung ausgehebelt werden. Denn bei Abschluss des Gesellschaftsvertrages, wenn die Verhältnisse innerhalb der Gesellschaft noch überwiegend harmonisch sind, ist den Gesellschaftern die praktische Notwendigkeit einiger der aufgezählten Beschlussgegenstände oftmals gar nicht bewusst; daher sei ihnen in der späteren Situation durch dieses formale Kriterium nicht geholfen.[553]

b) Publikumspersonengesellschaften

Für Publikumspersonengesellschaften i.e.S. (= Anlagegesellschaften)[554] wandte der BGH den Bestimmtheitsgrundsatz indes nicht an, um die Beschlussfassung und damit die Gesellschaft in ihrem Ganzen „am Leben zu halten“.[555] Erstens kann in Publikumsgesellschaften aufgrund ihrer großen Gesellschafterzahl nicht – wie in kleineren personalistischen Gesellschaften – mit einem Konsens in dringlichen Fragen gerechnet werden.[556] Zweitens sind mit dem Bestimmtheitsgrundsatz konform gehende Klauseln in Publikumsgesellschaftsverträgen selten enthalten und auch nicht zu erwarten, da die Verträge von den Gründungsgesellschaftern, die das Management bilden, vorformuliert sind und es schon aus Werbegründen nicht zielführend sei, Sonderregelung für ein Scheitern des Managements und ähnliche Situationen aufzusetzen.[557] Diese Überlegungen übertrug der BGH auch auf große Familiengesellschaften, da beide ähnliche Strukturen aufweisen, weswegen das starr formalistische Korsett des Bestimmt-

549 Vgl. BGH v. 12.11.1952 – II ZR 260/51, BGHZ 8, 35 = NJW 1953, 102 (103).

550 *K.-S. Scholz*, in: FS Spellenberg, S. 51 (54 f.).

551 Zur alten Rechtsprechung, BGH v. 21.10.2014 – II ZR 84/13, BGHZ 203, 77 = NJW 2015, 859, Rz. 14.

552 Z.B. *Leenen*, in: FS Larenz, S. 371 (375 ff.); Röhricht/Graf v. Westphalen/Haas/*Haas*, § 119 Rn. 19; MüKo-BGB/*Schäfer*, § 709 Rn. 87 ff. m.w.N.

553 Vgl. auch Urteilsanmerkung, *Grunewald*, BB 2015, 332 (332).

554 Ebenroth/Boujong/Joost/Strohn/*Henze*, § 177a Anh. B Rn. 1.

555 BGH v. 13.3.1978 – II ZR 63/77, BGHZ 71, 53 = NJW 1978, 1382 (1382).

556 BGH v. 13.3.1978 – II ZR 63/77, BGHZ 71, 53 = NJW 1978, 1382 (1382).

557 BGH v. 13.3.1978 – II ZR 63/77, BGHZ 71, 53 = NJW 1978, 1382 (1382).

heitsgrundsatzes hier nicht zielführend und mit einem Konsens auch in einer sehr großen Familiengesellschaft nicht mehr zu rechnen sei.[558] Selbst persönlich haftende Minderheitsgesellschafter bedürften keines weiteren Schutzes, weil sie in aller Regel „persönlich nicht unmittelbar betroffen werden" und ihre Stellung in der konkreten Gesellschaft „in vielerlei Hinsicht der von Organen einer AG ähnelt".[559]

In Publikumsgesellschaften i.w.S. ist keine Mehrheitsklausel notwendig und die Beschlusskontrolle findet materiell statt.[560]

c) Grundaussagen der Kernbereichslehre[561]

Als materielles Kontrollinstrument eines Mehrheitsbeschlusses wurde die Kernbereichslehre etabliert. Sie unterscheidet einerseits zwischen unverzichtbaren, schon deshalb unentziehbaren (= absolut unentziehbaren) Gesellschafterrechten,[562] über die der Gesellschafter nicht einmal selbst disponieren kann, sodass darüber eine Mehrheitsentscheidung erst recht nicht möglich ist, und andererseits zwischen Eingriffen in relativ unentziehbare Rechte, die hingegen nur mit Zustimmung des betroffenen Gesellschafters möglich sein sollen,[563] welche allerdings wiederum auch antizipiert in einer hinreichend bestimmten Gesellschaftsvertragsklausel erteilt werden kann.[564]

d) Zwei-Stufen-Prüfung

Beide Schutzmechanismen hat der BGH in seiner neueren Rechtsprechung überarbeitet und durch ein zweistufiges Kontrollmodell ersetzt:

aa) Erste Stufe

Der Bestimmtheitsgrundsatz ist seit der Otto-Entscheidung[565] sowohl inhaltlich als nunmehr auch terminologisch[566] endgültig aufgegeben. Die §§ 709 Abs. 1 BGB und

---

558 BGH v. 15.11.1982 – II ZR 62/82, BGHZ 85, 350 = NJW 1983, 1056 (1058).

559 BGH v. 15.11.1982 – II ZR 62/82, BGHZ 85, 350 = NJW 1983, 1056 (1058).

560 Früher anhand der Kernbereichslehre, BGH v. 19.11.1984 – II ZR 102/84, NJW 1985, 972 (973).

561 Terminus von *Westermann*, Vertragsfreiheit und Typengesetzlichkeit im Recht der Personengesellschaften, S. 351.

562 Erstmals vom BGH angedacht, BGH v. 12.11.1952 – II ZR 260/51, BGHZ 8, 35 = NJW 1953, 102 (103); im Kern auch schon RG v. 23.11.1917 – II 242/17, RGZ 91, 166 (169).

563 BGH v. 14.5.1956 – II ZR 229/54, BGHZ 20, 363 = NJW 1956, 1198 (1199 f.).

564 MüKo-BGB/*Schäfer*, § 709 Rn. 98.

565 BGH v. 15.1.2007 – II ZR 245/05, BGHZ 170, 283 = NJW 2007, 1685, Rz. 9 a.E. – Otto; in der Folge: BGH v. 24.11.2008 – II ZR 116/08, BGHZ 179, 13 = NJW 2009, 669 – Schutzgemeinschaftsvertrag II; BGH v. 19.10.2009 – II ZR 240/08, BGHZ 183, 1 = NJW 2010, 65 – Sanieren oder Ausscheiden.

566 BGH v. 21.10.2014 – II ZR 84/13, BGHZ 203, 77 = NJW 2015, 859, Rz. 14.

119 Abs. 1 HGB stellen nach aktueller Ansicht des BGH keine Maxime auf, wonach alle Entscheidungen im Zweifel einstimmig ergehen müssen; vielmehr geht der BGH von der gänzlichen Disponibilität des Einstimmigkeitsprinzips aus.[567] Der Gesellschaftsvertrag ist vielmehr auf der ersten Stufe schlicht „nach allgemeinen Auslegungsgrundsätzen“ auszulegen.[568] Dabei ist die Bestimmtheit einer Mehrheitsklausel keine Auslegungsregel, weil es keine gesetzliche Verankerung für eine solche Regel gibt und § 709 Abs. 2 BGB sowie § 119 Abs. 2 HGB nur Zweifelsregelungen über die Berechnung der Mehrheit enthalten.[569] Ausgangspunkt der Auslegung sind Wortlaut und Télos der Vertragsregelung.[570] Aber auch die Systematik der Gesellschaftsvertragsklauseln kann Aufschluss bringen,[571] wenn ansonsten andere gesellschaftsvertragliche Regelungen als Konsequenz einer Auslegung „widersinnig“[572] oder „überflüssig“[573] würden. Bei der subjektiven Auslegung, wie sie für klassische Personengesellschaften vorgenommen wird,[574] können auch außervertragliche Umstände wie etwa die Entstehungsgeschichte der Vertragsklausel[575] oder ein anderer kongruenter Wille der Gesellschafter herangezogen werden.[576] Letzterer aber nur, wenn sich die Gesellschafter ihren jeweiligen Willen gegenseitig offenbart haben.[577] Sieht ein Gesellschaftsvertrag eine allgemeine Mehrheitsklausel vor, so gilt sie grundsätzlich für alle zu treffenden Beschlüsse, wenn nicht der Gesellschaftsvertrag für den fraglichen Beschluss etwas anderes vorsieht – auch dann, wenn es sich um eine Gesellschaftsvertragsänderung oder um ein sog. Grundlagengeschäft handelt.[578] Im Ergebnis wird also heute auf der ersten formellen Stufe leichter eine Mehrheitsentscheidung möglich sein, weil sich der Grundsatz von *in dubio pro consensu* auf *in dubio pro contractu* gewandelt hat. Die Mehrheitsklausel als formelle Legitimation ist „als solche eine wertneutrale Verfahrensregel, deren Vor- und Nachteile allen Gesellschaftern von Fall zu Fall zugutekommen können“[579].

---

567 BGH v. 15.1.2007 – II ZR 245/05, BGHZ 170, 283 = NJW 2007, 1685, Rz. 6.

568 BGH v. 15.1.2007 – II ZR 245/05, BGHZ 170, 283 = NJW 2007, 1685, Rz. 8 a.E.

569 BGH v. 21.10.2014 – II ZR 84/13, BGHZ 203, 77 = NJW 2015, 859, Rz. 14 mit Hinweis auf *Schäfer*, ZGR 2013, 237 (245).

570 BGH v. 21.10.2014 – II ZR 84/13, BGHZ 203, 77 = NJW 2015, 859, Rz. 15.

571 Siehe z. B. die erfolgte Auslegung BGH v. 21.10.2014 – II ZR 84/13, BGHZ 203, 77 = NJW 2015, 859, Rz. 26 ff. oder bei BGH v. 15.1.2007 – II ZR 245/05, BGHZ 170, 283 = NJW 2007, 1685, Rz. 17.

572 BGH v. 15.1.2007 – II ZR 245/05, BGHZ 170, 283 = NJW 2007, 1685, Rz. 15.

573 BGH v. 15.1.2007 – II ZR 245/05, BGHZ 170, 283 = NJW 2007, 1685, Rz. 17.

574 Wohingegen die Gesellschaftsverträge von Publikumsgesellschaften wie solche von Kapitalgesellschaften grundsätzlich objektiv auszulegen sind, s. etwa BGH v. 23.1.2006 – II ZR 306/04, NZG 2006, 306, Rz. 15 m.w.N.

575 Dazu schon BGH v. 15.1.2007 – II ZR 245/05, BGHZ 170, 283 = NJW 2007, 1685, Rz. 18.

576 BGH v. 21.10.2014 – II ZR 84/13, BGHZ 203, 77 = NJW 2015, 859, Rz. 24.

577 BGH v. 21.10.2014 – II ZR 84/13, BGHZ 203, 77 = NJW 2015, 859, Rz. 15 a.E. m.w.N.

578 BGH v. 15.1.2007 – II ZR 245/05, BGHZ 170, 283 = NJW 2007, 1685, Rz. 12 f.

579 *K. Schmidt*, Gesellschaftsrecht, § 16 II 2 c).

bb) Zweite Stufe

Die eigentliche Beschlusskontrolle findet sodann auf der zweiten Stufe statt.[580] Während der BGH in der Otto-Entscheidung die inhaltliche Prüfung noch anhand der Grundsätze der Kernbereichslehre durchführte und diese durch eine Prüfung mittels der gesellschafterlichen Treuepflicht ergänzte,[581] stellt er nun „nicht (mehr) darauf ab, ob ein Eingriff in den sogenannten ‚Kernbereich' gegeben ist".[582] Für diese veränderte Sichtweise führt der BGH an, dass die konkrete Gesellschaftsstruktur und die Position des betroffenen Gesellschafters innerhalb der Gesellschaft jeweils im Einzelfall betrachtet werden müssen, sodass die abstrakte Bestimmung eines Kernbereiches unmöglich sei.[583] Wie genau sich die Prüfung der zweiten Stufe vollzieht, ist aufgrund widersprüchlicher Aussagen im Urteil unklar: Zunächst stellt der BGH deutlich heraus, dass die Zwei-Stufen-Prüfung auch für Beschlüsse im ‚Kernbereich', der mit „absolut und relativ unentziehbaren Rechten" definiert wird, gilt, sodass jeweils geprüft werden müsse, ob die Mehrheitsentscheidung gegenüber der Minderheit treupflichtwidrig ist.[584] Bei einem Kernbereichseingriff werde die Treuwidrigkeit „regelmäßig" vermutet, wohingegen in anderen Fällen die Minderheit beweispflichtig sei.[585] Später im Urteil erklärt der BGH, dass es „abgesehen" von unverzichtbaren Rechten – sofern man solche anerkennt – auf eine Verhältnismäßigkeitsprüfung zwischen den Gesellschaftsinteressen und den Gesellschafterrechten im Einzelfall ankomme.[586] Aus dieser Formulierung könnte entnommen werden, dass unverzichtbare (= absolut unentziehbare) Rechte schon qua definitionem einer Prüfung anhand des Zwei-Stufen-Modells entzogen sind,[587] also ein Mehrheitsbeschluss per se unmöglich ist. In der Lehre ist umstritten, welche Maßstäbe – insbesondere – für die zweite Prüfungsstufe gelten (dazu sogleich).

Die Rechtsfolgen einer fehlerhaften Mehrheitsentscheidung sollen nach Auffassung des BGH darin differieren, auf welcher Stufe der Fehler liegt: Schon formell unwirksame Beschlüsse sind (gänzlich) unwirksam, weil sie nur einstimmig entschieden hätten werden können; ist der Beschluss hingegen (nur) materiell treuwidrig, so ist er relativ unwirksam, d.h. er gilt nicht gegenüber einem oder allen betroffenen Gesellschafter(n).[588] Die Mehrheitsklausel an sich bleibt jedenfalls immer unberührt.[589]

580 Vgl. auch *Ulmer*, ZIP 2015, 657 (658); *Grunewald*, BB 2015, 332 (332).
581 BGH v. 15.1.2007 – II ZR 245/05, BGHZ 170, 283 = NJW 2007, 1685, Rz. 10.
582 BGH v. 21.10.2014 – II ZR 84/13, BGHZ 203, 77 = NJW 2015, 859, Rz. 19.
583 BGH v. 21.10.2014 – II ZR 84/13, BGHZ 203, 77 = NJW 2015, 859, Rz. 19 unter Hinweis auf BGH v. 10.10.1994 – II ZR 18/94, NJW 1995, 194 (194) und *Ulmer*, NJW 1990, 73 (80).
584 BGH v. 21.10.2014 – II ZR 84/13, BGHZ 203, 77 = NJW 2015, 859, Rz. 12.
585 BGH v. 21.10.2014 – II ZR 84/13, BGHZ 203, 77 = NJW 2015, 859, Rz. 12.
586 BGH v. 21.10.2014 – II ZR 84/13, BGHZ 203, 77 = NJW 2015, 859, Rz. 19 a.E.
587 So auch *Schiffer*, BB 2015, 584 (585).
588 BGH v. 21.10.2014 – II ZR 84/13, BGHZ 203, 77 = NJW 2015, 859, Rz. 13.
589 BGH v. 21.10.2014 – II ZR 84/13, BGHZ 203, 77 = NJW 2015, 859, Rz. 13 mit Verweisen auf vorherige Entscheidungen.

e) Meinungsstand im Schrifttum

Die Folgen dieser Neuausrichtung der Rechtsprechung sowie die ‚richtige' Prüfung von Mehrheitsentscheidungen ist noch in reger Diskussion.[590] Ganz überwiegend wird zumindest die endgültige Abkehr vom Bestimmtheitsgrundsatz gelobt,[591] wenngleich die Praxis immer noch an der Auflistung im Gesellschaftsvertrag festhält.[592] Erhebliche Uneinigkeit besteht jedoch in der Frage, ob die Kernbereichslehre weiterhin mehr oder weniger unverändert gilt[593] oder vom BGH aufgegeben wurde.[594] Ganz überwiegend wird zur Wiedereinführung oder Beibehaltung der Kernbereichslehre gemahnt, da sie inhaltlich leichter zu umfassen sei als eine reine Abwägung und ansonsten die Minderheit nur noch unzureichend geschützt sei.[595]

Wertenbruch hingegen lobt die Aufgabe der Kernbereichslehre – welche seit jeher mehr Behauptung als Begründung sei – als folgerichtige Konsequenz der Aufgabe des Bestimmtheitsgrundsatzes, weil ansonsten über die antizipierte Zustimmung eine „qualifizierte Bestimmtheit" Einzug erhalten würde und der Bestimmtheitsgrundsatz so nur in anderem Gewand auf der zweiten Stufe zu prüfen wäre.[596] Seiner Ansicht nach ist nun eine an das öffentliche Recht angenäherte Verhält-

590 „Was ist der Kernbereich der Mitgliedschaft in der Personengesellschaft?" war etwa Thema des Vortrags von *Altmeppen* auf der VGR-Jahrestagung 2015, Gesellschaftsrecht in der Diskussion 2015, S. 55 ff. Im Jahr 2016 fand eine Tagung der Forschungsstelle für Notarrecht an der LMU München statt, *Hager* (Hrsg.), Bestimmtheitsgrundsatz und Mehrheitsklauseln, 2016.

591 *W. Goette/M. Goette*, DStR 2016, 74 (74); *Grunewald*, BB 2015, 332 (332); *Göz/Pauw*, DB 2014, 2759 (2759); *Heckschen/Bachmann*, NZG 2015, 531 (536); *Otte-Gräbener*, GWR 2015, 11 (11); *Schäfer*, NZG 2014, 1401 (1403); *K. Schmidt*, JuS 2015, 655 (656 f.); *Ulmer*, ZIP 2015, 657 (662); *C. Weber*, JA 2015, 147 (149); *J. Weber*, ZfPW 2015, 123 (124); *Wertenbruch*, DB 2014, 2875 (2877).

592 *Döser*, LMK 2007, 221554; so hält etwa BeckForm/*Giehl*, Formular 7.4.1.1 Rn. 21 aktuell immer noch am positiven Aufzählungskatalog fest. Auch *Heckschen/Bachmann*, NZG 2015, 531 (536) raten, an der Auflistung festzuhalten bzw. sie noch zu intensivieren, um die Treuepflicht zu konkretisieren.

593 So *Heckschen/Bachmann*, NZG 2015, 531 (537); *K. Schmidt* in der Diskussion, s. *Schirmer*, AcP 216 (2016), 320 (320); *Schäfer*, NZG 2014, 1401 (1404); *Schiffer*, BB 2015, 584 (586); *Seidel/Wolf*, BB 2015, 2563 (2564); *C. Weber*, JA 2015, 147 (149); *J. Weber*, ZfPW 2015, 123 (126); wohl auch *Grunewald*, BB 2015, 332 (332).

594 So *W. Goette/M. Goette*, DStR 2016, 74 (76 f.); *Kießling*, WM 2014, 2168 (2168); *Lind*, LMK 2015, 366316; *Otte-Gräbener*, GWR 2015, 11 (11); *Priester*, EWiR 2015, 71 (72); *Priester*, NZG 2015, 529 (530); *K. Schmidt*, JuS 2015, 655 (657 Fn. 20); *Ulmer*, ZIP 2015, 657 (659); *Keil*, DZWIR 2015, 323 (326 f.); besonders deutlich *Wertenbruch*, DB 2014, 2875 (2877).

595 *Priester*, NZG 2015, 529 (530); *Priester*, EWiR 2015, 71 (72); *Schäfer*, NZG 2014, 1401 (1404), der wieder zur begrifflichen Trennung rät; *Ulmer*, ZIP 2015, 657 (659).

596 *Wertenbruch*, DB 2014, 2875 (2877).

nismäßigkeitsprüfung vorzunehmen.[597] Dieses Ergebnis teilt auch die rechtsökonomische Analyse *Klöhns*, der in der Kernbereichslehre ein überpaternalistisches Relikt sieht und sie daher – zumindest in klassischen Personengesellschaften[598] – für nicht rechtfertigbar hält.[599] Sie solle zugunsten einer rein treuepflichtbezogenen Prüfung aufgegeben werden, nach welcher ein Treuepflichtverstoß nur bei einer „zweckwidrigen Instrumentalisierung" der Mehrheitsklausel gegeben ist, also nur dann, wenn sich die Gesellschafter nicht mehr an ihre expliziten oder impliziten Abreden halten.[600] Ganz im Gegenteil zur positiven Bewertung der Entscheidung steht die harsche[601] – aber aufgrund ihrer dogmatischen Stringenz im Kern gelungene – Kritik *Altmeppens*, der dazu aufrütteln will, Mehrheitsentscheidungen im Lichte der Privatautonomie,[602] deren Grenzen sowie der Rechtsgeschäftslehre[603] zu betrachten.[604] Mehrheitlich zulässig sind *Flume*[605] folgend Geschäfte, die „[den] Verband als solchen betreffen", auch wenn sie zugleich die Gesellschafterrechte tangieren, und solche, die Gesellschafterrechte betreffen, aber nur soweit die Gesellschafter über diese disponieren können.[606] Welche Geschäfte das sind, müsse aber bestimmt sein, was das Vorliegen aller essentialia negotii bei Abgabe der gesellschafterlichen Willenserklärung, ob antizipiert oder gegenwärtig, meint.[607] Die Privatautonomie müsse respektiert werden und finde ihre Grenze nur in § 138 BGB.[608] Der BGH mit seiner verwässerten Prüfung gebe dem Richter als Vertragsgestalter und „Herr über die Privatautonomie" viel zu viel Macht, ähnlich der orientalischen „Kadi-Justiz".[609]

597 Wertenbruch in der Diskussion mit Kritik von *Grunewald* und *Schäfer*, s. *Schirmer*, AcP 216 (2016), 320 (320, 323).

598 Für Publikumspersonengesellschaften sei die Kernbereichslehre aus rechtsökonomischer Sicht aufgrund der starren Mehrheitsverhältnisse förderlich und daher beizubehalten, *Klöhn*, AcP 216 (2016), 281 (309).

599 *Klöhn*, AcP 216 (2016), 281 (306 ff.).

600 *Klöhn*, AcP 216 (2016), 281 (309 f., 315).

601 Teilweise soll *Altmeppen* in der Diskussion auf der VGR-Tagung seine Kritik etwas revidiert haben.

602 Zur Frage der Privatautonomie, aber noch im Kontext des Bestimmtheitsgrundsatzes bereits *Roth*, in: FS Schlosser, S. 761 (762).

603 Ein Gesellschafterbeschluss ist nach heute ganz hM ein Rechtsgeschäft, auf das die allg. Rege-lungen über Willenserklärungen Anwendung finden, statt aller MüKo-HGB/*Enzinger*, § 119 Rn. 10.

604 *Altmeppen*, NJW 2015, 2065 (2065 ff.): Danach sind die hinter dem „Bestimmtheitsgrundsatz" und der „Kernbereichslehre" stehenden Prinzipien zwingend, sodass sie inhaltlich weder der BGH noch sonst jemand einfach abschaffen könne.

605 *Flume*, Allgemeiner Teil des Bürgerlichen Rechts, Band I 1. Teil: Die Personengesellschaft, S. 216.

606 *Altmeppen*, NJW 2015, 2065 (2069).

607 *Altmeppen*, NJW 2015, 2065 (2069).

608 *Altmeppen*, NJW 2015, 2065 (2070).

609 *Altmeppen*, NJW 2015, 2065 (2066, 2068).

Zielführend für die vorliegende Arbeit ist es, die aktuelle Zwei-Stufen-Prüfung der Rechtsprechung zugrunde zu legen, sich aber ähnlich wie *W. Goette/M. Goette* die besonders von *Altmeppen* in den Fokus gerückte Privatautonomie als Grundlage der Prüfung vor Augen zu führen. Auf der ersten Stufe ist also nach einer privatautonom gelegten „Legitimationsgrundlage“ für die Mehrheitsentscheidung mit Hilfe der Auslegung zu suchen.[610] Sodann ist auf der materiellen zweiten Stufe zu prüfen, ob der Privatautonomie Grenzen gesetzt sind, d. h. erstens, ob der Beschluss etwa nicht zur Disposition stehende (= absolut unentziehbare) Rechte betrifft, oder zweitens, ob der Beschluss in Abwägung der Gesellschafts- gegen die Minderheitsgesellschafterinteressen unverhältnismäßig und daher treuwidrig war.[611] Eine andere Frage ist, ob der vom BGH für einen Sonderfall konstruierten „relativen Unwirksamkeit“ gefolgt werden kann.[612]

2. Prüfung in Bezug auf den Versammlungsleiter

a) Erste Stufe

Formelle Voraussetzung ist zunächst eine Mehrheitsklausel im Gesellschaftsvertrag als Legitimationsgrundlage für die Mehrheit. Fehlt es daran, muss die Entscheidung einstimmig getroffen werden (§§ 709 Abs. 1 BGB, 119 Abs. 1 HGB).[613] Eine Gegenansicht findet sich in einer Kommentierung zur österreichischen GbR, wonach bei der Bestellung eines Versammlungsleiters trotz Normierung des Einstimmigkeitsprinzips in § 1192 Abs. 1 ABGB ein einfacher Mehrheitsbeschluss genügt, soweit nichts Anderes geregelt ist.[614] Diese Ansicht bleibt unbegründet – ihr kann auch deshalb nicht gefolgt werden, da sie § 1192 Abs. 1 AGBGB widerspricht. Auch *K. Schmidt* tendiert dazu, stets eine Mehrheitsentscheidung über die Frage der Versammlungsleitung genügen zu lassen, weil die Ablehung des gewünschten Versammlungsleiters ohne sachlichen Grund durch eine Minderheit unbeachtlich sei.[615] Dies ist allerdings gleichwohl abzulehnen, da es im eindeutigen Widerspruch zu §§ 709 Abs. 1 BGB, 119 Abs. 1 HGB steht. Soweit *Scholz* unter Bezugnahme auf die BGH-Rechtsprechung annimmt, dass bei einer Gesellschaftsvertragsänderung sowohl die formelle als auch die materielle Prüfung in einer „Skala“ gestaffelt nach der Gravität des Beschlussgegenstandes (ganz unten die laufenden Angelegenheiten, in der Mitte einfache, „gewöhnliche“ Vertragsänderungen und ganz oben Kernbereichseingriffe) vorzunehmen ist,[616] liegt dem womöglich ein Fehlverständnis

610 Vgl. *W. Goette/M. Goette*, DStR 2016, 74 (77).
611 Ganz ähnlich *W. Goette/M. Goette*, DStR 2016, 74 (77).
612 Dagegen: *Altmeppen*, NJW 2015, 2065 (2070); *Ulmer*, ZIP 2015, 657 (660 f.); dafür: *Wertenbruch*, DB 2014, 2875 (2878); *W. Goette/M. Goette*, DStR 2016, 74 (83).
613 Beck'Formular-HdB/*Blaum/K.-S. Scholz*, VIII.D.15 Rn. 6.
614 *Fritz/Perktold*, Die „neue“ Gesellschaft bürgerlichen Rechts, § 1192 B. 5.
615 Scholz/*K. Schmidt*, § 45 Rn. 35 (GmbH & Co. KG – KG-Versammlung).
616 *K.-S. Scholz*, in: FS Spellenberg, S. 51 (54).

der vom BGH im Otto-Urteil[617] und der Schutzgemeinschaft II-Entscheidung[618] aufgestellten Grundsätze zugrunde. Spätestens jedoch nach dem klarstellenden Urteil von 2014[619] mit der auch endgültigen terminologischen Absage an Bestimmtheitsgrundsatz und Kernbereichslehre ist eine solche „Skala" nicht mehr mit der BGH-Rechtsprechung vereinbar.

Besteht eine Mehrheitsklausel, muss diese im Einzelfall „wertneutral[...]"[620] anhand der oben dargelegten Auslegungsmethodik danach ausgelegt werden, ob sie auch Gesellschaftsvertragsänderungen sowie die Einsetzung eines Versammlungsleiters umfassen soll. Auf der formellen Stufe ist nur noch eine Auslegung vorzunehmen. Eine allgemeine Mehrheitsklausel genügt aber im Zweifel sowohl für eine einfache Wahl als auch für eine Gesellschaftsvertragsänderung, wenn die Auslegung in der konkreten Gesellschaft einen dahingehenden Gesellschafterwillen ergibt.[621] Letzteres ist eindeutig der Fall, wenn Gesellschaftsvertragsänderungen sogar gesondert aufgeführt sind, weil etwa für sie eine abweichende Mehrheit, z. B. ¾-Mehrheit, vorgesehen ist. Fehlt eine tragfähige Mehrheitsklausel, so muss die Bestellung einstimmig erfolgen (siehe soeben).

Können sich die Gesellschafter nicht einstimmig auf einen Versammlungsleiter einigen, obwohl dies notwendig wäre, und ist auch generell oder in diesem Einzelfall (als gesellschaftsvertragsdurchbrechende Entscheidung) keine Mehrheitsentscheidung vorgesehen, so bleibt diese Pattsituation bis zu ihrer eigenverantwortlichen Auflösung durch die Gesellschafter[622] bestehen. Weder gilt dann ausnahmsweise das Mehrheitsprinzip, noch kommt ein geborener Versammlungsleiter zum Einsatz (s. o.). Beides widerspräche dem Konzept des Innenrechts der Personengesellschaften als weitestgehend frei regelbarem Vertragsrecht.

b) Zweite Stufe

Im nächsten Schritt ist der jeweilige Beschluss materiell zu überprüfen.

aa) Eingriff in ein absolut unentziehbares Recht?

Die Gesellschafterstellung bringt mitgliedschaftliche Rechte und Pflichten mit sich.[623] Die mitgliedschaftlichen Rechte lassen sich in Mitverwaltungs- und Vermögensrechte unterteilen.[624] Erstere sind die Rechte in Bezug auf die Mitwirkung bei der

---

617 BGH v. 15.1.2007 – II ZR 245/05, BGHZ 170, 283 = NJW 2007, 1685 – Otto.

618 BGH v. 24.11.2008 – II ZR 116/08, BGHZ 179, 13 = NJW 2009, 669 – Schutzgemeinschaft II.

619 BGH v. 21.10.2014 – II ZR 84/13, BGHZ 203, 77 = NJW 2015, 859.

620 BGH v. 24.11.2008 – II ZR 116/08, BGHZ 179, 13 = NJW 2009, 669, Rz. 16.

621 Beck'Formular-HdB/*Blaum/K.-S. Scholz*, VIII.D.15 Rn. 6.

622 Zur Auflösung von Pattsituationen durch präventive Vertragsgestaltung in der GmbH *Dauner-Lieb/Winnen*, in: FS Brambring, S. 45.

623 *K. Schmidt*, Gesellschaftsrecht, § 19 I 3.

624 Oetker/*Lieder*, § 105 Rn. 65.

Beschlussfassung der Gesellschafter, also das Recht auf Teilnahme an der Gesellschafterversammlung, das Stimmrecht sowie Informations- und Kontrollrechte[625] und die Geschäftsführung (§ 114 HGB). Zu den Vermögensrechten gehören insbesondere Ansprüche auf Gewinnbeteiligung, ein Anspruch auf Entnahmen und Ausschüttungen sowie eine quotale Beteiligung bei der Liquidation.[626] Um zu klären, welche Auswirkung die Bestellung eines Versammlungsleiters – durch Änderung des Gesellschaftsvertrags, aber auch durch konkrete Wahl – auf die Rechte der Gesellschafter hätte, ist es sinnvoll, sich an dessen Kompetenzen zu orientieren und zu prüfen, welche als unverzichtbar eingeordneten Gesellschafterrechte sie tangieren. Zu diesen sollen das außerordentlichen Kontrollrecht des § 118 Abs. 2 HGB, das Recht zur Teilnahme an der Gesellschafterversammlung samt dem Rede- und Antragsrecht und das Recht zur „Anfechtung“ von rechtswidrigen Beschlüssen gehören.[627]

(1) Kontrollrecht

Das Kontrollrecht der nicht geschäftsführenden Gesellschafter ist zweifelsohne bedeutend, um die persönliche Haftung aller Personengesellschafter durch ein gewisses Maß an Einflussnahme zu legitimieren.[628] Ein Eingriff durch den Versammlungsleiter in das Teilrecht auf Einsichtnahme[629] in die Geschäftsunterlagen ist schwer vorstellbar, nur ein Eingriff in das Auskunftsrecht[630], dergestalt, dass Anträge auf Auskunft nicht zugelassen werden, erscheint denkbar. Allerdings liegt darin schon eine unmittelbare Beeinträchtigung des sogleich darzustellenden Antragsrechts.

(2) Teilnahmerecht

Das Teilnahmerecht beinhaltet drei Unterausformungen, nämlich das Anwesenheitsrecht, das Rederecht und das Antragsrecht.[631]

(a) Anwesenheitsrecht

Ersteres erlaubt die körperliche Anwesenheit in der Gesellschafterversammlung, um so Kenntnisse der Vorgänge und vorgetragenen Argumente in der Gesellschafterversammlung zu erlangen.[632] Die Anwesenheit ist eine primäre Informationsquelle und daher ein ganz grundlegendes Recht.

---

625 Vgl. *Saenger*, Beteiligung Dritter, S. 11–21, zur Frage, ob Informationsrechte zu den Mitverwaltungsrechten gehören, detailliert S. 15.
626 MüKo-HGB/*K. Schmidt*, § 105 Rn. 194, z.B. §§ 110, 120, 121, 122 HGB.
627 MüKo-HGB/*Enzinger*, § 119 Rn. 68.
628 Ähnlich MüKo-HGB/*Enzinger*, § 119 Rn. 68.
629 MüKo-HGB/*Enzinger*, § 118 Rn. 15.
630 MüKo-HGB/*Enzinger*, § 118 Rn. 16.
631 *Saenger*, Beteiligung Dritter, S. 12 f.
632 *Saenger*, Beteiligung Dritter, S. 12.

Das Recht auf Anwesenheit könnte durch einen Saalverweis vom Versammlungsleiter entzogen werden.

(b) Rederecht

Das Rederecht verschafft dem Gesellschafter Gehör; es umfasst das Recht, selbst an der Diskussion mitzuwirken, Argumente vorzutragen und die anderen Gesellschafter mittels einer ‚flammenden Rede' von seiner Ansicht zu überzeugen und ist daher eines der wertvollsten Gesellschafterrechte.[633]

Das Rederecht könnte vom Versammlungsleiter als Ordnungsmaßnahme entzogen werden.

(c) Antragsrecht

Das Antragsrecht ermöglicht es, eigene Beschlussanträge zur Abstimmung zu stellen und eine Willensbildung der Gesellschafter zu einem bestimmten Thema anzustoßen.[634]

Es könnte vom Versammlungsleiter eingeschränkt werden, wenn er bestimmte Anträge nicht zur Diskussion zulässt. Zu denken ist beispielsweise an einen Antrag auf seine Abwahl oder einen Antrag auf Abstimmung über die Geltendmachung von Schadensersatzansprüchen gegen ihn oder gegen Mehrheitsgesellschafter sowie an Anträge zur Kontrolle der Geschäftsführung.

Es bleibt daher im Ergebnis festzuhalten, dass durch versammlungsleitende Maßnahmen im Einzelfall auch Eingriffe in Gesellschafterrechte denkbar sind.

(3) Recht zur Anfechtung von Gesellschafterbeschlüssen

In manchen Fällen kommt dem Versammlungsleiter sogar in Personengesellschaften ein formelles Beschlussfeststellungsrecht mit gewisser Präjudizwirkung zu (dazu detailliert D. I. 9.). Das Recht, generell gegen fehlerhafte Beschlüsse vorzugehen, kann durch einen Versammlungsleiter jedoch in keiner Weise beeinflusst werden. Eine zeitliche Begrenzung der Geltendmachung von Beschlussmängeln wird nicht durch die Versammlungsleiterklausel, sondern durch eine separate Vereinbarung getroffen, die nicht Inhalt dieser Arbeit ist.

(4) Im Ergebnis kein Eingriff

Für das Erfordernis eines einstimmigen Beschlusses spricht somit, dass die potentielle Gefahr eines Eingriffs in die verschiedenen Ausprägungen des Teilnahmerechts besteht.

Allerdings liegt allein in der bloßen Bestellung eines Versammlungsleiters noch kein Rechtseingriff: Es fehlt an einem konkreten Unmittelbarkeitszusammenhang,

---

633 *Saenger*, Beteiligung Dritter, S. 12 f.

634 *Saenger*, Beteiligung Dritter, S. 13.

denn durch die Bestellung eines Versammlungsleiters sollen die Gesellschafterrechte nicht entzogen werden, sondern es soll nur eine Leitungsperson eingesetzt werden, die eventuell in der Zukunft diese Rechte tangieren könnte. Im Übrigen ist anerkannt, dass zumindest das Teilnahmerecht aufgrund einer drohenden Störung oder eines anderen gewichtigen Grundes entzogen werden kann.[635] Ein Eingriff in Gesellschafterrechte ist folglich nicht das Ziel der Versammlungsleitung, sondern nur ein notwendiges Mittel.[636] Die Versammlungsleitung kann vielmehr – bei korrekter Durchführung – die Wahrnehmung der Gesellschafterrechte durch die Minderheit ermöglichen[637] und sie gegenüber der Mehrheit schützen.[638] Ob eine eingreifende Maßnahme im Einzelfall gerechtfertigt war, ist eine andere Frage, die das Rechtsschutzsystem gegenüber Versammlungsleitungsmaßnahmen betrifft. Darüber hinaus sind es meist Ordnungsmaßnahmen, die tief in die Gesellschafterrechte eingreifen. Diesen geht aber – außer bei missbräuchlicher Leitung – ein Fehlverhalten des Gesellschafters voraus, weshalb der Eingriff nicht mehr in unmittelbarem Zusammenhang mit der bloßen Bestellung des Versammlungsleiters steht und eine Verweisung dieses Gesellschafters auf Rechtsschutzmaßnahmen nicht unbillig erscheint. Mit der Bestellung des Versammlungsleiters an sich ist daher kein Eingriff in Gesellschafterrechte verbunden.[639] Dem Versammlungsleiter wird nur abstrakt die Möglichkeit eingeräumt, in Gesellschafterrechte einzugreifen. Der Eingriff selbst ist eine Frage der maßvollen Ausübung der eingeräumten Rechte.[640] Erst mit diesem hat sich die Gefahr konkretisiert. *Scholz* stellt einen Vergleich mit der mehrheitlich möglichen[641] Feststellung des Jahresabschlusses an, der als neutrale Berechnungsgrundlage für die nachfolgende, die Gesellschafterrechte tangierende Gewinnverteilung dient.[642] Zumindest bezüglich Ordnungsmaßnahmen haben es die Gesellschafter zudem durch ihr Verhalten selbst in der Hand, inwieweit der Versammlungsleiter ihre Rechte beschneidet. Somit ist kein Grund ersichtlich, der einen einstimmigen Beschluss erfordert.[643]

Die Kontrolle des Mehrheitsbeschlusses bei der Bestellung des Versammlungsleiters ist nicht die einzige Möglichkeit des Minderheitenschutzes. Die Gesellschafter sind dem Versammlungsleiter nicht ausgeliefert, sondern können getroffene Maßnahmen noch nachträglich überprüfen lassen (G. IV.) Auch wenn damit im Fall einer Beschlussfeststellung ein Mehraufwand für die Gesellschafter begründet wird, stehen sie nicht rechtlos: Es ist ihnen unbenommen, gegen den Beschluss klageweise vorzugehen und bei Fehlern des Versammlungsleiters Schadensersatzansprüche

---

635 Westermann/*Wertenbruch*, Rz. I 526.
636 Vgl. auch *K.-S. Scholz*, in: FS Spellenberg, S. 51 (56).
637 Zur GmbH: Michalski/*Römermann*, § 48 Rn. 94.
638 Zur AG: *Dietrich*, NZG 1998, 921 (923).
639 S. auch überzeugend *K.-S. Scholz*, in: FS Spellenberg, S. 51 (58).
640 So auch *K.-S. Scholz*, in: FS Spellenberg, S. 51 (56).
641 BGH v. 15.1.2007 – II ZR 245/05, BGHZ 170, 283 = NJW 2007, 1685, Rz. 13.
642 Vgl. *K.-S. Scholz*, in: FS Spellenberg, S. 51 (58).
643 So im Ergebnis auch *K.-S. Scholz*, in: FS Spellenberg, S. 51 (56).

geltend zu machen (G. IV.).[644] Somit ist ein Mehrheitsbeschluss, durch den ein Versammlungsleiter gesellschaftsvertraglich eingesetzt wird, nicht allein schon wegen der abstrakten Gefahr von Eingriffen in Gesellschafterrechte unwirksam.

bb) Verhältnismäßigkeitsprüfung anhand der Treuepflicht

Zusätzlich muss geprüft werden, ob ein Treuepflichtverstoß der Mehrheit gegenüber der Minderheit – mangels konkretem Sachverhalt – abstrakt denkbar ist. Dafür ist zu prüfen, ob der Beschluss zum Wohle der Gesellschaft geboten und dem Gesellschafter zumutbar ist.[645] Die Beweislast der Treuwidrigkeit trifft mangels Eingriff in Gesellschafterrechte die Minderheit.[646]

(1) Gebotenheit der Versammlungsleitung zum Wohle der Gesellschaft

Ob die Bestellung eines Versammlungsleiters geboten ist, hängt freilich vom Einzelfall ab. Dennoch ist eine Versammlungsleitung immer dann zweckmäßig, wenn die Beschlussfassung entweder aufgrund einer größeren Gesellschafterzahl unübersichtlich zu werden oder ein hohes Konfliktpotential – allgemein oder bezüglich einzelner Beschlüsse – droht.[647] Sie dient der „ordnungsgemäße[n] Durchführung der Gesellschafterversammlung und der Willensbildung der Gesellschafter“[648]. Grundvoraussetzung ist also, dass die Institutionalisierung eines Versammlungsleiters geboten ist. Dies kann schwerlich objektiv beantwortet werden, vielmehr hängt es vom Empfinden der Gesellschafter ab, für das es objektive Anhaltspunkte geben muss. Der Mehrheit kommt dabei eine gewisse Prärogative zu. Die Beweislast, dass keine Gebotenheit besteht, liegt bei der Minderheit, da mit der Versammlungsleitung kein Eingriff in absolut unentziehbare Gesellschafterrechte einhergeht (s. o.).[649]

(a) Differenzierung innerhalb möglicher Versammlungsleitungsklauseln?

Sollte die Einsetzung eines Versammlungsleiters nicht geboten sein, so wäre eine Aufspaltung der Fragen denkbar, *ob* einerseits ein Versammlungsleiter institutionalisiert werden und, andererseits, *wer* das Amt übernehmen soll.[650] Die weitreichende „Ob“-Frage wäre sodann mangels Gebotenheit einstimmig zu klären – die weniger weitreichende Personalentscheidung an sich dürfte demgegenüber mehrheitlich

---

644 So auch Lutter/Hommelhoff/*W. Bayer*, § 48 Rn. 14, 17a zur GmbH.
645 BGH v. 21.10.2014 – II ZR 84/13, BGHZ 203, 77 = NJW 2015, 859, Rz. 19.
646 BGH v. 21.10.2014 – II ZR 84/13, BGHZ 203, 77 = NJW 2015, 859, Rz. 12.
647 S. dazu schon Kapitel C. II.
648 *K.-S. Scholz*, in: FS Spellenberg, S. 51 (55).
649 Fortführung des Gedankens aus BGH v. 21.10.2014 – II ZR 84/13, BGHZ 203, 77 = NJW 2015, 859, Rz. 12.
650 Angedacht bei MüKo-GmbHG/*Liebscher*, § 48 Rn. 107 für die GmbH. Die Überlegung kann jedoch ohne Weiteres auch für Personengesellschaften angestellt werden.

möglich sein. Eine derartige Unterscheidung ist jedoch äußerst lebensfremd, weil die Gesellschafter die Frage in der Regel nicht bewusst trennen.[651]

(b) Einfache Wahl als milderes Mittel?

Denkbar wäre auch eine unterschiedliche Bewertung der Gebotenheit zwischen der Einführung einer Versammlungsleitungs-Klausel und der einfachen Wahl – nämlich dann, wenn die einfache Wahl stets als milderes Mittel einer gesellschaftsvertraglichen Bestellung vorgezogen werden müsste.

Eine solche Differenzierung wäre nur sinnvoll, wenn zwischen einem gesellschaftsvertraglich eingesetzten und einem einfach gewählten Versammlungsleiter ein qualitativer Unterschied bestünde. Beiden stehen dem Grunde nach keine unterschiedlichen Kompetenzen zu. Die Abwahlmöglichkeit eines gesellschaftsvertraglichen Leiters ist allerdings begrenzter (dazu G. I. 3), besonders wenn ihm ein Sonderrecht zur Versammlungsleitung eingeräumt wurde (dazu sogleich in D. I. 3). Zudem bestehen Unterschiede zeitlicher Natur – für den Gesellschaftsvertrag wird oftmals eine auf längere Dauer angelegte Regelung beschlossen, schließlich wird der Gesellschaftsvertrag nicht ständig geändert, wohingegen eine Wahl regelmäßig nur für einen kürzeren Zeitraum wirkt. Hierin liegt aber der Grund, warum beide Möglichkeiten nicht gleich geeignet und somit im Endeffekt nicht vergleichbar sind. Durch eine gesellschaftsvertragliche Regelung wird dauerhaft Rechtssicherheit erreicht, was durch eine einfache Wahl so nicht möglich ist (zur Dauer der einfachen Wahl E. II. 3).

Gesellschaftsverträge sehen aber häufig höhere Mehrheiten ihrer Änderung vor – sollten diese aber erreicht werden, so ist es legitim, den Versammlungsleiter schon im Gesellschaftsvertrag einzusetzen. Eine Änderung des Gesellschaftsvertrages ist nicht schon per se deshalb treuwidrig, weil sie längerfristig wirkt, sonst wäre jede mehrheitliche Gesellschaftsvertragsänderung und damit auch jede Mehrheitsklausel im Endeffekt unwirksam.

(2) Treuepflichtverstoß der Mehrheit gegenüber der Minderheit

(a) Treuwidrigkeit durch weiten Kompetenzkanon?

Naheliegend ist, den Blick abermals auf die Kompetenzen zu richten.[652] Es können relativ unentziehbare Rechte[653] wie das Stimm- und das Informationsrecht tangiert sein.

(aa) Informationsrecht

Als unentbehrliche Basis für sämtliche weiteren Handlungen der Gesellschafter[654] dienen Informationen, die die Gesellschafter sowohl außerhalb als auch innerhalb von Gesellschafterversammlungen verlangen können. Wie jedoch oben dargelegt,

---

651 MüKo-GmbHG/*Liebscher*, § 48 Rn. 107.

652 Vgl. auch *K.-S. Scholz*, in: FS Spellenberg, S. 51 (55).

653 MüKo-HGB/*Enzinger*, § 119 Rn. 72, 75.

654 Vgl. *Saenger*, Beteiligung Dritter, S. 14.

greift der Versammlungsleiter in diese Informationsrechte nur mittelbar durch eine Nichtzulassung von Anträgen ein.

(bb) Stimmrecht

Das Stimmrecht bietet die Möglichkeit, beim zahlenmäßigen Abstimmungsergebnis mitzuwirken. Ist streitig, ob ein Stimmrecht in Bezug auf den konkreten Abstimmungsgegenstand besteht, muss der Versammlungsleiter entscheiden, ob der Gesellschafter mitstimmen darf oder nicht. Entscheidet er sich gegen ein Stimmrecht, obwohl es tatsächlich bestand, hat er in selbiges eingegriffen.

(cc) Beschlussfeststellungskompetenz

Im Hinblick auf die Beschlussfeststellungskompetenz besteht in Personengesellschaften nicht das für die GmbH dargestellte ‚Dilemma', dass sich allein durch die Feststellungen des Versammlungsleiters das Rechtsschutzsystem wandelt, bzw. es besteht nur abgeschwächt, da in Personengesellschaften das aktienrechtliche Beschlussmängelsystem im Einklang mit der Rechtsprechung nicht generell gilt (D. I. 9.). In den Fällen, in denen gesellschaftsvertraglich das Aktienrecht für entsprechend anwendbar erklärt oder dem Versammlungsleiter gesellschaftsvertraglich eine formelle Beschlussfeststellungskompetenz eingeräumt wurde, sind die Personengesellschafter unter Treuegesichtspunkten nicht ebenso schutzwürdig wie die GmbH-Gesellschafter, da für letztere die Beschlussfeststellung ohne ihr Zutun bindend ist. Die Personengesellschafter hätten entweder nicht an einer Gesellschaft, die ein dem Aktienrecht angenähertes Beschlussmängelrecht vorsieht, partizipieren oder ebendieser Regelung nicht zustimmen dürfen. Eine andere, in dieser Arbeit nicht zu klärende Frage betrifft dagegen das Einstimmigkeitserfordernis bei der Veränderung des Beschlussmängelrechtes.

Bezüglich der Kompetenzen fehlt es wiederum an der Unmittelbarkeit zu den Eingriffen in die Gesellschafterrechte.

(b) Differenzierung nach Person des Versammlungsleiters?

Ein Treuepflichtverstoß könnte generell bei der Bestellung eines gesellschaftsfremden Dritten anzunehmen sein. Das aber hätte zur Konsequenz, dass ein neutraler, oft besser geeigneter Dritter nur durch Einstimmigkeit eingesetzt werden, hingegen ein Mehrheitsgesellschafter mit Eigeninteressen sich selbst mit seiner Mehrheit einsetzen könnte. Zweck der Kontrolle der Mehrheitsentscheidung ist der Schutz der Minderheit.[655] Dieser Schutz wäre durch eine solche Differenzierung konterkariert, weil die Minderheit durch einen versammlungsleitenden Mehrheitsgesellschafter viel eher gefährdet ist. Die Gesellschafter sind zudem durch die Verschwiegenheitspflicht des Dritten auch hinreichend vor Problemen mit Dritten geschützt (s. C. III. 3.).

Andersherum wäre indes denkbar, dass die mehrheitliche Einsetzung eines Gesellschafters zum Versammlungsleiter treuwidrig wäre, die Einsetzung eines Dritten

655 GroßkommHGB/*Schäfer*, § 119 Rn. 32.

jedoch nicht. Ein Gesellschafter verfolgt stets auch Eigeninteressen und könnte die Position als Versammlungsleiter ausnutzen, während Dritte oftmals – wenn sie nicht als Strohmann eines Gesellschafters fungieren – neutraler sind. Besonders eingängig ist dies, wenn sich der Mehrheitsgesellschafter selbst einsetzt. Allerdings liegt die Ausgestaltung des Beschlussverfahrens mangels gesetzlicher Vorgaben ganz in der Organisationsfreiheit der Gesellschafter. Die Einsetzung eines Gesellschafters, welcher der Gesellschaft immer näher steht als ein Dritter, kann jedoch nicht schwerer möglich sein, als die Einsetzung eines Dritten. Demnach ist eine Unterscheidung nach der Person des Versammlungsleiters nicht geboten. Somit liegt normalerweise in der Bestellung eines Versammlungsleiters keine Treuepflichtverletzung der Mehrheit gegenüber der Minderheit.

Im Einzelfall kann allerdings eine Treuepflichtverletzung vorliegen, wenn die Einsetzung des Versammlungsleiters nicht zum Besten der Gesellschaft gedacht ist, sondern damit sachfremde Ziele verfolgt werden.[656] Dies ist etwa anzunehmen, wenn einem nicht geeigneten oder als Zuhörer abgewiesenen Dritten durch Übertragung des Leitungsamtes ein Teilnahmerecht an der Gesellschafterversammlung erschlichen werden soll.[657] Oder wenn ein evident parteiischer Versammlungsleiter bestellt wird, bei dem offensichtlich ist, dass er sich nicht an die notwendigen Maximen halten wird – etwa weil er das schon angekündigt hat –, so ist auch dies als Verstoß gegen die Treuepflicht anzusehen. *Scholz* sieht dann als Rechtsfolge vor, dass diese Bestellung „erfolgreich angegriffen werden“ kann.[658] Dies basiert auf der generellen Anwendung des aktienrechtlichen Beschlussmängelrechts.[659] Richtigerweise ist eine treuwidrige Bestellung indes gänzlich unwirksam, da ein Versammlungsleiter die Versammlung nur ganzheitlich leiten kann, eine Trennung mittels nur relativer Unwirksamkeit hingegen nicht möglich ist.[660] Beide genannten Fallgruppen sind aber aufgrund der scharfen Rechtsfolge der Nichtigkeit sehr restriktiv zu handhaben.

c) Zwischenergebnis

Sowohl in klassischen als auch in Publikumspersonengesellschaften ist die Bestimmung eines Versammlungsleiters durch Mehrheitsbeschluss möglich. Ein ausreichender Schutz der überstimmten Minderheit gegenüber einem durch die Mehrheit eingesetzten (unter Umständen voreingenommenen oder sogar instrumentalisierten) Versammlungsleiter wird richtigerweise nicht schon durch die Notwendigkeit eines einstimmigen Beschlusses erreicht. Die Einsetzung des Versammlungsleiters ist vielmehr ein neutraler Akt.

---

656 Vgl. *K.-S. Scholz*, in: FS Spellenberg, S. 51 (56).
657 Vgl. *K.-S. Scholz*, in: FS Spellenberg, S. 51 (57).
658 *K.-S. Scholz*, in: FS Spellenberg, S. 51 (57).
659 *K.-S. Scholz*, WM 2006, 897 (904).
660 Vgl. zur Rechtsfolge BGH v. 21.10.2014 – II ZR 84/13, BGHZ 203, 77 = NJW 2015, 859, Rz. 13.

3. Begründung eines Sonderrechts

Die Gesellschaftsvertragsregelung kann den Versammlungsleiter entweder abstrakt, etwa aufgrund der Innehabung eines bestimmten Amtes (geschäftsführender Gesellschafter, Aufsichtsrats- oder Beiratsvorsitzender sowie Vorsitzender eines Gesellschafterausschusses, Geschäftsführer der Gesellschafterin X-GmbH) oder anhand einer Eigenschaft (Mehrheits- bzw. Minderheitsgesellschafter, ältester Anwesender) bestimmen oder aber eine ganz konkrete Person benennen.[661] Somit wird die Versammlungsleitung entweder „qua Funktion" bzw. Eigenschaft oder „qua konkreter persönlicher Zuweisung" bestimmt.[662]

Bei der Einsetzung qua Funktion oder Eigenschaft wird regelmäßig keine Sonderstellung begründet, wenn nicht ausnahmsweise angenommen werden kann, dass trotz der allgemeinen Zuweisung nach dem Willen der Gesellschafter (§§ 133, 157 BGB) eigentlich eine bestimmte Person ausgewählt wurde.[663] Wird hingegen einem bestimmten Gesellschafter das Amt angetragen, so kann für diesen ein Sonderrecht zur Versammlungsleitung entsprechend § 35 BGB begründet worden sein.[664] Diese Vorschrift aus dem Vereinsrecht ist auch auf das Personengesellschaftsrecht anwendbar.[665] Sonderrecht meint eine durch Gesellschaftsvertrag begründete Vorzugsstellung in Bezug auf einen gewissen Anknüpfungspunkt, die vor Eingriffen durch die übrigen Gesellschafter geschützt ist.[666] Dies ist insbesondere bei der Abwahl als Versammlungsleiter zu beachten (dazu G. I. 2.). Ob ein solches Sonderrecht vereinbart wurde, ist auslegungshalber zu ermitteln.[667]

II. Wahl der Gesellschafterversammlung

Neben der Einsetzung des Versammlungsleiters durch eine Regelung im Gesellschaftsvertrag, ist die Bestellung grundsätzlich auch durch einfachen Gesellschafterbeschluss, d. h. durch eine ad hoc-Wahl, möglich.[668]

---

661 *K.-S. Scholz*, in: FS Spellenberg, S. 51 (53); GmbH: Scholz/*Seibt*, § 48 Rn. 33.

662 *K.-S. Scholz*, in: FS Spellenberg, S. 51 (53).

663 *K.-S. Scholz*, in: FS Spellenberg, S. 51 (57); GmbH: GroßkommGmbHG/*Hüffer/Schürnbrand*, § 48 Rn. 30.

664 *K.-S. Scholz*, in: FS Spellenberg, S. 51 (56); GmbH: Scholz/*Seibt*, § 48 Rn. 32; BeckOK-GmbHG/*Schindler*, § 48 Rn. 41; GroßkommGmbHG/*Hüffer/Schürnbrand*, § 48 Rn. 29; MüKo-GmbHG/*Liebscher*, § 48 Rn. 107.

665 BeckOK-BGB/*Schöpflin*, § 35 Rn. 2.

666 Vgl. MüKo-BGB/*Arnold*, § 35 Rn. 3; BeckOK-BGB/*Schöpflin*, § 35 Rn. 3.

667 Michalski/*Römermann*, § 48 Rn. 96; GroßkommGmbHG/*Hüffer/Schürnbrand*, § 48 Rn. 29.

668 Beck'Formular-HdB/*Blaum/K.-S. Scholz*, VIII.D.15 Rn. 6; *K.-S. Scholz*, in: FS Spellenberg, S. 51 (57 f.); *Sandhaus*, Rechtsschutz, S. 19; zur GmbH: Scholz/*Seibt*, § 48 Rn. 32; Roth/Altmeppen/*Roth*, § 48 Rn. 8; a.A. zum Verein LG Karlsruhe v. 12.8.2015–3 O 123/15.

1. Zulässigkeit einer einfachen Wahl

Aufgrund der Organisationsfreiheit der Gesellschafter ist eine Wahl immer zulässig, wenn es bisher keine gesellschaftsvertragliche Regelung gibt.[669]

Desweiteren ist die einfache Wahl möglich, wenn die vorhandene Gesellschaftsvertragsklausel eine abweichende Wahl gestattet. Unter Umständen kann die abweichende Wahl als Gesellschaftsvertragsänderung ausgelegt (§§ 133, 157 BGB) oder in eine solche umgedeutet (§ 140 BGB) werden, allerdings nur, sofern für Vertragsänderungen keine bestimmte Form vorgesehen ist und die vertragsändernde Mehrheit vorliegt.

Ob darüberhinaus eine von der Regelung des Gesellschaftsvertrags abweichende Wahl möglich ist, ist im Körperschaftsrecht umstritten: Sofern dem Versammlungsleiter bei seiner satzungsmäßigen Bestellung kein Sonderrecht (§ 35 BGB) eingeräumt wurde, soll eine abweichende Wahl jederzeit möglich sein, da diese Option dann implizit im Gesellschaftsvertrag enthalten sei.[670] Dem ist aber nicht zuzustimmen, soweit keine vertragsändernde Mehrheit erreicht wurde, sonst könnte die vertraglich verankerte Regelung von einer geringeren Mehrheit unterlaufen werden. Liegt dagegen bei der abweichenden Wahl Einstimmigkeit oder zumindest die vereinbarte vertragsändernde Mehrheit vor, so ist die Abweichung als zulässiger Durchbrechungsbeschluss anzusehen.

2. Faktische Übernahme – Abgrenzung konkludente Wahl und Usurpation

In vielen kleineren Personengesellschaften ist es üblich, dass z. B. schon immer der älteste Sozius der Kanzlei oder das Familienoberhaupt in der Familiengesellschaft die Leitungsrechte ausübt, ohne dass sich je ein Gesellschafter Gedanken über einen Versammlungsleiter gemacht hat. Bei einer Menschengruppe entspricht es der allgemeinen Lebenserfahrung, dass sie sich selbst ordnet, indem Einzelne in den Vordergrund treten und der Gruppe vorstehen.

Somit stellt sich die Frage, ob diese faktische, tatsächliche Übernahme der Versammlungsleitung genügt oder ob ein formeller Bestellungsakt vorgenommen werden muss. Für die Hauptversammlung der AG vermag die faktische Übernahme nicht auszureichen.[671] *Kleemann* vertritt, dass dies auch für die GmbH gilt, denn die Versammlungsleiterwahl sei zumindest Gegenstand der Geschäftsordnung, über welche nur durch Beschluss entschieden werden kann, wobei jeder Beschluss einen hinreichend konkreten Beschlussantrag voraussetze, der dann angenommen oder abgelehnt werden könne, ohne dass es weiterer Erklärungen bedürfe.[672] Das überzeugt nicht, vielmehr genügt, jedenfalls für die Personengesellschaft, die

669 *K.-S. Scholz*, in: FS Spellenberg, S. 51 (57).
670 Scholz/*Seibt*, § 48 Rn. 33; *Lange*, NJW 2015, 3190 (3191).
671 MüKo-AktG/*Kubis*, § 119 Rn. 111.
672 *Kleemann*, Versammlungsleiter GmbH, S. 106.

tatsächliche Übernahme der Versammlungsleitung unter stillschweigendem Einverständnis aller Anwesenden.[673] So kann die geduldete Durchführung der Versammlungsleitung als konkludente Wahl zumindest für die Dauer der laufenden Versammlung ausgelegt (§§ 133, 157 BGB) werden:[674] Der Beschlussantrag sowie das Angebot zum Abschluss eines Versammlungsleiter-Rechtsverhältnisses ist in der Vornahme der ersten versammlungsleitenden Verfügung zu sehen. Ihre Zustimmung erteilen die Gesellschafter nicht im bloßen Gewährenlassen, da Schweigen richtigerweise nur ausnahmsweise (z.B. im Subtraktionsverfahren) einen Erklärungsgehalt enthält[675], sondern durch das unwidersprochene Durchführen der Gesellschafterversammlung. Es ist also nicht auf das Unterlassen einer Rüge, sondern das Verhandeln auf der Versammlung abzustellen. Insofern wird den Gesellschaftern primär nicht ihr Schweigen angerechnet. Sollte es dennoch zur Konstellation kommen, dass alle Gesellschafter die Versammlung unter dem Vorsitz einer Person aufnehmen und schweigt ein Gesellschafter beharrlich und beteiligt sich nicht am Geschehen, so ist es für diesen erkennbar, d.h. nicht unklar[676], dass die übrigen Gesellschafter mit dem Versammlungsleiter einverstanden sind. Ist er selbst nicht einverstanden, so ist es nicht unverhältnismäßig, schon aus Treuegesichtspunkten zu verlangen, dass er der Übernahme der Versammlungsleitung durch den faktischen Leiter widerspricht. Erfolgt ein Widerspruch, hat eine ausdrückliche Wahl stattzufinden. Ist eine Mehrheit entschiedungsbefugt und stimmt dem Versammlungsleiter zu, so ist der Widerspruch zumindest als Abwahlantrag anzusehen, der keine Mehrheit gefunden hat[677]. Es besteht außerdem ein großes praktisches Erfordernis einen faktischen Versammlungsleiter zuzulassen – gerade für die unformalistischen Personengesellschaften, bei denen nicht einmal die Beschlussprotokollierung zwingend ist.

Der durch konkludenten Beschluss eingesetzte Versammlungsleiter hat gleichwohl diesselben Rechte und Pflichten, die dem Versammlungsleiter qua Amt zustehen. Das formelle Beschlussfeststellungsrecht hängt gerade nicht an der bloßen Einsetzung eines Versammlungsleiters an sich[678], sondern an der Vereinbarung eines vom gesetzlichen Regelfall abweichenden Beschlussmängelrechts.

Die konkludente Wahl durch faktische Übernahme ist im Einzelfall von der eigenmächtigen Übernahme der Versammlungsleitung (= rechtswidrige Usurpation)

---

673 Roth/Altmeppen/*Roth*, § 48 Rn. 8; Saenger/Inhester/*Bergjan*, § 48 Rn. 10; in diese Richtung OLG Köln v. 16.5.2002–18 U 31/02, NZG 2003, 40 (41).

674 Vgl. auch *Sandhaus*, Rechtsschutz, S. 19; *Fantur*, in: FS Krejci, S. 581 (587) (österreichische GmbH).

675 So die Bedenken bei *Kleemann*, Versammlungsleiter GmbH, S, 106.

676 Die Klarheit soll nach *Kleemann* das entscheidende Kriterium sein, *Kleemann*, Versammlungsleiter GmbH, S. 107.

677 Dazu im Kontext einer GmbH: OLG Naumburg, 1.9.2016–2 U 95/15, GmbHR 2017, 83 (91).

678 Dieses Problem besteht aber in der GmbH, *Kleemann*, Versammlungsleiter GmbH, S. 107.

abzugrenzen, wie sie etwa dem Urteil des LG Ravensburg[679] zugrunde lag. Die Usurpation, d.h. die Übernahme gegen den Willen einzelner Gesellschafter (bei Einstimmigkeit) oder der Mehrheit (bei Mehrheitsklausel) muss nicht geduldet werden, weder durch einen (Minderheits-)gesellschafter[680] noch durch den Hausherrn der Versammlungslokalität[681]. Durch Usurpation wird kein Versammlungsleiter bestellt und von einem solchen ‚Scheinversammlungsleiter' getroffene Maßnahmen sind vielmehr unwirksam.[682]

3. Wahlvorgang und Mehrheitswahl

Im Gegensatz zu Bestimmtheitsgrundsatz und Kernbereichslehre, deren Anwendungsfall oft nur auf „außergewöhnliche" Geschäfte wie etwa spezielle Gesellschaftsvertragsänderungen beschränkt war, kann mit der Zwei-Stufen-Prüfung generell jeder Mehrheitsbeschluss überprüft werden[683] – also sowohl die Einführung einer gesellschaftsvertraglichen Regelung zur Versammlungsleitung als auch die Ad-hoc-Wahl.

a) Exkurs: Diskussion bezüglich der Mehrheit in der GmbH

Selbst in der GmbH, die nicht das Einstimmigkeits-, sondern gem. §§ 47 Abs. 1, 53 Abs. 2 S. 1 HS.2 GmbHG das Mehrheitsprinzip sowohl für Beschlüsse mit einfacher Mehrheit als auch für Satzungsänderungen mit ¾-Mehrheit vorsieht, wurde vertreten, dass zumindest für den Fall, dass satzungsmäßig kein Versammlungsleiter bestimmt ist, ein solcher wegen der weitreichenden Konsequenzen der Beschlussfeststellung nur einstimmig gewählt werden könne.[684] Die Einstimmigkeit sei nötig, um zu verhindern, dass der Mehrheitsgesellschafter seine Macht noch weiter ausbaut.[685] Das OLG Frankfurt a. M.[686] ist dieser Auffassung gefolgt, ohne sich mit der – auch schon damals – ganz herrschenden Gegenmeinung[687] auseinanderzusetzen.

---

679 LG Ravensburg v. 8.5.2014–7 O 51/13 KfH 1 (rechtskr.), ZIP 2014, 1163.

680 Henssler/Strohn/*Hillmann*, § 48 GmbHG Rn. 13.

681 Dies scheint wohl öfter vorzukommen, s. *Fantur*, in: FS Krejci, S. 581 (587).

682 Zur GmbH: OLG Köln v. 16.5.2002–18 U 31/02, NZG 2003, 40 (41); GroßkommGmbHG/*Hüffer/Schürnbrand*, § 48 Rn. 29; Scholz/*Seibt*, § 48 Rn. 33; Lutter/Hommelhoff/*W. Bayer*, § 48 Rn. 14.

683 Vgl. BGH v. 21.10.2014 – II ZR 84/13, BGHZ 203, 77 = NJW 2015, 859, Rz. 12; Dauner-Lieb/Langen/*Heidel*, § 709 Rn. 52.

684 Baumbach/Hueck/*Zöllner*, 16. Aufl. 1996, § 48 Rn. 8; heute ist diese Ansicht aufgegeben Baumbach/Hueck/*Zöllner/Noack*, § 48 Rn. 16, jedoch soll dem nicht einstimmig gewählten Versammlungsleiter kein Beschlussfeststellungsrecht zukommen; in diese Richtung tendierend auch *Grunewald*, in FS Zöllner, S. 180 Rn. 19.

685 So umschreibt MüKo-GmbHG/*Liebscher*, § 48 Rn. 107 die Argumentation *Zöllners*.

686 OLG Frankfurt a.M. v. 4.12.1998–5 W 33/98, NZG 1999, 406 (406).

687 Inzwischen auch vom BGH anerkannt, BGH v. 4.5.2009 – II ZR 166/07, NJW-RR 2010, 46, Rz. 7; GroßkommGmbHG/*Hüffer/Schürnbrand*, § 48 Rn. 27, 29; Lutter/

Liebscher geht für das GmbH-Recht davon aus, *Zöllners* Ansicht beruhe auf der „Fehlannahme“, dass dem Versammlungsleiter eine übermäßige Machtposition zukomme.[688] Er könne nämlich weder das Geschehen der Gesellschafterversammlung noch die Beschlussergebnisse zugunsten eines und zulasten eines anderen Gesellschafters beeinflussen, sondern sei nur für „die Gewährleistung des geordneten Ablaufs der Versammlung“ zuständig.[689] Dabei verkennt *Liebscher* indes die Bedeutung des Versammlungsleiters: Dieser kann sehr wohl Versammlung und Abstimmung in eine bestimmte Richtung lenken, indem er etwa die Tagesordnungspunkte umstellt oder die Auffassung vertritt, bestimmten Gesellschaftern käme aufgrund eines Stimmverbots kein Stimmrecht zu oder ihre Stimmabgabe sei treuwidrig und zähle deshalb nicht.

Im GmbH-Recht wird die Ansicht *Zöllners* aber zu Recht kritisiert: Weil eine Satzungsänderung schon gesetzlich mit ¾-Mehrheit möglich ist, kann eine einfache Wahl, durch die ein Versammlungsleiter im Zweifel eher kürzer eingesetzt wird[690], nicht contra legem Einstimmigkeit voraussetzen. Der Versammlungsleiter dient einem geordneten Ablauf der Versammlung und allein seine Bestellung bedeutet keinen Eingriff in die Gesellschafterrechte, weshalb eine Korrektur des gesetzlichen Mehrheitsprinzips nicht nötig ist.[691] Zudem ist das Einstimmigkeitserfordernis praxisfern, denn dann „wäre [gerade] bei zerstrittenen Gesellschaftern ein ordnungsgemäßer Ablauf der Versammlung nicht mehr gewährleistet“[692]. Gerade zur Klärung innergesellschaftlicher Streitpunkte ist eine Leitungsperson förderlich – aber eine Einigung auf eine Person schwer vorstellbar, weil jeder „seinen“ Versammlungsleiter durchsetzen will.[693] Wenn sich alle Gesellschafter einig sind, so ist oft schon dessen Einsetzung obsolet. Bei Einstimmigkeit bestünde die Gefahr, dass die zu bereinigenden „Sachfragen“ im Kampf um die Person des Versammlungsleiters in den Hintergrund treten.[694] Dieses zwar nur praxisbezogene Argument gilt allerdings ohne weiteres auch für Personengesellschaften.

Für das Personengesellschaftsrecht gilt freilich weiterhin das gesetzliche Einstimmigkeitsprinzip. Soll die einfache Wahl des Versammlungsleiters mehrheitlich

---

Hommelhoff/*W. Bayer*, § 48 Rn. 14; Michalski/*Römermann*, § 48 Rn. 94; Scholz/*Seibt*, § 48 Rn. 33; Roth/Altmeppen/*Roth*, § 48 Rn. 8; Saenger/Inhester/*Bergjan*, § 48 Rn. 10; Henssler/Strohn/*Hillmann*, § 48 GmbHG Rn. 13; Rowedder/Schmidt-Leithoff/*Ganzer*, § 48 Rn. 13; *Eickoff*, Gesellschafterversammlung, Rn. 242; *Böttcher/Grewe*, NZG 2002, 1086 (1898); *Kleemann*, Versammlungsleiter GmbH, S. 46 f.; *Wiester*, GmbHR 2008, 189 (191); *Geißler*, GmbHR 2016, 1289 (1294).

688 MüKo-GmbHG/*Liebscher*, § 48 Rn. 107.

689 MüKo-GmbHG/*Liebscher*, § 48 Rn. 107.

690 Zur Frage, ob der Versammlungsleiter nur für die Dauer einer oder auch für mehrere Versammlungen im Voraus gewählt werden kann, s. sogleich unter b).

691 BeckOK-GmbHG/*Schindler*, § 48 Rn. 41.

692 OLG München v. 12.1.2005–7 U 3691/04, GmbHR 2005, 624.

693 MüKo-GmbHG/*Liebscher*, § 48 Rn. 107.

694 MüKo-GmbHG/*Liebscher*, § 48 Rn. 107.

erfolgen, so muss zumindest eine Mehrheitsklausel für einfache Beschlüsse vereinbart sein.[695] Die Wahl des Versammlungsleiters im Allgemeinen hält sodann – mit Ausnahme der oben dargestellten Einzelfälle[696] – der Zwei-Stufen-Prüfung stand.

b) Dauer der Bestellung

Wird ein Versammlungsleiter durch Wahl der Gesellschafterversammlung gekürt, muss ausgelegt werden, ob er nur für die Dauer einer Gesellschafterversammlung oder bis zu seiner Abwahl – ggf. erst nach mehreren Versammlungen – bestellt ist. Im GmbH-Recht ist umstritten, ob die Wahl nur für die laufende Gesellschafterversammlung oder auch für kommende Versammlungen bis zur Abwahl zulässig ist: Überwiegend wird letzteres für möglich erachtet, sofern die jeweilige Satzung dies zulässt.[697] Denn es ist förderlich, wenn der Versammlungsleiter schon vor der Sitzung feststeht, damit er sich ausreichend vorbereiten kann, denn dazu ist regelmäßig ein hoher Arbeitsaufwand nötig.[698] Diese Zweckmäßigkeitserwägungen können auf das Personengesellschaftsrecht übertragen werden, erst recht, weil es noch weniger formalistisch angelegt ist als das GmbH-Recht und darüberhinaus kein Grund ersichtlich ist, die Gesellschafter in ihrer Privatautonomie zu beschränken. Allerdings kann es bei einer längerfristigen Bestellung passieren, dass den Gesellschaftern, die bei der Wahl nicht anwesend waren, in der nächsten Versammlung ein Versammlungsleiter aufgezwungen wird, zu dem sie gar keine Stellung beziehen konnten.[699] Diese Sorge ist jedoch unbegründet: Es liegt kein schwerwiegender Eingriff in deren Gesellschafterrechte vor, da sie eine Beschlussfassung über die Abwahl des amtierenden und die Neuwahl eines anderen Versammlungsleiters – wann immer es ihnen nötig erscheint – initiieren können.[700] Jeder Gesellschafterkreis kann somit selbst entscheiden, ob es aufgrund des Vorbereitungsbedarfs tunlich ist, schon

---

695 Vgl. auch K.-S. Scholz, in: FS Spellenberg, S. 51 (57); a.A. generell einstimmig Reichert/*Liebscher*, § 17 5. Kapitel V Rn. 133 (GmbH & Co. KG – KG-Versammlung) ; a.A. generell mit Mehrheit *Fritz/Perktold*, Die „neue" Gesellschaft bürgerlichen Rechts, § 1192 B. 5; Scholz/*K. Schmidt*, § 45 Rn. 35 (GmbH & Co. KG – KG-Versammlung).

696 Siehe E. I. 2. b) bb) (2) (b)

697 OLG München v. 12.1.2005–7 U 3691/04, GmbHR 2005, 624 ff.; GroßkommGmbHG/*Hüffer/Schürnbrand*, § 48 Rn. 27; Baumbach/Hueck/*Zöllner/Noack*, § 48 Rn. 16; Lutter/Hommelhoff/*W. Bayer*, § 48 Rn. 15; Roth/Altmeppen/*Roth*, § 48 Rn. 8; Henssler/Strohn/*Hillmann*, § 48 GmbHG Rn. 13; *Kleemann*, Versammlungsleiter GmbH, S. 45; a.A. OLG Frankfurt a.M. v. 4.12.1998–5 W 33/98, NZG 1999, 406 (409); *Zöllner/Noack*, ZGR 1989, 525 (528); MüKo-GmbHG/*Liebscher*, § 48 Rn. 107; im Zweifel nur für die Dauer einer Versammlung: *Werner*, GmbHR 2006, 127 (128).

698 OLG München v. 12.1.2005–7 U 3691/04, GmbHR 2005, 624 (625).

699 Vgl. zur GmbH: Urteilsbegründung der Vorinstanz zu OLG München v. 12.1.2005–7 U 3691/04, GmbHR 2005, 624 (624).

700 OLG München v. 12.1.2005–7 U 3691/04, GmbHR 2005, 624; *Kleemann*, Versammlungsleiter GmbH, S. 45.

vor der Gesellschafterversammlung einen feststehenden Versammlungsleiter zu haben oder ihn jedes Mal neu zu wählen. Eine Bestellung, die über die Dauer einer Versammlung hinausgeht, ist daher rechtlich möglich.

c) Wahlvorgang

Rechtliche Vorgaben über den Ablauf der Wahl existieren nicht, weshalb die Gesellschafter in der Vornahme der Wahl frei sind, es sei denn der Gesellschaftsvertrag sieht hierfür Regelungen vor. In der Tagesordnung ist den Gesellschaftern die bevorstehende Wahl als bloße Verfahrensgestaltung nicht explizit anzukündigen,[701] was auch praktisch schwer möglich wäre, da die Entscheidung zur Wahl eines Versammlungsleiters ad hoc möglich ist. Für das Wahlprocedere können nur Empfehlungen ausgesprochen werden: So kann es bei einer großen Gesellschafteranzahl sinnvoll sein, einen Wahlleiter[702] einzusetzen, der die Stimmen beim Mehrheitsentscheid auszählt. Dazu bietet sich der einberufende Gesellschafter an. Dieser Wahlleiter hat dann aber, weil er gerade nicht der zu wählende Versammlungsleiter ist, nicht die Möglichkeit, das Wahlergebnis mit mehr als nur deklaratorischer Wirkung festzustellen.[703]

5. Besonderheiten bei der Wahl eines Dritten

Ein Dritter, der gewählt werden soll, hat bis zur Annahme der Wahl kein eigenes Anwesenheitsrecht (s. o.). Besonders zielführend erscheint es aber, dass er sich vor dem Sitzungssaal einfindet, sich mit Duldung der Gesellschafter vorstellt und sodann den Sitzungssaal für die Wahl wieder verlässt. Ist die Wahl nach Auslegung des Gesellschaftsvertrages als mehrheitlich möglich anzusehen, so genügt auch in der Frage, ob der Dritte potentielle Versammlungsleiter zur Vorstellung zugelassen wird, ein entsprechender Mehrheitsbeschluss; einzelnen Gesellschaftern steht in dieser Frage kein Widerspruchsrecht zu. Sollte er gewählt werden, erwächst ihm damit ein eigenes Anwesenheitsrecht kraft Amtes (s. o.). Der Vorteil dieses Verfahrens wäre zudem, dass er keine Gewissheit darüber hat, wer für bzw. gegen ihn gestimmt hat – soweit nicht von Anfang an verhärtete Lager bestehen – und er damit allen Gesellschaftern neutral begegnen kann.

III. Keine Stimmverbote

Es stellt sich die Frage, ob jeder Gesellschafter bei der Wahl des Versammlungsleiters stimmberechtigt ist. Sind Gesellschafter anwesend, die in der Versammlung bzgl. einzelner zu beratender Beschlüssen einem Stimmverbot unterliegen, dann

701 Lutter/Hommelhoff/*W. Bayer*, § 51 Rn. 22; Wicke/*Wicke*, § 51 Rn. 4; Scholz/*Seibt*, § 51 Rn. 23.

702 Natürlich ist der erst noch zu wählende Versammlungsleiter naturgemäß kein feststehender Wahlleiter, *Lange*, NJW 2015, 3190 (3191).

703 *Lange*, NJW 2015, 3190 (3192).

können sie bei der Bestellung des Versammlungsleiters gleichwohl mitwirken.[704] Die abstrakte Verfahrensfrage nach der Person des Versammlungsleiters steht in keinem Zusammenhang mit den konkreten Sachbeschlüssen, bei denen die Gesellschafter vom Stimmrecht ausgeschlossen sind. Bei einem Stimmverbot ruht nur das Stimmrecht als solches, alle anderen Gesellschafterrechte bleiben dagegen bestehen, sodass den Gesellschaftern gleichwohl das Recht zusteht, in der Debatte das Wort zu ergreifen und Anträge zu stellen.[705] Demnach haben sie auch ein berechtigtes Interesse daran, die Person mitzubestimmen, welche die Debatte leiten wird.

Daneben ist fraglich, ob sich ein Gesellschafter selbst zum Versammlungsleiter wählen kann. Aufgrund der Einflussnahmemöglichkeit auf das Versammlungsgeschehen wird das Amt des Versammlungsleiters durchaus gern übernommen.[706] *Altmeppen* geht davon aus, dass es bei der Bestellung Stimmverbote hinsichtlich der Selbstwahl gibt, wenn der (Mehrheits-)gesellschafter bei den nachfolgend zu beschließenden Themen (z.B. seine Abwahl als Geschäftsführer sowie die Neuwahl eines abweichenden Geschäftsführers) „befangen" und damit nicht stimmberechtigt ist.[707] Dies begründet er mit der Diskussion von Stimmverboten bei der Abberufung.[708] Diese Ansicht übersieht jedoch die Unterschiede bei der Bestellung und Abberufung. Die Bestellung eines Gesellschafters zum Versammlungsleiter ist ein neutraler Akt. Ihr liegt keinerlei Wertung zugrunde, weil der Gesellschafter noch gar nicht versammlungsleitend tätig war, sodass auch kein Richten in eigener Sache droht. Selbst bei der Abberufung ohne wichtigen Grund bestehen keine Stimmverbote (s. G. I. 2c)). Nur in engen Ausnahmefällen besteht aus wichtigem Grund ein Stimmrechtsausschluss (s. G. I. 2c)). Diese Situation ist nicht mit der Lage bei der Bestellung und der bloßen Besorgnis der Befangenheit vergleichbar. In Übereinstimmung mit der hM bei der GmbH[709] besteht bei der Bestellung kein Stimmverbot, sodass sich jeder Gesellschafter selbst wählen kann.[710]

---

704 Zur österreichischen GesbR: *Fritz/Perktold*, Die „neue" Gesellschaft bürgerlichen Rechts, § 1192 B. 5.

705 MüKo-HGB/*Enzinger*, § 119 Rn. 40; Baumbach/Hopt/*Roth*, § 119 Rn. 30; Ebenroth/Boujong/Joost/ Strohn/*Freitag*, § 119 Rn. 14; GroßkommHGB/*Schäfer*, § 119 Rn. 20.

706 So empfiehlt *Geißler*, GmbHR 2016, 1289 (1294) dem Minderheitsgesellschafter, sich stets um das Amt des Versammlungsleiters zu bemühen.

707 *Altmeppen*, NJW 2016, 2833 (2835).

708 *Altmeppen*, NJW 2016, 2833 (2835).

709 GmbH: OLG Jena v. 25.4.2012–2 U 520/11, GmbHR 2013, 149 (152); *Vogel*, Gesellschafterbeschlüsse, S. 45 f.; *Kleemann*, Versammlungsleiter GmbH, 48 ff.; GroßkommGmbHG/*Hüffer/Schürnbrand*, § 48 Rn. 29; Lutter/Hommelhoff/ *W. Bayer*, § 48 Rn. 14; BeckOK-GmbHG/*Schindler*, § 48 Rn. 41; Centrale für GmbH/*Bochmann/ Cziupka*, Rz. 1921; zur Abberufung: BGH v. 21.6.2010 – II ZR 230/08, NJW 2010, 3027, Rz. 16

710 BGH, Urteil v. 13.05.2014– II ZR 250/12, BGHZ 201, 216 ff.; ausdrücklich zur Frage die (insoweit nicht aufgehobene) Vorinstanz OLG Hamburg v. 4.7.2012–11 U 187/10, BeckRS 2014, 14395 (Testamentsvollstreckung); Koller/Kindler/Roth/

IV. Losverfahren oder Rotation

In GmbHs soll es vorkommen, dass die Leitung im Losverfahren vergeben wird.[711] Dies ist auch für Personengesellschaften denkbar, wenn ein wirksamer (Mehrheits-) Beschluss über den Übergang zum Losverfahren gefasst wurde. Auch eine Rotation der Leitung ist vorstellbar.[712] Für beide Möglichkeiten spricht, dass Streit bei der Wahl vermieden werden könnte, da das Losverfahren zufällig bzw. die Rotation voraussehbar ist. Dagegen spricht aber, dass auch in diesen Systemen Manipulation und „Kleinkrieg"[713] droht, und dass nicht jede Person, die dadurch Versammlungsleiter wird, aufgrund ihrer Persönlichkeit zur Ausübung der Leitungsaufgaben geeignet ist. Auch fehlt es ständig wechselnden Leitern an der Routine, um Ruhe und Beständigkeit in die Beschlussfassung zu bringen.

V. Gerichtliche Bestellung analog § 122 Abs. 3 S. 2 AktG?

Nach § 122 Abs. 3 S. 1 AktG kann das Gericht Aktionäre ermächtigen, die Hauptversammlung selbst einzuberufen, wenn der Vorstand einem Minderheitsverlangen auf Einberufung nicht nachkommt. Dann kann das Gericht gem. Satz 2 auch einen Versammlungsleiter zur Verfügung stellen. Dieses Ermessen kann in eine Bestimmungspflicht umschlagen, wenn durch den statutarisch bestimmten Versammlungsleiter eine neutrale Leitung nicht möglich erscheint.[714] Dies soll in engen Ausnahmefällen zudem für einzelne Tagesordnungspunkte tunlich sein, wenn nur die Tagesordnung durch Minderheitsverlangen ergänzt werden soll, obwohl die Einheitlichkeit der Versammlungsleitung ein gewichtiges Prinzip ist.[715] Entgegen der systematischen Stellung soll eine isolierte Bestellung des Versammlungsleiters auch möglich sein, wenn der Vorstand dem Einberufungsverlangen zwar nachkommt, die Unparteilichkeit aber dennoch in Frage steht.[716] Hintergrund ist der Gedanke, dass der Versammlungsleiter in Aktiengesellschaften häufig der Aufsichtsratsvorsitzende ist, der ggf. dem Mehrheitsaktionär bzw. dem Vorstand nahe steht und ihn in seiner der Minderheit gegenüber ablehnenden Haltung durch unsachgemäße Leitung unterstützt.[717] Fraglich ist, ob in Personengesellschaften analog § 122 Abs. 3 S. 2 AktG ein Antrag auf gerichtliche Bestellung eines Versammlungsleiters gestellt werden kann. Für die klassischen Personengesellschaften ist dies schon aufgrund der eklatanten Unvergleichbarkeit mit der AG abzulehnen.

Morck/*Kindler*, § 119 Rn. 3; österreichisches Personengesellschaftsrecht: *Fritz/Perktold*, Die „neue" Gesellschaft bürgerlichen Rechts, § 1192 B. 5.

711 *Lange*, NJW 2015, 3190 (3191).

712 *Eickhoff*, Gesellschafterversammlung, S. 109, 70; GroßkommGmbHG/*Hüffer/Schürnbrand*, § 48 Rn. 29.

713 *Lange*, NJW 2015, 3190 (3191).

714 Spindler/Stilz/*Rieckers*, § 122 Rn. 56.

715 Spindler/Stilz/*Rieckers*, § 122 Rn. 56.

716 Spindler/Stilz/*Rieckers*, § 122 Rn. 56.

717 Hölters/*Drinhausen*, § 122 Rn. 23.

Interessant erscheint die Frage indes im Hinblick auf Publikumspersonengesellschaften, denen generell eine gewisse Ähnlichkeit mit Aktiengesellschaften zugestanden wird.[718] Da in Publikumspersonengesellschaften die Einberufungskompetenz für eine Gesellschafterversammlung nur bei den geschäftsführenden Gesellschaftern und nicht mehr bei jedem Gesellschafter[719] – zumindest wenn kein wichtiger Grund für die Einberufung besteht[720] – liegt, sodass – bei Schweigen des Gesellschaftsvertrages – generell die Möglichkeit eines Minderheitenantrags analog § 122 Abs. 1 oder 2 AktG vertreten wird (s. Kapitel D. I. 1. a)),[721] stellt sich sowohl die Frage nach einer gerichtlichen Bestellung des Versammlungsleiters in Verbindung mit einer Einberufungsermächtigung bzw. TOP-Ergänzungsermächtigung analog § 122 Abs. 3 S. 1 Alt.1 und 2 AktG als auch nach einer isolierten Bestellung des Versammlungsleiters.

1. Voraussetzungen der Analogie

Eine planwidrige Regelungslücke kann angenommen werden: Das Publikumspersonengesellschaftsrecht ist bisher gar nicht normiert.[722] Die Rechtsprechung hat, fußend auf den wenigen, oft unpassenden Regelungen des HGB, ein richterrechtliches Parallelsystem entwickelt.[723] Der Gesetzgeber hatte bei Schaffung der Normen des HGB keine großen Anlagegesellschaften vor Augen. Insofern ist ein Minderheitenschutz und somit auch eine gerichtliche Inanspruchnahme generell nicht geregelt. Eine Ergänzung durch passende kapitalgesellschaftliche Normen erscheint geboten.

Dazu müsste die Interessenlage vergleichbar sein: Dagegen spricht, dass in der AG im Gegensatz zu Personengesellschaften, inbegriffen die Publikumspersonengesellschaften, ein Versammlungsleiter zwingend ist.[724] Allerdings ist die Einsetzung eines solchen in körperschaftsähnlichen Publikumspersonengesellschaften schon aufgrund der mit der großen Gesellschafterzahl einhergehenden Unübersichtlichkeit stets zweckmäßig und zumeist bereits gesellschaftsvertraglich vorgesehen. Somit ist es nur noch ein kleiner Schritt zur gerichtlichen Bestellung des Versammlungsleiters, soweit ein diesbezüglicher Antrag[725] gestellt wird und zu befürchten ist, dass der Versammlungsleiter nicht neutral sein wird, etwa weil er bei der Ablehnung des Minderheitsverlangens mitgewirkt hat bzw. die Minderheit schon vorher unter

---

718 GroßkommHGB/*Schäfer*, § 119 Rn. 17.

719 Im Einzelnen strittig, s. Überblick bei GroßkommHGB/*Schäfer*, § 119 Rn. 18.

720 MüKo-HGB/*Enzinger*, § 119 Rn. 49; Ebenroth/Boujong/Joost/Strohn/*Freitag*, § 119 Rn. 57; *Schneider/Schneider*, in: FS Möhring, S. 271 (289).

721 *Schneider*, ZGR 1978, 1 (23, 25).

722 Wobei die Relevanz der Publikumsgesellschaft i.e.S. durch das KAGB erheblich an Bedeutung verloren hat, Oetker/*Oetker*, § 161 Rn. 125.

723 Vgl. Baumbach/Hopt/*Roth*, § 177a Rn. 53.

724 MüKo-AktG/*Kubis*, § 119 Rn. 105.

725 Von Amts wegen, wie in der AG möglich, s. Hüffer/*Koch*, § 122 Rn. 11, kommt eine Bestellung mangels Pflicht zur Versammlungsleitung nicht in Betracht.

rechtswidrigen Leitungsmaßnahmen zu leiden hatte.[726] Dies ist regelmäßig – sogar noch häufiger als in der AG selbst – zu befürchten, weil in Personengesellschaften der Mehrheitsgesellschafter oftmals in Personalunion einberufungsberechtigter Geschäftsführer und Versammlungsleiter ist.[727] Außerdem gebietet Art. 14 GG[728] die staatliche Gewährung eines hinreichenden Minderheitenschutzes.

2. Analogiefähigkeit der Norm

Problematisch erscheint hingegen die Frage, ob § 122 Abs. 3 S. 2 AktG[729] analogiefähig ist. Jedenfalls ist § 122 AktG kein gänzlich nicht-analogiefähiger Ausnahmetatbestand, da er auch im Aktienrecht über seinen Wortlaut hinaus interpretiert wird (s. o.). Sowohl der BGH[730] als auch das BVerfG[731] bejahen generell die Analogiefähigkeit von Verfahrensnormen. Es wird darauf verwiesen, dass „prozessuale Regelungen lediglich Hilfsmittel zur Durchsetzung des materiellen Rechts sind“ und diese daher ebenso analogiefähig sind wie materielle Normen.[732]

Die Lage könnte sich hier aber anders darstellen, wenn durch die Analogie überhaupt erst eine Befassung des Gerichts geschaffen würde und auch erst dadurch ein ‚Anspruch‘ gegenüber dem Gericht begründet würde. Praktische Konsequenz könnte die Überlastung der Justiz aufgrund der großen Anzahl an Personenhandelsgesellschaften im Gegensatz zu AGs[733] sein. Rechtlich stellt sich die Frage, ob die Aufgabenzuweisung an die Justiz nur von Seiten des Gesetzgebers erfolgen kann oder auch durch entsprechende Rechtsanwendung. Man könnte anführen, dass dem Gericht gar keine (völlig neue) Aufgabe zugewiesen wird, wie es z. B. das Benennen eines Versammlungsortes wäre, da das Gericht bereits vom Gesetzgeber die Aufgabe zugewiesen bekommen hat, einen Versammlungsleiter zu bestellen. Es würde durch die Analogie lediglich der Anwendungsbereich über die Aktiengesellschaften hinaus erweitert. Dem Praktikabilitätsproblem könnte entgegengehalten werden, dass nur eine sehr geringe Anzahl der Personengesellschaften zugleich

726 MüKo-AktG/*Kubis*, § 122 Rn. 60.

727 Vgl. Regelungen in Formularbüchern, stellvertretend BeckForm/*Giehl*, Vertrag 7.6.1.5.1. § 17 II und III für eine Fonds GmbH & Co. KG.

728 Zu Art. 14 GG und der Mitgliedschaft in der Personengesellschaft: *Hofmann*, Der Minderheitsschutz im Gesellschaftsrecht, S. 127.

729 Zahlreiche Problempunkte und Publikationen im Anschluss an BGH v. 30.6.2015 – II ZR 142/14, NZG 2015, 1227; OLG Köln v. 16.6.2015–18 Wx 1/15, NZG 2015, 1118; OLG Karlsruhe v. 16.6.2014–11 Wx 49/14, ZIP 2015, 125; *Grunewald*, AG 2015, 689; *Lieder*, NZG 2016, 81; *Schatz*, AG 2015, 696; *Theusinger/Schila*, BB 2016, 56.

730 BGH v. 25.11.2002 – II ZR 133/01, NJW 2003, 1032 (1035) – Macrotron.

731 Eine Analogie ist nicht „ausgeschlossen“, aber im zugrundeliegenden Sachverhalt auch nicht „geboten“, BVerfG v. 23.8.2000–1 BvR 68/95 u. 1 BvR 147/97, NJW 2001, 279 (281) – Motor Meter AG.

732 BGH v. 25.11.2002 – II ZR 133/01, NJW 2003, 1032 (1035).

733 Nur rund 16.000 AGs, aber knapp 300.000 Personenhandelsgesellschaften, s. *Kornblum*, GmbHR 2015, 687 (696).

als Publikumsgesellschaft einzustufen sein wird. Ansprüche auf gerichtliche Bestellung einer bestimmten Person, unabhängig vom Versammlungsleiter, finden sich mehrfach im Gesetz: Etwa beim besonderen Vertreter (§147 Abs. 2 S. 2 AktG), bei Liquidatoren (§ 146 Abs. 2 S. 1 HGB), beim Sonderprüfer (§ 142 Abs. 1 HS. 1 AktG), beim Aufsichtsrat (§ 104 Abs. 2 S. 1 AktG) oder auch außerhalb des Gesellschaftsrecht beim WEG-Verwalter (§§ 21 Abs. 4, 8, 43 Nr. 1 WEG) oder dem Betreuer (§ 1897 Abs. 1 S. 1 BGB). Greift man etwa das Beispiel des besonderen Vertreters heraus, so kann ein solcher auch in Personengesellschaften bestimmt werden, um Ersatzansprüche gegenüber dem oder den geschäftsführenden Gesellschaftern geltend zu machen: Die überwiegende Ansicht stützt dies auf eine Analogie zu §§ 46 Nr. 8 HS. 2 GmbHG, 147 Abs. 2 S. 1 AktG.[734] Andere nehmen bei Geltendmachung von Ersatzansprüchen gegen den einzigen oder einen von mehreren zur Verfolgung der Ansprüche unwilligen geschäftsführungs- und vertretungsberechtigten Komplementär eine vergleichbare liquidationsähnliche Sonderlage wie beim Ausschluss an und stützen das Recht zur Bestellung eines besonderen Vertreters auf eine Analogie zur Bestellung von Liquidatoren gem. § 146 Abs. 1 HGB.[735] Die Rechtsprechung konnte bisher zur Frage, ob auch eine gerichtliche Bestellung des besonderen Vertreters rechtlich möglich wäre, noch keine Stellung beziehen, weil die Vertreter in den o. g. Fällen schon von den Gesellschaftern bestellt worden waren.[736] Zumindest *Thiessen* erkennt eine gerichtliche Bestellung analog § 146 Abs. 2 S. 1 HGB nach den teilweise modifizierten Voraussetzungen des § 147 Abs. 2 S. 2 AktG und § 146 Abs. 2 S. 1 HGB im Rahmen der freiwilligen Gerichtsbarkeit an.[737]

Überzeugender ist es indes, eine gerichtliche Inanspruchnahmemöglichkeit abzulehnen: Genauso wie die Ansicht, die Einberufung oder Ergänzung der Tagesordnung würde eine Klage analog des Aktienrechts rechtfertigen, übersieht auch eine Analogie bei der gerichtlichen Bestellung des Versammlungsleiters, dass es allein Sache des Gesetzgebers ist, zu regeln, in welchen Fällen die Gerichte angerufen werden können. Nur in Aktiengesellschaften hielt es der Gesetzgeber offenbar für notwendig eine gerichtliche Bestellung des Versammlungsleiters zu ermöglichen. Demnach wäre konsequenterweise auch eine gesellschaftsvertragliche Regelung,

---

734 BGH v. 7.6.2010 – II ZR 210/09, NZG 2010, 1381, Rz. 8 ff. LG Karlsruhe v. 19.1.2001 – O 123/00 KfH I, NZG 2001, 169 (171); Scholz/*K. Schmidt*, § 46 Rn. 177 (für GmbH & Co. KG); *Karrer*, NZG 2008, 206 ff. (für alle Personengesellschaften); *Karrer*, NZG 2009, 932 ff. Baumbach/Hopt/*Hopt*, § 124 Rn. 42; *Grunewald*, in: Liber amicorum Winter, S. 167 (169 ff.); *Konzen*, in: FS Hommelhoff, S. 565 (576 ff.); Westermann/*Wertenbruch*, Rz. I 248 b f.

735 GroßkommHGB/*Thiessen*, § 170 Rn. 51.

736 BGH v. 7.6.2010 – II ZR 210/09, NZG 2010, 1381; LG Karlsruhe v. 19.1.2001 – O 123/00 KfH I, NZG 2001, 169.

737 GroßkommHGB/*Thiessen*, § 170 Rn. 52; a.A. KölnKomm-AktG/*Rieckers/Vetter*, § 147 Rn. 121, da die Regelungslücke durch die actio pro socio schon innerhalb des Personegesellschaftsrechts hinreichend geschlossen werden kann.

wonach ein Versammlungsleiter gerichtlich bestimmt werden kann, unmöglich und unwirksam. Eine gerichtliche Bestellung des Versammlungsleiters scheidet aus.

Möglich wäre hingegen, in den Gesellschaftsvertrag – wie im Personengesellschaftsrecht verbreitet – eine Schiedsklausel[738] aufzunehmen, wonach ein Schiedsrichter (entweder von Anfang an benannt oder etwa gemäß einer sog. IHK-Klausel vom zuständigen IHK-Präsidenten[739] noch benannt wird) angerufen werden kann, um einen Versammlungsleiter zu bestellen oder die Versammlung selbst zu leiten.

Besteht keine Schiedsklausel und hat die Minderheit dennoch erhebliche Bedenken gegen die Neutralität des Versammlungsleiters, kann sie einen Abwahlantrag stellen. Zwar besteht bei möglicher Befangenheit nicht sofort ein Stimmverbot des Mehrheitsgesellschafter-Versammlungsleiters, wohl jedoch dann, soweit bereits ein pflichtwidriges Verhalten vorlag und damit ein wichtiger Grund zur Abberufung bestand (zur Abberufung Kapitel G. II. 2.). Außerdem ist der Versammlungsleiter stets in seinem Handeln durch Gesetz und Gesellschaftsvertrag begrenzt. Bei Nichtbeachtung bleibt den Gesellschaftern die Möglichkeit, die Nichtigkeit der unter parteiischer Leitung getroffenen Beschlüsse geltend zu machen bzw. diese anzufechten (je nach Beschlussmängelrecht) und den Versammlungsleiter bei erlittenen Schäden in Anspruch zu nehmen (G. III. und G. IV. 3).

VII. Keine Pflicht zur Übernahme der Versammlungsleitung

Für die GmbH und AG ist es einhellige Meinung, dass niemandem die Aufgabe der Versammlungsleitung aufgedrängt werden kann.[740] Für Personengesellschafter ist diese Frage nicht ganz so eindeutig zu beantworten wie für Kapitalgesellschafter, da sie unter Umständen die Pflicht trifft, sich aktiv in der Gesellschaft einzubringen:

Kommanditisten sind als beschränkt haftende Gesellschafter weder berechtigt noch verpflichtet, sich an den Gesellschaftsangelegenheiten zu beteiligen, vgl. § 164 S. 1 HGB. Persönlich haftende Gesellschafter hingegen trifft die Pflicht zur Geschäftsführung, § 709 Abs. 1 HS. 2 BGB oder §§ 114 Abs. 1, (161 Abs. 2) HGB.[741] Die Versammlungsleitung gehört aber, wie bereits dargestellt, nicht zur Geschäftsführung (C. III. 3. a)). Auch aus praktischen Gründen sollte eine Pflicht zur Übernahme der Versammlungsleitung nicht angenommen werden: Es kann nicht zielführend sein, eine ungeeignete und ungewillte Person, die beispielsweise gehemmt ist, vor Gruppen zu sprechen, zu verpflichten, das Leitungsamt zu übernehmen, weil dies keine effektive Aufgabenerfüllung verspricht.

---

738 Zur Zulässigkeit von Schiedsklauseln in anderem Kontext *Vogel*, Gesellschafterbeschlüsse, S. 129.

739 Z.B. empfohlen bei *C. Kunkel/O. Kunkel*, jurisPR-HaGesR 6/2017 Anm. 2.

740 I. E. Michalski/*Römermann*, § 48 Rn. 107; *Lange*, NJW 2015, 3190 (3192).

741 MüKo-BGB/*Schäfer*, § 706 Rn. 14; MüKo-HGB/*Rawert*, § 114 Rn. 39.

Weitere Pflichten zur Mitarbeit für den persönlich haftenden Gesellschafter kennt das Personengesellschaftsrecht nicht. Dementsprechend trifft niemanden – auch nicht einen persönlich haftenden Gesellschafter – die Pflicht, das ihm angetragene Leitungsamt zu übernehmen. Die gewünschte Person kann die Wahl nicht annehmen oder nicht antreten.

VIII. Verhinderung

Nimmt die auserkorene Person das Amt nicht an (zu dieser Möglichkeit siehe soeben) oder ist der Versammlungsleiter an der Durchführung der Leitungsaufgabe verhindert, so ist das Leitungsamt vorerst vakant, sofern der Gesellschaftsvertrag keinen Vertreter vorsieht – was allerdings sinnvoll wäre. Die Gesellschafterversammlung kann in diesem Fall ad hoc einen neuen Versammlungsleiter wählen.

F. Die Rechtsstellung des Versammlungsleiters

Im Folgenden ist zu klären, welches Rechtsverhältnis zwischen dem Versammlungsleiter und der Gesellschaft oder den Gesellschaftern durch dessen Einsetzung entsteht.

I. Kein Organ der Personengesellschaft

Während in der AG umstritten ist, ob es sich beim Versammlungsleiter um ein Organ der AG handelt, ist es in der GmbH[742] einhellige Meinung, dass der Versammlungsleiter kein Organ der GmbH ist. Schon vor dem Hintergrund des Prinzips der Selbstorganschaft in Personengesellschaften erscheint diese Frage lohnenswert: Organe der Personengesellschaft sind die sie bildenden Gesellschafter. Daneben können aufgrund der weitgehenden Vertragsfreiheit (§ 109 HGB (i.V.m. § 161 Abs. 2 HGB)) neben schuldrechtlichen auch organschaftliche Beiräte[743] – entweder als Organ der Gesellschaft oder einzelner Gesellschaftergruppen[744] – eingerichtet werden. Der Versammlungsleiter ist aber bloßer „Funktionsgehilfe“[745] der Gesellschafterversammlung, der alle Kompetezen von den Gesellschaftern ableitet, also selbst keine eigenen (kraft Gesetzes) erwachsenden Rechte hat, und daher – parallell zur GmbH – kein eigenes Gesellschaftsorgan.[746]

II. Rechtsverhältnis

Desweiteren stellt sich die Frage, in welches Rechtsverhältnis die Versammlungsleitung eingebettet ist.

Durch die Einsetzung eines Dritten, der die Versammlungsleitertätigkeit meist nur gegen Entgelt wahrnehmen wird,[747] entsteht zweifelsohne eine schuldrechtliche Verbindung.

1. Gesellschafter-Versammlungsleiter

Bei einem versammlungsleitenden Gesellschafter könnte man erwägen, die Versammlungsleitung nur als einen besonderern Aspekt der Gesellschafterstellung

742 GroßkommGmbHG/*Hüffer/Schürnbrand*, § 48 Rn. 28; Scholz/*Seibt*, § 48 Rn. 32; Michalski/*Römermann*, § 48 Rn. 105; BeckOK-GmbHG/*Schindler*, § 48 Rn. 42; *Kleemann*, Versammlungsleiter GmbH, S. 27.

743 Sudhoff/*Froning*, § 49 Rn. 2.

744 MAH PersGR/*Gummert*, § 11 Rn. 112.

745 Scholz/*Seibt*, § 48 Rn. 32.

746 Vgl. richtigerweise *K.-S. Scholz*, in: FS Spellenberg, S. 51 (64).

747 *Kleemann*, Versammlungsleiter GmbH, S. 27.

zu betrachten, ohne dass ein zusätzliches Rechtsverhältnis begründet wird. Dafür könnte sprechen, dass ein Gesellschafter oft nur durch den bloß informellen Akt einer konkludenten Wahl zum Versammlungsleiter bestellt wird.

Richtigerweise ist jedoch klar zwischen der Gesellschafterstellung und der Tätigkeit als Versammlungsleiter zu trennen, wie es auch bei einem Gesellschafter-Prokuristen[748] oder einem Gesellschafter als besonderem Vertreter[749] der Fall ist. Die Leitungstätigkeit ist keine Gesellschafteraufgabe, vielmehr besteht weder eine Pflicht, einen Versammlungsleiter einzusetzen, noch besteht für den einzelnen Gesellschafter die Pflicht, leitend tätig zu werden (s. E. VII.). Wieso sollte die Versammlungsleitung auch nur die Aufgabe eines und nicht aller Gesellschafter sein? Die Versammlungsleitung ist vielmehr eine Möglichkeit, die gesellschafterliche Willensbildung zu fördern, welche sowohl von einem Dritten, als auch von einem Gesellschafter wahrgenommen werden kann. Bei einem Gesellschafter-Versammlungsleiter überlagert nicht etwa die Gesellschafterstellung das Rechtsverhältnis zur Gesellschaft, vielmehr stehen beide Verhältnisse inkonnex nebeneinander.[750] Derart wird diese Frage im GmbH-Recht aber schon gar nicht diskutiert.

2. Parteien

Fraglich ist, mit wem der Versammlungsleiter das Rechtsverhältnis eingeht. Auf der anderen Seite könnten entweder die Gesellschafter selbst oder aber die Personengesellschaft stehen. Die Frage nach den Vertragsparteien stellt sich in Personengesellschaften – besonders, wenn die Leitung durch einen Gesellschafter ausgeübt wird –, weil die Gesellschaft nach allgemeiner Ansicht als doppelköpfig gilt, d. h. zwar als eigener Rechtsträger im Außenverhältnis (§§ 124 Abs. 1 HGB i.V.m § 161 Abs. 2 HGB / § 7 Abs. 2 PartGG; anerkannt bei der GbR[751]), aber als bloßes vertragliches Schuldverhältnis im Innenverhältnis gilt.[752] Auf die Gesellschafter abzustellen, erscheint auf den ersten Blick stimmig, weil der Versammlungsleiter im Innenverhältnis der Gesellschafter bei der Beschlussfassung mitwirkt und so gewissermaßen innerhalb der Gesellschaft steht. Wie bereits dargelegt, wird der Versammlungsleiter aber im Gesellschaftsinteresse tätig. Zudem muss die Frage einheitlich für Gesellschafter-Versammlungsleiter und den Dritt-Leiter beantwortet werden, da sich beide Möglichkeiten statusrechtlich nicht unterscheiden und auch ansonsten keine unterschiedlichen Kompetenzen etc. aufweisen. Würde man stattdessen auf die Gesellschafter abstellen, ergäben sich völlig abwegige Fragen, etwa, ob mit denen bei einer Mehrheitsentscheidung dagegen votierenden Gesellschaftern dann kein Rechtsverhältnis zustande käme. Der Abschluss des Rechtsverhältnisses

---

748 MüKo-HGB/*Krebs*, § 48 Rn. 57.

749 *Karrer*, NZG 2009, 932 (936).

750 So auch MAH PersGR/*Gummert*, § 11 Rn. 113 zum Rechtsverhältnis von Gesellschafter-Beiräten.

751 BGH v. 29.1.2001 – II ZR 331/00, BGHZ 146, 341 = NJW 2001, 1056 – Weißes Ross.

752 *K.-S. Scholz*, in: FS Spellenberg, S. 51 (51).

mit dem Versammlungsleiter stellt für die Gesellschaft indes sowohl mit einem Gesellschafter als auch mit einem Dritten ein Drittgeschäft dar. Das Rechtsverhältnis besteht also ausschließlich zur Personengesellschaft, deren Rechtsfähigkeit (inzwischen) anerkannt ist.[753]

Problematisch ist die Frage in reinen Innengesellschaften, z. B. Stimmpools innerhalb von Aktiengesellschaften[754], die nach allg. Ansicht nicht rechtsfähig sind[755], in denen eine Versammlungsleitung aber gerade höchst relevant sein kann. Bestimmen diese Gesellschaften einen externen Versammlungsleiter, so treten sie diesbezüglich nach außen hin in Erscheinung und es kann sein, dass die Gesellschaft dadurch den Status der Innengesellschaft verliert, weil sie im Rechtsverkehr in Erscheinung[756] tritt. Wird ein Gesellschafter Versammlungsleiter, spricht viel dafür, auch hier ein Rechtsverhältnis mit der Gesellschaft anzunehmen, die ausnahmsweise und nur in dieser Innenangelegenheit über das reine Schuldverhältnis hinaus rechtsfähig ist; ansonsten entstünden Widersprüche mit allen anderen Formen der Versammlungsleitung und, möchte man annehmen, dass alle Gesellschafter statt der Gesellschaft Vertragspartner würden, so müsste man Mehrheitswahlen zum Versammlungsleiter aufgrund des Verbots von Verträgen zulasten Dritter (der überstimmten Minderheit) ablehnen; dies aber kann nicht im Interesse der Gesellschafter liegen, da größere Gesellschaften so in die Handlungsunfähigkeit gezwungen würden.

3. Art des Rechtsverhältnisses

Das Rechtsverhältnis zum Versammlungsleiter wird im GmbH-Recht zum Teil (insbesondere) in einer schuldrechtlichen Beziehung gesehen, die entweder in einem Auftrag (§ 662 BGB) oder einem Geschäftsbesorgungsvertrag (§ 675 BGB) bestehen soll, je nachdem ob die Leitungstätigkeit vergütet wird.[757] Zum Teil wird vorrangig auf eine gesellschaftsrechtliche Beziehung abgestellt, nämlich auf ein (auftragsähnliches) körperschaftliches Rechtsverhältnis zur Gesellschaft.[758]

Im Personengesellschaftsrecht hingegen kann nicht auf ein körperschaftliches oder auch korporationsrechtliches Rechtsverhältnis abgestellt werden, weil die Personengesellschaft gerade keine Körperschaft darstellt. Somit ist eine schuldrechtliche Verbindung anzunehmen.

---

753 So i.E. auch MAH PersGR/*Gummert*, § 11 Rn. 113 zum Rechtsverhältnis des Beirats.

754 MüKo-BGB/*Schäfer*, § 705 Rn. 285 mit weiteren Beispielen.

755 MüKo-BGB/*Schäfer*, § 705 Rn. 303 ff. m.w.N.

756 Zu diesem Merkmal MüKo-BGB/*Schäfer*, § 705 Rn. 275.

757 *Kleemann*, Versammlungsleiter GmbH, S. 27 f.; unter Berufung auf die zur AG vertretene Auffassung von *Marsch-Barner*, in: FS Brambring, S. 267 (281).

758 GroßkommGmbHG/*Hüffer/Schürnbrand*, § 48 Rn. 28; Baumbach/Hueck/*Zöllner/Noack*, § 48 Rn. 19; BeckOK-GmbHG/*Schindler*, § 48 Rn. 42; Michalski/*Römermann*, § 48 Rn. 105; *Noack*, GmbHR 2017, 792 (798).

a) *Abgrenzung zur bloßen Gefälligkeit*

Gesellschafter werden die Versammlungsleitung regelmäßig unentgeltlich vornehmen.[759] Daher könnte man überlegen, ob mit einem Gesellschafter-Leiter lediglich ein rechtlich unverbindliches Gefälligkeitsverhältnis zustande kommt.

Zur Abgrenzung dient der Rechtsbindungswille – der im Einzelfall nach außen erkennbaren innere Willen der Parteien, ein verbindliches Rechtsgeschäft einzugehen –, was aus der Sicht eines objektiven Beobachters nach der Verkehrssitte unter Berücksichtigung von Treu und Glauben zu beurteilen ist.[760] Ob ein Rechtsbindungswille gegeben ist, wird mithilfe objektiver Kriterien anhand des Verhaltens und der Erklärungen der Parteien beurteilt.[761] Die Rechtsprechung hält dabei die „Art der Gefälligkeit, ihr[en] Grund und Zweck, ihre wirtschaftliche und rechtliche Bedeutung, insbesondere für den Empfänger, die Umstände, unter denen sie erwiesen wird, und die dabei bestehende Interessenlage der Parteien"[762] für beachtlich.

Vorliegend spricht vieles gegen ein bloßes Gefälligkeitsverhältnis: Die Leitungstätigkeit ist anspruchsvoll, auch weil der Versammlungsleiter oft Ermessensentscheidungen zu treffen hat – und dies auch noch ad hoc. Somit spricht schon die Art des Geschäfts gegen eine Gefälligkeit. Auch ihr Zweck, die Förderung der gesellschafterlichen Beschlussfassung, spricht für eine rechtsverbindliche Aufgabe. Die dem Versammlungsleiter zukommenden Kompetenzen ziehen rechtliche und wirtschaftliche Konsequenzen nach sich – insbesondere dann, wenn er durch die Beschlussfeststellung ein Präjudiz schaffen kann. Zudem ist kein Grund ersichtlich, wieso der Gesellschaft gegenüber einem Gesellschafter bei einer fehlerhaften Leitungsmaßnahme keine vertraglichen Schadensersatzansprüche[763] zustehen sollte. Und falls der Dritte – was praktisch fernliegend erscheint – dennoch unentgeltlich tätig werden sollte, läge die Bejahung einer bloßen Gefälligkeit sogar noch ferner. Im Interesse beider Parteien kann demnach auf einen Rechtsbindungswillen geschlossen werden, zumal es sich um eine Tätigkeit handelt, die ein besonderes Vertrauensverhältnis voraussetzt. Von beiden Parteien wird regelmäßig auch der Abschluss eines Vertragsverhältnisses mit vertraglichen Primär- und Sekundäransprüchen gewollt sein. Daher ist die Annahme eines bloßen Gefälligkeitsverhältnisses abzulehnen.

b) *Vertragstyp*

Das Rechtsverhältnis mit dem Versammlungsleiter weist eine Nähe zum Auftrag (§ 662 BGB) bzw. zum Geschäftsbesorgungsvertrag (§ 675 BGB) auf. Der Versammlungsleiter

759 *Kleemann*, Versammlungsleiter GmbH, S. 27.

760 BGH v. 17.5.1971 – VII ZR 146/69, BGHZ 56, 204 = NJW 1971, 1404 (1405); BGH v. 18.12.2008 – IX ZR 12/05, NJW 2009, 1141 (1142); BGH v. 21.6.2012 – III ZR 291/11, NJW 2012, 3366 (3367).

761 BeckOK-BGB/*Fischer*, § 662 Rn. 3.

762 BGH v. 22.6.1956 – I ZR 198/54, BGHZ 21, 102 =NJW 1956, 1313 (1313).

763 Dazu BeckOK-BGB/*Fischer*, § 662 Rn. 5.

wird von den Gesellschaftern betraut, die Versammlungsleitung, mit anderen Worten eine Geschäftsbesorgung, im Interesse der Gesellschaft auszuüben. Dieses Verhältnis ist grundsätzlich jederzeit beendbar (§ 671 BGB) und muss persönlich ausgeübt werden (§ 664 Abs. 1 S. 1 BGB) (dazu G.I.2 bzw. D.IV). Zudem ist er aufgrund seiner abgeleiteten Stellung im Grunde stets weisungsgebunden (s. G.II.) (§ 665 S. 1 BGB).

c) Vertragsschluss

Wie genau sich der Vertragsschluss vollzieht, ist bisher nicht näher erläutert worden. Für die AG wird teilweise – ohne nähere Begründung – auf einen konkludenten Vertragsschluss abgestellt.[764]

Durch den Bestellungsakt (z.B. die Wahl) wird ein Angebot (§ 145 BGB) für die Gesellschaft abgegeben. Gibt es einen Wahlleiter, macht dieser als konkludent dazu rechtsgeschäftlich (§ 167 Abs. 1 BGB) Bevollmächtigter das Angebot zum Vertragsschluss. Gibt es keinen Wahlleiter, vertritt ausnahmsweise die Gesellschafterversammlung als Ganzes die Gesellschaft gegenüber dem Versammlungsleiter; es kommt also nicht darauf an, ob sämtliche für den Versammlungsleiter stimmenden Gesellschafter geschäftsführungs- und vertretungsberechtigt sind, sondern nur auf den Gesellschafterbeschluss an sich; ist er allen Gesellschaftern gegenüber wirksam, so gibt die Gesellschafterversammlung als „überindividuelles Gesellschaftsorgan"[765] die nötige Willenserklärung ab. Das Angebot nimmt der Versammlungsleiter entweder ausdrücklich oder aber konkludent[766] durch Aufnahme der Leitungstätigkeit an.[767] Für die Gesellschafter genügt schon die Duldung der Übernahme der Versammlungsleitungstätigkeit, wozu die bei der Wahl überstimmten Gesellschafter verpflichtet sind.

Da die Gesellschafterversammlung die Willenserklärung abgibt und nicht nur die den Versammlungsleiter befürwortenden Gesellschafter als Individuen, stellt sich die auf den ersten Blick hier vielleicht einschlägig erscheinende Problematik des Verbots des In-sich-Geschäfts nicht. Auch wenn in einer Gesellschaft nicht das Mehrheitsprinzip nach Köpfen (§§ 709 Abs. 2 BGB, 119 Abs. 2 HGB), sondern eine Stimmverteilung nach der Höhe des Kapitalanteils vereinbart ist – was aufgrund der Vertragsfreiheit möglich üblich ist[768] – und allein der Gesellschafter mit dem höchsten Kapitalanteil für sich selbst als Versammlungsleiter stimmt, so handelt dieser bei der Bestimmung nicht zugleich als Vertreter seiner Gesellschaft (auch wenn er oftmals geschäftsführungs- und vertretungsbefugt sein wird) und für sich selbst (§ 181 Alt. 1 BGB). Denn die Gesellschafterversammlung ist im Falle der Versammlungsleitung das vertretungsberechtigte Organ, das den für alle Gesellschafter bindenden Beschluss umsetzt.

---

764 *Drinhausen/Marsch-Barner*, AG 2014, 757 (767).

765 *K. Schmidt*, ZGR 2008, 1 (32).

766 Lutter/Hommelhoff/*W. Bayer*, § 48 Rn. 14.

767 Zum Erfordernis der Annahme Hüffer/*Koch*, § 129 Rn. 18; Lutter/Hommelhoff/*W. Bayer*, § 48 Rn. 14.

768 BGH v. 24.11.2008 – II ZR 116/08, BGHZ 179, 13 = NJW 2009, 669, Rz. 14 – Schutzgemeinschaft II; ausführlich *Zöllner*, in: FS Ulmer, S. 725 (727 f.).

G. Rechtsschutz gegenüber dem Versammlungsleiter

Während der im Regelfall mündlich abgehaltenen Versammlung und der daher durchaus sehr schnellen Abfolge von Ereignissen, muss der Versammlungsleiter oftmals sofort eine Entscheidung treffen. Dabei können ihm Fehler unterlaufen. Abgesehen von diesen versehentlichen Fehlern, kommt es nicht selten vor, dass ein Versammlungsleiter seine Einflussnahmemöglichkeit auf den „Willensbildungsprozess in der Gesellschafterversammlung" parteiisch und rechtsmissbräuchlich ausnutzt.[769] Gerade da „Gesellschafterkonflikte erfahrungsgemäß nicht [...] mit Samthandschuhen ausgetragen werden", kann es für ihn „verlockend" sein, nicht bestehende Stimmverbote auszusprechen, falsche Beschlussergebnisse festzustellen[770] – sofern der Feststellung eine Wirkung zukommt – oder ungerechtfertigte Ordnungsmaßnahmen zu verhängen, um so (Mit-)Gesellschafter zu schikanieren. Auch wenn dies Eigenschaften sind, die ein Versammlungsleiter nicht mitbringen sollte, so ist es dennoch menschlich, Eigeninteressen zu berücksichtigen. Daneben droht stets die Einsetzung eines auf den ersten Blick neutralen, aber von Gesellschaftern instrumentalisierten Versammlungsleiters.

Demnach muss die Frage des Rechtsschutzes gegen Versammlungsleitermaßnahmen als besonders bedeutsam eingestuft werden. Dies trifft insbesondere dann zu, wenn der Versammlungsleiter mittels einer Mehrheitsklausel in sein Amt gekommen ist und daher nicht alle Gesellschafter seine Einsetzung mitgetragen haben. Das entscheidende Argument für die Zulässigkeit einer Bestellung durch die Mehrheit (bei Vorliegen einer Mehrheitsklausel) war, dass die Bestellung des Versammlungsleiters an sich noch keinen Eingriff in die Gesellschafterrechte darstellt und die Gesellschafter auf das Rechtsschutzsystem verwiesen werden können. Aus diesen Gründen soll die Frage des Rechtsschutzes in den Fokus dieser Arbeit rücken.

I. Beendigung der Stellung als Versammlungsleiter

Wichtig ist, zu klären, wann und wie ein Versammlungsleiter sein Amt verlieren kann. Im Fokus steht dabei die Abberufung durch die Gesellschafter – sei es als neutrale Trennung von einem Versammlungsleiter oder im Sinne einer Rechtsschutzmöglichkeit; damit im Zusammenhang steht zudem die Niederlegung durch den Versammlungsleiter selbst, welche der Vollständigkeit halber ebenso in diesem Kapitel behandelt wird.

---

769 *Lange*, NJW 2015, 3190 (3191).

770 *Fantur*, in: FS Krejci, S. 581 (586).

1. Niederlegung durch den Versammlungsleiter

Ein Versammlungsleiter kann grundsätzlich – ganz gleich wie er bestellt wurde – jederzeit und ohne wichtigen Grund sein Amt niederlegen[771] und damit den Vertrag fristlos mittels empfangsbedürftiger Willenserklärung[772] kündigen. Eine solche Kündigungsmöglichkeit entspricht dem Wesen des Vertrages – unabhänig, ob die Leitung entgeltlich oder unentgeltlich erfolgte.

Es kann aber auch zu Situationen kommen, in welchen eine Kündigung mit sofortiger Wirkung für die Gesellschaft nicht tragbar wäre, z.B. wenn für die Versammlungsleitung eine eingehende Einarbeitung nötig war und kein anderer in der Lage ist, kurzfristig die Leitung zu übernehmen, oder weil ein dringendes Geschäft keinen Aufschub duldet. Dies wird man zwar eher dann annehmen können, wenn ein Dritter als Versammlungsleiter bestellt wurde, der regelmäßig Experte in der Versammlungsführung ist und welchen die Gesellschafter gerade ob seiner Sachkunde und ggf. aufgrund mediatorischer Fähigkeiten ausgewählt haben. Solche Situationen werden allgemein als Kündigung zur Unzeit zusammengefasst. Fraglich ist, ob die Kündigung zur Unzeit zwar wirksam ist, aber der Versammlungsleiter möglicherweise pflichtwidrig handelt oder ob die Kündigung für diesen Zeitraum nicht wirksam ist:

Richtigerweise muss die Amtsniederlegung jederzeit – auch zur Unzeit – möglich und wirksam sein; die Kündigung zur Unzeit stellt jedoch eine Pflichtverletzung dar, die zum Schadensersatz führen kann, sofern kein wichtiger Grund zur Kündigung bestand.[773] Ein wichtiger Grund, der eine unzeitige Kündigung nicht pflichtwidrig werden lässt, liegt aber etwa bei einer „plötzlichen Erkrankung des Versammlungsleiters" vor oder wenn nach „Abwägung der beiderseitigen Interessen" eine Vertragsfortsetzung unzumutbar wäre.[774] Im Auftragsrecht ist dieser Mechanismus in den §§ 671 Abs. 1 Hs. 2, Abs. 2 S. 1 und 2 BGB normiert; beim Geschäftsbesorgungsvertag ergibt er sich aus §§ 621 Nr. 5, 675 Abs. 1 Hs. 2, 671 Abs. 2 BGB.[775] Bei einer pflichtwidrigen Kündigung wird jedoch nicht das Erfüllungsinteresse, sondern nur der Vertrauensschaden ersetzt, da der Beauftragte grundsätzlich zur Kündigung berechtigt war.[776]

Nach der wirksamen Niederlegung kann das Amt neu vergeben werden. Falls der Gesellschaftsvertrag das Vorgehen im Niederlegungsfall regelt, ist dies maßgeblich, z.B. wenn dafür ein Ersatz-Versammlungsleiter vorgesehen ist; ansonsten ist eine Neuwahl möglich bzw., wenn der Vertrag keine Pflicht zur Versammlungsleitung

---

771 GmbH: Scholz/*Seibt*, § 48 Rn. 34; Lutter/Hommelhoff/*W. Bayer*, § 48 Rn. 14; *Lange*, NJW 2015, 3190 (3193); *Lange*, NJW 2015, 3190 (3193); *Wicke*, GmbHR 2017, 777 (785); AG: K. Schmidt/Lutter/*Ziemons*, § 129 Rn 58.

772 *Lange*, NJW 2015, 3190 (3193).

773 *Kleemann*, Versammlungsleiter GmbH, S. 53 f.

774 *Kleemann*, Versammlungsleiter GmbH, S. 53 m.w.N.

775 *Kleemann*, Versammlungsleiter GmbH, S. 53 f.

776 BeckOK-BGB/*Fischer*, § 671 Rn. 8; Jauernig/*Mansel*, § 671 Rn. 4; a. A. RGRK/*Steffen*,§ 671 Rn. 16.

vorsieht, können die Gesellschafter das Amt vakant lassen, die Aufgaben wieder an sich ziehen und die Versammlung ohne Versammlungsleiter fortsetzen.[777]

2. Abberufung des Versammlungsleiters

Haben die Gesellschafter bezüglich der Abberufung des Versammlungsleiters bereits Vereinbarungen getroffen, dann gelten diese vorrangig. Solche Regelungen finden sich allerdings selten.[778]

Die Abberufung folgt grundsätzlich dem Prinzip des „actus contrarius"[779] zur Bestellung, d.h. dass eine Abberufung – als Konträrmaßnahme zur Bestellung – jeweils denselben Voraussetzungen[780] wie diese unterfällt.

a) Einfach (ausdrücklich oder konkludent) gewählter Versammlungsleiter

So kann ein durch einfachen Gesellschafterbeschluss gewählter Versammlungsleiter jederzeit durch einfachen Beschluss ohne wichtigen Grund wieder abgewählt werden.[781] Die Gesellschafter haben nämlich gerade die Entscheidungsgewalt über die äußeren Umstände der Versammlungsleitung inne. Dazu sind dieselben Voraussetzungen (Einstimmigkeit/ (qualifizierte) Mehrheit) nötig, wie auch zur Wahl.

b) Gesellschaftsvertraglich eingesetzter Versammlungsleiter

aa) Versammlungsleitung als Sonderrecht

Die Position des Versammlungsleiters kann einem Gesellschafter als Sonderrecht (§ 35 BGB analog) zuerkannt worden sein, wenn die Auslegung der entsprechenden Vereinbarung ergibt, dass der Person mit der Versammlungsleitung eine Ergänzung seines „Mitgliedschaftsrechts" und damit eine „Vorzugsstellung" eingeräumt werden soll.[782] Wurde die Versammlungsleitung als Sonderrecht ausgestaltet – was nur für einen Gesellschafter und nicht für einen Dritten möglich ist[783] –, so kann sie nur

777 Ähnlich *Kleemann*, Versammlungsleiter GmbH, S. 54.

778 So zur GmbH: GroßkommGmbHG/*Hüffer/Schürnbrand*, § 48 Rn. 30; Lutter/Hommelhoff/ *W. Bayer*, § 48 Rn. 15.

779 BeckOK-GmbHG/*Schindler*, § 48 Rn. 46; *Lange*, NJW 2015, 3190 (3193).

780 *Fantur*, in: FS Krejci, S. 581 (587).

781 *K.-S. Scholz*, in: FS Spellenberg, S. 51 (S. 64); zur GmbH: MüKo-GmbHG/*Liebscher*, § 48 Rn. 108; Michalski/*Römermann*, § 48 Rn. 99; Scholz/*Seibt*, § 48 Rn. 34; GroßkommGmbHG/*Hüffer/Schürnbrand*, § 48 Rn. 30; Lutter/Hommelhoff/ *W. Bayer*, § 48 Rn. 15; BeckOK-GmbHG/*Schindler*, § 48 Rn. 46; *Lange*, NJW 2015, 3190 (3193); *Böttcher/Grewe*, NZG 2002, 1086 (1089); *Wicke*, GmbHR 2017, 777 (785); *Noack*, GmbHR 2017, 792 (799).

782 Dazu *Böttcher/Grewe*, NZG 2002, 1086 (189).

783 *Fantur*, in: FS Krejci, S. 581 (589).

unter den Voraussetzungen entzogen werden, unter welchen ein Sonderrecht allgemein entzogen werden kann, also mit der Zustimmung des Sonderberechtigten.[784]

Besteht aber ein wichtiger Grund zur Abberufung, kann es in diesem Fall nicht auf die Zustimmung des Sonderrechtsinhabers ankommen, da dieser zumindest nach § 242 BGB nicht mehr schutzwürdig ist.[785]

bb) Exkurs: Der wichtige Grund

(1) Grundsatz

Ein wichtiger Grund ist dann gegeben, wenn die Beibehaltung des Versammlungsleiters den Gesellschaftern nicht mehr zumutbar ist.[786] Dieser Grund muss im Zusammenhang mit der Leitungstätigkeit stehen[787], d. h. sich in erster Linie aus einem bereits begangenen schwerwiegenden Fehler bei der Leitung[788] (beispielsweise einer offensichtlich falschen Beschlussfeststellung,[789] dem Ausspruch eines offensichtlich nicht bestehenden Stimmverbotes,[790] einem rechtswidrig ausgesprochenen Hausverbot[791] oder einer nicht gerechtfertigte Ordnungsmaßnahme) selbst ergeben, der eine Pflichtwidrigkeit darstellt.[792]

In seltenen Fällen kann es ausreichen, wenn bereits in praktischer Hinsicht feststeht, dass der Versammlungsleiter „seine Pflicht nicht erfüllen kann oder will“[793], weil er nicht in der Lage ist, unvoreingenommen zu handeln. Wie bereits in Kapitel D. I. 9. b) bb) (6) dargestellt, ist ein Versammlungsleiter im Falle der Befangenheit nicht schon automatisch von der Ausübung der Versammlungsleitung ausgeschlossen. Vielmehr besteht nur die Möglichkeit der Abberufung, wenn er selbst als Versammlungsleiter offensichtlich und in gewichtiger Weise von einem Beschlussgegenstand betroffen ist, etwa wenn Ansprüche gegen ihn geltend gemacht

---

784 MüKo-GmbHG/*Liebscher*, § 48 Rn. 108; GroßkommGmbHG/*Hüffer/Schürnbrand*, § 48 Rn. 30; Lutter/Hommelhoff/*W. Bayer*, § 48 Rn. 15; *Lange*, NJW 2015, 3190 (3194); Scholz/*Seibt*, § 48 Rn. 34; *Böttcher/Grewe*, NZG 2002, 1086 (1090).

785 *Eickhoff*, Gesellschafterversammlung, S. 109, 70; GmbH: Scholz/*Seibt*, § 48 Rn. 34; *Lange*, NJW 2015, 3190 (3194); *Böttcher/Grewe*, NZG 2002, 1086 (1089); manche erkennen den Entzug des Sonderrechts ohne Zustimmung aus wichtigem Grund wegen des klaren Wortlauts des § 35 BGB nicht an, so *Soergel/Hadding*, § 35 Rn. 18, nehmen jedoch in diesem Fall auch den Weg über § 242 BGB.

786 Z.B. OLG Bremen v. 13.11.2009–2 U 57/09, AG 2010, 256, Rz. 32 zum Hauptversammlungsleiter.

787 *Noack*, GmbHR 2017, 792 (800).

788 Zur Frage bei der AG jüngst *Hoppe*, NZG 2017, 361 (362).

789 *Rose*, NZG 2007, 241 (244); *Butzke*, ZIP 2005, 1164 (1166).

790 *Böttcher/Grewe*, NZG 2002, 1086 (1090).

791 LG Köln v. 6.7.2005–82 O 150/04, BeckRS 2005, 08759.

792 So zur GmbH: Lutter/Hommelhoff/*W. Bayer*, § 48 Rn. 15a; *Böttcher/Grewe*, NZG 2002, 1086 (1090); zur AG: MüKo-AktG/*Kubis*, § 119 Rn. 113 m.w.N.

793 LG Köln v. 14.1.2016–91 O 31/15, BeckRS 2016, 02018 (Rechtsmittel anhängig: OLG Köln – 18 U 21/16).

werden sollen. Nicht ausreichend ist die bloße Besorgnis der Befangenheit oder ein Stimmverbot, dem er als Gesellschafter bei einem zu beratenden, anderweitigen Sachbeschluss unterliegt.[794] Ebenso genügt die anstehenden Wahl des Versammlungsleiters für ein anderweitiges Amt (z. B. Wiederwahl in den fakultativen Aufsichtsrat) nicht.[795]

Gründe, die außerhalb der Versammlungsleitung liegen, vermögen die Abwahl grundsätzlich nicht zu stützen,[796] ganz ausnahmsweise nur dann, wenn sie mit ebendieser zusammenhängen und die „sachgerechte Durchführung“[797] der Versammlung nicht mehr erreichbar wäre; nicht jegliches Fehlverhalten in privaten oder anderweitig geschäftlichen Bereichen reicht aus. Ein (eingestelltes) Ermittlungsverfahren[798] genügt, wenn die vorgeworfene Tat auch Auswirkungen auf die Versammlungsleitertätigkeit hat, was auf wenige Fälle beschränkt sein wird: eine Körperverletzung im Zusammenhang mit einer Leitung der Versammlung kann vielleicht genügen oder ein Betrug zur Erlangung einer Qualifikation oder eines Amtes, nicht jedoch sonstige Delikte. Dies gilt insbesondere für Personengesellschaften, deren Versammlungen in der Regel anders als bei Aktiengesellschaften keinerlei öffentliche Aufmerksamkeit bekommen, und der Versammlungsleiter daher nicht in irgendeiner Weise repräsentativ für die Gesellschaft ist.[799]

(2) Objektives Bestehen oder schlüssige Behauptung?

Äußerst umstritten ist die Frage, ob ein wichtiger Grund, der zur (einfachen) Abwählbarkeit eines gesellschaftsvertraglichen Versammlungsleiters (mit oder ohne Sonderrecht) und zum Stimmverbot desselben in dieser Frage (dazu sogleich) führt, tatsächlich objektiv bestehen[800] muss, um diese Rechtsfolgen nach sich zu ziehen, oder ob es genügt, dass die ihn begründenden Umstände schlüssig vorgetragen[801] werden.

---

794 BGH v. 21.6.2010 – II ZR 230/08, NJW 2010, 3027, Rz. 16.

795 Zur AG: *Hoppe*, NZG 2017, 360 (361).

796 Zur AG jüngst bestätigt: OLG Stuttgart v. 8.7.2015–20 U 2/14, BeckRS 2015, 14340, Rz. 160.

797 *Rose*, NZG 2007, 241 (244).

798 Nach § 153a StPO eingestelltes Ermittlungsverfahren LG Frankfurt a. M. v. 11.1.2005–3-5 O 100/04, BeckRS 2005, 10225.

799 Zur Bedeutung des Versammlungsleiters für die Außenwirkung bei der AG *von der Linden*, NZG 2013, 208 (212); *Wilsing/von der Linden*, ZIP 2009, 641 (2328).

800 Lutter/Hommelhoff/ *W. Bayer*, § 48 Rn. 15a und b; generell: MüKo-HGB/*Enzinger*, § 119 Rn. 32; Michalski/*Römermann*, § 47 Rn. 240, 244.

801 So bei der Abwahl des Hauptversammlungsleiters: OLG Köln v. 9.3.2017–18 U 19/16, AG 2017, 351 (360) (Rechtsmittel anhängig: BGH – II ZR 94/17); OLG Stuttgart v. 8.7.2015–20 U 2/14, AG 2016, 370 (372); OLG Bremen v. 13.11.2009 – AG 2010, 256 (257); ganz generell in Bezug den wichtigen Grund in der Personengesellschaft: Spindler/Stilz/ *Wicke*, Anh. § 119 Rn. 4; Ebenroth/Boujong/Joost/Strohn/ *Freitag*, § 119 Rn. 19.

Besonders für Personengesellschaften überzeugt es aus Wertungsgesichtspunkten, dass der wichtige Grund tatsächlich bestehen muss: Ansonsten könnten die Machtverhältnisse in der Gesellschaft allein durch das schlichte Behaupten eines wichtigen Grundes verschoben werden.[802] Denn im besonders praxisrelevanten Fall von Mehrheitsentscheidungen nach Kapitalanteil, könnten die Mehrheitsverhältnisse durch die bloße Behauptung eines wichtigen Grundes umgekehrt werden und so, bei Zuweisung der Feststellungskompetenz, die Klagelast der den Versammlungsleiter regelmäßig stellenden Mehrheit aufgebürdet werden. Damit wäre die ursprüngliche Machtverteilung völlig konterkariert. Es könnte ansonsten ein gesellschaftsvertraglich bestellter Versammlungsleiter allein durch die Behauptung eines wichtigen Grundes seine (starke) Stellung verlieren.[803] Daher überzeugt es, dass im Streitfall derjenige, der einen wichtigen Grund vorliegen sieht, diesen auch darlegen und beweisen muss.[804]

cc) Versammlungsleiter ohne Sonderrecht

Ein gesellschaftsvertraglich bestellter Versammlungsleiter ohne Sonderrecht kann jedenfalls durch entsprechende Gesellschaftsvertragsänderung, auch ohne seine Zustimmung, wenn die Gesellschaft Mehrheitsentscheidungen zulässt, wieder abberufen werden.[805] An diese sind dieselben Anforderungen zu stellen wie an die Einführung der gegenständlichen Klausel.

dd) Durchbrechung des Gesellschaftsvertrages

Eine Gesellschaftsvertragsänderung kann jedoch deutlich aufwändiger sein als ein einfacher Beschluss, soweit die Gesellschafter dafür besondere Form- und Abstimmungserfordernisse sowie gesonderte Einberufungsformalitäten vorgesehen haben. Grundsätzlich sollen gesellschaftsvertraglich ausgehandelte Vereinbarungen für längere Zeit Geltung behalten und so innerhalb der Gesellschaft für Rechtssicherheit und Beständigkeit sorgen, ohne durch regelmäßige Personaldiskussionen aufgehalten zu werden[806]. Bei einer gesellschaftsvertraglichen Bestellung, insbesondere ohne Sonderrechte, z. B. wenn der Versammlungsleiter funktionell (Gesellschafter mit

---

802 Vgl. zum Vorliegen des schlüssigen Grundes jüngst *W. Bayer,* GmbHR 2017, 665 (670).

803 Zur GmbH: Lutter/Hommelhoff/*W. Bayer,* § 48 Rn. 15b.

804 Jüngst BGH v. 4.4.2017 – II ZR 77/16, GmbHR 2017, 701, Rz. 14 m. Anm. *C. Kunkel/O. Kunkel,* jurisHaGesR 6/2017 Anm. 2 im Zusammenhang mit der Abberufung als GmbH-Geschäftsführer aus wichtigem Grund; dazu auch *K. Schmidt,* GmbHR 2017, 670 (671 ff.).

805 GmbH: GroßkommGmbHG/*Hüffer/Schürnbrand,* § 48 Rn. 30; *Böttcher/Grewe,* NZG 2002, 1086 (1090); a.A. wohl BeckOK-GmbHG/*Schindler,* § 48 Rn. 46, wonach die Abwahl eines satzungsmäßigen Vesammlungsleiters nur aus wichtigem Grund möglich ist.

806 *Rose,* NZG 2007, 241 (242).

dem größten Anteil etc.) eingesetzt wurde, kann es interessant sein, diese Regelung beizubehalten, die Person, die das Merkmal trägt, aber für einen gewissen Zeitraum von der Leitungsaufgabe auszuschließen.

Hier überzeugt es, einen Beschluss, durch den der Grundsatz des Gesellschaftsvertrages temporär durchbrochen[807] wird, zuzulassen, denn so kann gleichsam eine sinnvolle Regelung der Versammlungsleitung zum Wohle aller Gesellschafter und nach deren Willen beibehalten werden und zugleich auf die Bedürfnisse der Gesellschafter in der jeweiligen Situation angemessen reagiert werden. Fraglich ist, ob eine solche Durchbrechung für Personengesellschaften überhaupt vorgesehen ist: Anerkannt ist lediglich die Durchbrechung geschaffener Formvorschriften ohne Änderung derselben durch einstimmigen Beschluss.[808] Die im GmbH-Recht streitige Frage, ob ein solcher satzungsdurchbrechender Beschluss mit einfacher[809] oder nur mit satzungsändernder Mehrheit[810] möglich ist, würde sich in Personengesellschaften sowieso nur dann stellen, wenn, erstens überhaupt Mehrheitsbeschlüsse vorgesehen und, zweitens zwischen einfachen und vertragsändernden Beschlüssen bezüglich der nötigen Mehrheiten differenziert wird.

Ein vertragsdurchbrechender Beschluss ist jedenfalls immer dann möglich, wenn dieselben formalen Voraussetzungen wie bei einer Vertragsänderung gegeben sind. Die vertragsändernde Mehrheit kann dann nämlich entweder den Vertrag als solches abändern oder ausnahmsweise temporär von diesem abweichen.

Darüber hinaus sollte in bestimmten Ausnahmefällen auch eine einfache Beschlussmehrheit genügen, wenn wiederum ein wichtiger Grund[811] besteht, da der wichtige Grund oft erst während der laufenden Versammlung auftritt und es für die Einhaltung von Formalia zur Vertragsänderung dann naturgemäß zu spät ist und ein Versammlungsleiter, welcher berechtigterweise „nicht mehr das Vertrauen der Mehrheit genießt", als Leiter ungeeignet ist.[812] Auch ein gesellschaftsvertraglich eingesetzter Versammlungsleiter genießt also bei ergänzender Auslegung nur unter dem Vorbehalt Schutz, dass kein wichtiger Grund für seine Abberufung besteht.[813]

---

807 So zur GmbH: Lutter/Hommelhoff/*W. Bayer*, § 48 Rn. 15; GroßkommGmbHG/*Hüffer/Schürnbrand*, § 48 Rn. 30; *Böttcher/Grewe*, NZG 2002, 1086 (1090).

808 BGH v. 7.2.1972 – II ZR 169/69, BGHZ 58, 115 = MDR 1972, 398 und BGH v. 5.2.1990 – II ZR 94/89, MDR 1990, 801.

809 Lutter/Hommelhoff/*W. Bayer*, § 48 Rn. 15a; *Lange*, NJW 2015, 3190 (3194); *Böttcher/Grewe*, NZG 2002, 1086 (1090); AG: *Rose*, NZG 2007, 241 (242).

810 GmbH: GroßkommGmbHG/*Hüffer/Schürnbrand*, § 48 Rn. 30; MüKo-GmbHG/*Liebscher*, § 48 Rn. 108; AG: MüKo-AktG/*Kubis*, § 119 Rn. 112; Hüffer/*Koch*, § 129 Rn. 21.

811 Zur Abwahl des satzungsmäßigen Hauptversammlungsleiters aus wichtigem Grund: OLG Köln v. 9.3.2017–18 U 19/16, AG 2017, 351 (360) (Rechtsmittel anhängig: BGH – II ZR 94/17); so auch *Noack*, GmbHR 2017, 792 (799 f.).

812 Lutter/Hommelhoff/*W. Bayer*, § 48 Rn. 15a.

813 „[I]mmanente Schranke", so *Butzke*, ZIP 2005, 1164 (1166); einschränkend *Noack*, GmbHR 2017, 792 (799).

c) *Stimmverbote?*

aa) Gesellschafter-Versammlungsleiter

Ist der Versammlungsleiter zugleich Gesellschafter, so stellt sich die Frage, ob er den Beschluss über seine Abberufung mitfassen kann oder einem Stimmverbot unterliegt. Dies ist eine essentielle Frage, da viele Gesellschafter gerne die Vorzüge der Versammlungsleitung beanspruchen und die Position freiwillig selten räumen.[814]

Der BGH hat im Fall einer GmbH Stimmverbote bei der Abwahl abgelehnt, da der Versammlungsleiter sich bei seiner Aufgabe innerhalb des gesetzlichen Rahmens befinden müsse, kein Ermessen habe[815] und es außerdem aufgrund der Schwierigkeit des Feststellens von Stimmverboten im Ergebnis allgemein unpraktikabel sei,[816] Stimmverbote bei Fragen der Versammlungsleitung anzunehmen.

Verallgemeinert man diesen Gedanken auf alle denkbaren Situationen, wäre die Minderheit teilweise rechtlos gestellt und hätte keine Handhabe gegen einen Versammlungsleiter, der grobe Fehlentscheidungen trifft, um seine Interessen durchzusetzen und die Minderheit zu benachteiligen. Der verbleibende Rechtsschutz gegen fehlerhaft zustande gekommene Beschlüsse[817] sowie Schadensersatz- und Unterlassungsansprüche (dazu im nächsten Kapitel) vermögen die anderen Gesellschafter nicht hinreichend zu schützen, da es ihnen nicht zugemutet werden kann, immer wieder Rechtsverletzungen zu erdulden, um sodann im Nachgang gerichtlich Entschädigung für erlittene Schäden zu erhalten. Insbesondere tragen sie durch eine stetige Benachteiligung auch immaterielle und daher nicht ersatzfähige Schäden davon.

Richtigerweise ist daher zu differenzieren[818]: Ein Gesellschafter-Versammlungsleiter unterliegt bei der Abberufung ohne wichtigen Grund keinem Stimmverbot.[819] Dies erfasst auch den vom BGH zu entscheidenden Fall, dass der Versammlungsleiter wegen eines drohenden Interessenskonflikts in Bezug auf zu beratende Tagesordnungspunkte von der Leitung ausgeschlossen werden soll.[820] Die bloße Besorgnis der Befangenheit in Bezug auf einen Sachbeschluss stellt keinen wichtigen Grund dar, da auch im GmbH-Recht eine Anfechtungsklage in einer derartigen Situation eines hinreichenden Rechtsschutzbedürfnisses entbehrt, da „die Stellung als Versamm-

814 Vgl. *Lange*, NJW 2015, 3190 (3194).

815 BGH v. 21.6.2010 – II ZR 230/08, NJW 2010, 3027, Rz. 16.

816 BGH v. 21.6.2010 – II ZR 230/08, NJW 2010, 3027, Rz. 17.

817 A.A. *Lange*, NJW 2015, 3190, der dies aufgrund mangelndem Rechtsschutzinteresse der Gesellschafter wegen der Rechtsunwirksamkeit der Leiterstellung für ausreichend erachtet.

818 Lutter/Hommelhoff/*W. Bayer*, § 48 Rn. 15; in diese Richtung auch Scholz/*K. Schmidt*, § 47 Rn. 110.

819 OLG Jena v. 25.4.2012–2 U 520/11, GmbHR 2013, 149 (152); Lutter/Hommelhoff/*W. Bayer*, § 48 Rn. 15; Baumbach/Hueck/*Zöllner/Noack*, § 48 Rn. 19a.

820 BGH v. 21.6.2010 – II ZR 230/08, NJW 2010, 3027; Lutter/Hommelhoff/*W. Bayer*, § 48 Rn. 15.

lungsleiter keine Rechtswirkung erzeugt“[821]. Besteht kein wichtiger Grund, sind die drohenden Nachteile durch Parallel- und Scheinversammlungen[822] zu groß. Diese eher praktischen Erwägungen entfalten ihre volle Überzeugungskraft, wenn man sich vergegenwärtigt, dass die Bestellung sowie die Abbestellung im Grundsatz neutrale Angelegenheit sind, weil keine Bewertung der Leitungstätigkeit erfolgt. Demnach droht kein Richten in eigener Sache, welches das Eingreifen eines Stimmverbotes rechtfertigen würde. Dabei bedarf es für die Personengesellschaft keiner anderen Bewertung als für die GmbH, obwohl ein Unterschied dergestalt besteht, dass nach dem gesetzlichen Grundfall Einstimmigkeit zur Abberufung notwendig ist und der Versammlungsleiter nicht für seine Abwahl stimmen wird, ihm somit quasi ein Vetorecht zukommt. Dennoch sind die Gesellschafter über die ihnen zur Verfügung stehenden Rechtsschutzinstrumentarien hinreichend geschützt.

Soll die Abberufung hingegen aus wichtigem Grund erfolgen, besteht ein Stimmverbot[823] – ganz gleich wie der Versammlungsleiter bestellt wurde. Dann nämlich muss zur Klärung der Frage nach der Existenz eines wichtigen Grundes dessen Leistung als Versammlungsleiter bewertet werden. Dabei droht dann ein Richten in eigener Sache. Dies entspricht dem allgemein anerkannten, in den §§ 117, 127 und 140 HGB sowie § 712 Abs. 2 BGB gesetzlich zum Ausdruck kommenden Grundsatz, dass das Stimmrecht eines Gesellschafters bei allen gegen ihn aus wichtigem Grund beschlossenen Maßnahmen ruht.[824]

Damit gehen zwar Unsicherheiten einher, weil es innerhalb der Gesellschafter umstritten sein kann, ob der Versammlungsleiter noch im Amt ist.[825] So kann es zur Bestellung von „Scheinleitern“ oder sogar zum Abhalten von „Scheinversammlungen“ kommen und es kann Unsicherheit über die Wirksamkeit von Beschlüssen bestehen. Die andere Ansicht ist diesbezüglich sicher einfacher. Im Ergebnis kann jedoch die bessere Klarheit nicht als Argument dafür dienen, Gesellschafter rechtlos zu stellen und insoweit heiligt der Zweck nicht die Mittel. Demnach sind Nachteile durch Unsicherheit hinzunehmen und die Unklarheiten sind, wenn nicht anders eine Einigung erzielt werden kann, gerichtlich mittels Feststellungsklage zu klären. Bestand tatsächlich ein Stimmverbot und wurde der Versammlungsleiter im Ergebnis wirksam abberufen, agierte er aber trotzdem weiter, so ist er als „Scheinversammlungsleiter“ zu qualifizieren und alle seine Maßnahmen sind als unwirksam anzusehen – insbesondere getroffene Feststellungen, soweit seine Beschlussfeststellungskompetenz über eine Deklaration hinausreichte.

---

821 *Lange*, NJW 2015, 3190 (3194).

822 BGH v. 21.6.2010 – II ZR 230/08, NJW 2010, 3027, Rz. 17.

823 Auch der BGH meint, dass die Gesellschafter ihren Versammlungsleiter gleichwohl auf wichtigem Grund abberufen können, BGH v. 21.6.2010 – II ZR 230/08, NJW 2010, 3027, Rz. 18; Lutter/Hommelhoff/*W. Bayer*, § 48 Rn. 15.

824 MüKo-HGB/*Enzinger*, § 119 Rn. 32 m.w.N.

825 Vgl. *Lange*, NJW 2015, 3190 (3194).

bb) Dritt-Leiter?

Ist der Versammlungsleiter Dritter, kann er nicht über seine Abberufung mitentscheiden, sondern hat jedes Ergebnis zu akzeptieren. Eine interessante Frage ist jedoch, inwieweit ein Gesellschafter bei der Abwahl eines Dritten einem Stimmverbot unterliegt, soweit der Dritte erkennbar in das Lager eines Gesellschafters gehört, z.B. dessen persönlicher Anwalt ist und damit die Gefahr besteht, dass der Dritte zugunsten seines Mandaten handelt. Da aber Stimmverbote nicht stärker ausfallen können, als wenn derjenige Gesellschafter selbst Versammlungsleiter wäre, kann der Gesellschafter bei der Frage der Abwahl ohne wichtigen Grund unzweifelhaft mitabstimmen.

Problematischer erscheint die Situation der Abberufung des Dritten aus wichtigem Grund: Hier kann durchaus ein Interessenkonflikt beim Gesellschafter drohen, wenngleich er nicht so stark ist, wie wenn ihm selbst ein Fehlverhalten angelastet würde. § 47 Abs. 4 GmbHG wird zudem nicht auf solche, vom Wortlaut nicht explizit erfasste Interessenkonflikte erstreckt, um die Entscheidung des Gesetzgebers, gerade keine Generalklausel schaffen zu wollen, sondern zum Zwecke der Rechtssicherheit lediglich Einzelfälle zu benennen, nicht „durch eine Analogie [zu] nivellier[en]".[826] Diese Wertung sollte stets Berücksichtigung finden, selbst wenn in Personengesellschaften die Regelung des § 47 Abs. 4 GmbHG nicht generell analoge Anwendung findet, sondern vielmehr die Beurteilung erforderlich ist, ob generell ein „Richten in eigener Sache" vorliegt.

Formal gesehen ist dies zwar nicht der Fall, da es sich nicht um eine eigene, sondern um eine fremde Sache handelt. Bei wertender Betrachtung könnte sich jedoch etwas anderes ergeben, da sehr wohl die Gefahr besteht, dass sich „der betreffende Gesellschafter [bei typisierender Betrachtung...] bei dem Abstimmungsgegenstand von seinem Sonderinteresse leiten lassen"[827] würde, nämlich um sich weiterhin die Vorteile eines ihm zugetanen Versammlungsleiter zu erhalten. Würde kein Stimmverbot bestehen, könnte ein Gesellschafter, sofern ihm die Mehrheit der Stimmen zukommt, stets dafür sorgen, dass ‚sein' Versammlungsleiter trotz rechtswidrigen Verhaltens im Amt bliebe. Dies ist besonders relevant, wenn der Dritte gleichsam nur als Strohmann für den Gesellschafter agiert.

Allerdings ist auch im Personengesellschaftsrecht nicht in jeder Situation eines Interessenkonfliktes ein Stimmrechtsausschluss nötig, da zum Schutz der übrigen Gesellschafter immer noch der Treuepflichteinwand eingreift.[828] Es bliebe also die Möglichkeit, wegen der treuwidrig unterlassenen Zustimmung des Gesellschafters zur Abwahl ‚seines' Versammlungsleiters auch gegen ihn vozugehen, was wohl in den meisten Fällen der zu beschreitende Weg sein dürfte.

Allerdings drohen zwischenzeitlich – bis zur gerichtlichen Durchsetzung des Anspruchs aus der Treuepflicht – noch einige weitere Gesellschafterversamm-

826 MüKo-GmbHG/*Drescher*, § 47 Rn. 134.
827 Oetker/*Lieder*, § 119 Rn. 23.
828 MüKo-HGB/*Enzinger*, § 119 Rn. 30 m.w.N.

lungen mit dem alten Dritt-Leiter stattzufinden, deren Beschlüsse allesamt an dem Mangel eines abzuwählenden Versammlungsleiters litten. Außerdem kann man davon ausgehen, dass der Dritte, wenn er der Anwalt des Gesellschafters ist, aus seinem Mandatsverhältnis in gewisser Weise in seinen Leitungsentscheidungen „maßgeblich beeinflusst“[829] und damit faktisch weisungsgsabhängig[830] ist.

Im Ergebnis erscheint es nicht ausgeschlossen, dass ein Gesellschafter bei der Abstimmung über die Abwahl eines Drittleiters ausnahmsweise kein Stimmrecht hat, wenn der Dritte *erstens* grds. klar einem Gesellschafter verpflichtet ist, und einschränkend *zweitens* der wichtige Grund im Zusammenhang mit diesem Gesellschafter steht, also das Fehlverhalten dem Gesellschafter einen Vorteil eingebracht hat. Andernfalls könnten (Mehrheits-)Gesellschafter dazu übergehen, stets ihre Vertraute als Versammlungsleiter zu bestellen und diese selbst bei einem Fehlverhalten im Amt zu halten. Dies wäre den anderen Gesellschaftern, also der Minderheit, nicht zumutbar.

d) Abwahlantrag

Die Abwahl des Versammlungsleiters kann von jedem Gesellschafter beantragt werden. Als Verfahrensantrag ist er stets vor inhaltlichen Fragen zu behandeln.[831] Bei einem einfach gewählten Versammlungsleiter ist der Antrag grundsätzlich jederzeit zuzulassen. Kann die Abwahl allerdings nur aus wichtigem Grund erfolgen, so reicht, wie soeben dargelegt, nicht die bloße Behauptung eines solchen, vielmehr muss der Grund tatsächlich bestehen, was bei Stellung des Abwahlantrags durch „konkrete Tatsachen“ zu belegen ist.[832]

e) Probleme im Zusammenhang mit der Abberufung und deren Auswirkungen auf Folgebeschlüsse

Bei einer im Raum stehenden Abberufung des Versammlungsleiters können außerdem einige Probleme auftreten, die wiederum ggf. weitreichende Konsequenzen auf den weiteren Verlauf der Versammlung bzw. sogar darüber hinaus für alle in der Folge gefassten Beschlüsse haben könnten.

aa) Nichtzulassung des Abwahlantrags durch den Versammlungsleiter

Wurde ein Abwahlantrag durch den Versammlungsleiter nicht zur Abstimmung zugelassen, etwa weil der Versammlungsleiter argumentiert, es liege kein wichtiger Grund für seine Abwahl vor, so stellt sich die Frage, ob dies Auswirkungen auf weitere Beschlüsse hat. Im Aktienrecht wird vertreten, dass die nachfolgenden

829 Kriterium bei OLG Brandenburg v. 20.9.2001–7 U 71/00, NZG 2001, 129 (130).
830 Koller/Kindler/Roth/Morck/*Kindler*, § 119 Rn. 3.
831 Siehe D. I. 6. d).
832 GmbH: Lutter/Hommelhoff/*W. Bayer*, § 48 Rn. 15c.

Beschlüsse entweder allein aus diesem Grund schon nichtig[833] oder aber zumindest anfechtbar sind[834]. Für die Nichtigkeit wird angeführt, dass Hauptversammlungsbeschlüsse wegen § 241 Nr. 2 AktG nichtig seien, weil eine ordnungsgemäße Beurkundung, wie sie laut § 130 Abs. 2 S. 1 AktG zu erfolgen hat, nicht durch einen Versammlungsleiter erfolgen kann, welcher möglicherweise abberufen worden wäre.[835] Für das GmbH-Recht gibt es dagegen Stimmen, die im Endeffekt keine Fehlerfolge anerkennen wollen: *Kleemann* argumentiert damit, dass im GmbHG die Beschlussfeststellung durch den ‚richtigen' Versammlungsleiter keine zwingende, bei Nichteinhalten zur Nichtigkeit führende Vorgabe ist und dies zudem nicht einmal einen Anfechtungsgrund bildet, da selbst die satzungsmäßige Vereinbarung des Mitwirkens eines Versammlungsleiters bloße Ordungsvorschrift sei und das Abhalten einer Gesellschafterversammlung ohne Versammlungsleiter nicht zur Rechtswidrigkeit der gefassten Beschlüsse führe.[836]

Für das Personengesellschaftsrecht besteht diesbezüglich eine Parallele zur GmbH. Allerdings kommt in der GmbH-rechtlichen Argumentation das im Unterschied zur Aktiengesellschaft völlig unterschiedliche Verhältnis von Gesellschaftern und Versammlungsleiter nicht in der gebotenen Deutlichkeit zum Ausdruck. Es wird davon ausgegangen, dass der statutarische Versammlungsleiter die Kompetenz hat, Abwahlanträge zurückzuweisen, wenn im Ergebnis auch tatsächlich kein wichtiger Grund für seine Abwahl bestand.[837] Grundsätzlich stehen Gesellschafter und Versammlungsleiter aber sowohl in der GmbH als auch in Personengesellschaften in einem Über-Unterordnungsverhältnis, weil der Versammlungsleiter gesetzlich nicht vorgesehen ist und er all seine Rechte von den Gesellschaftern ableitet.[838] Seine Entscheidungen können also grundsätzlich jederzeit durch Prärogativbeschluss der Gesellschafterversammlung wieder aufgehoben werden.[839] Wie den Antrag auf Prärogativentscheidung muss er auch dessen parallel zu bahandelndes „Mehr",[840] den Abwahlantrag, jederzeit zulassen. Selbst wenn die Gesellschafter im Einzelfall ihr Letztenscheidungsrecht zugunsten einer Bindung an den Versammlungsleiter aufgegeben haben, was häufig bei einem gesellschaftsvertraglichen sonderberechtigten Leiter angenommen werden kann[841], ist es dennoch nicht Aufgabe des Ver-

---

833 LG Frankfurt a.M. v. 11.1.2005–3-5 O 100/04, BeckRS 2005, 10225; LG Köln v. 6.7.2005–82 O 150/04, BeckRS 2005, 08759.

834 OLG Bremen v. 13.11.2009–2 U 57/09, AG 2010, 256, Rz 27 ff.; MüKo-AktG/*Kubis*, § 119 Rn. 115.

835 Dazu *Kleemann*, Versammlungsleiter GmbH, S. 152 f. m.w.N.

836 *Kleemann*, Versammlungsleiter GmbH, S. 152 f; im Ergebnis auch GroßkommGmbHG/*Hüffer/Schürnbrand*, § 48 Rn. 30; a.A. Lutter/Hommelhoff/*W. Bayer*, § 48 Rn. 15c (Tendenzen für eine Anfechtbarkeit).

837 *Kleemann*, Versammlungsleiter GmbH, S. 151.

838 Ausführliche Behandlung im folgenden Kapitel G. II.

839 S. Kapitel G. II.

840 Dazu Kapitel G. II.

841 G. II. 3.

sammlungsleiters, zu entscheiden, ob tatsächlich ein wichtiger Grund vorliegt. Diese materiell-rechtlich zu klärende Frage muss zunächst von den Gesellschaftern beurteilt werden. Als solcher kann der Versammlungsleiter, wenn er denn auch selbst Gesellschafter ist, an der Debatte und Abstimmung teilnehmen. Für die Wirksamkeit seiner Stimme kommt es dann auf darauf an, ob der wichtige Grund objektiv bestand.[842] Dies muss selbst dann gelten, wenn die Mehrheitsverhältnisse und das Abstimmungsverhalten eigentlich von Anfang an feststehen, da nur im Fall einer tatsächlich durchgeführten Abstimmung Stimmverbote zum Tragen kommen können und die Mehrheiten dadurch im Ergebnis verschieben können. Ansonsten könnte der Versammlungsleiter eine Beschlussfassung einfach verhindern und es käme gar nicht darauf an, ob er als Gesellschafter aus wichtigem Grund nicht stimmberechtigt wäre. Eine Ausnahme kann nur in den seltenen Fällen greifen, in denen der Abwahlantrag missbräuchlich gestellt wird, etwa weil er ständig wiederholt wird, obwohl bereits eine Abstimmung stattgefunden hat, nur um den Fortgang der Gesellschafterversammlung zu hemmen.[843]

Damit ein solches kompetenzüberschreitendes Verhalten des Versammlungsleiters nicht folgenlos bleibt, spricht viel dafür, dass die rechtswidrige Nichtzulassung eines Abwahlantrags zur Fehlerbehaftetheit der in der Folge gefassten Beschlüsse fürt. Freilich ist die Versammlungsleitung ebenso wie im GmbH-Recht nicht zwingend, es überzeugt aber nicht gänzlich, dass sämtliche getroffenen Regelungen nur Ordnungscharakter haben[844], gegen sie also sanktionslos verstoßen werden kann. Dies kann von den Gesellschaftern nicht gewollt sein, ansonsten hätten sie Überlegungen zur Versammlungsleitung auch schlicht unterlassen können.

Je nach vereinbartem Beschlussmängelrecht überzeugt es daher, zumindest einen Anfechtungsgrund als Rechtsfolge anzuerkennen, aber selbst ohne Modifikationen im Beschlussmängelrecht muss die Nichtigkeit der Folgebeschlüsse angenommen werden.

bb) Unwirksame Abberufung

Als nächste Fallgruppe ist die fehlerhafte Abberufung zu betrachten. Dabei ist etwa die Situation vorstellbar, dass die Abberufung aus wichtigem Grund erfolgen sollte, sich im Nachhinein aber herausstellt, dass der Grund objektiv nicht bestanden hat. Führte der Versammlungsleiter die Leitung gleichsam fort, ist dies nicht zu beanstanden, da er tatsächlich nicht wirksam abberufen wurde. Maßnahmen eines Parallelleiters wären dann als unwirsam einzustufen.

Gibt der Versammlungsleiter aber seine Postiton auf, weil er selbst daran glaubt, wirksam abberufen worden zu sein, und wird die Versammlung mit einem neuen Versammlungsleiter oder ohne einen solchen fortgesetzt, so stellt sich die Frage nach dem Schicksal der Folgebeschlüsse.

---

842 G. I. 2 b) bb) (2) und c) aa).

843 S. D. I. 6. d))

844 So aber *Kleemann,* Versammlungsleiter GmbH, S. 152 f.

Es wäre denkbar, dass die Abberufung mangels objektiv wichtigen Grundes nicht wirksam wäre und der ‚alte' Versammlungsleiter immer noch rechtmäßig im Amt wäre. Der ‚neue' Leiter könnte hingegen als ‚Scheinleiter' einzustufen sein, der keine wirksamen Maßnahmen vornehmen kann; möglicherweise wären Gesellschafterversammlungen, die laut Gesellschaftsvertrag zwingend durch einen Versammlungsleiter geleitet werden müssen, sogar als ‚Scheinversammlungen' zu beurteilen, auf denen keine wirksamen Beschlüsse gefasst werden können.

Im Aktienrecht wird vertreten, dass die nachfolgenden Beschlüsse nichtig[845] oder doch zumindest wegen des ‚falschen' Leiters anfechtbar[846] sind, weil die gesetzlich vorgesehene Beschlussfeststellung (§ 130 Abs. 2 S. 1 AktG) nicht mehr durch die richtige Person vorgenommen wird. Im GmbH-Recht besteht dazu noch kein eindeutiges Meinungsbild.[847]

Sinnvollerweise muss man zunächst zwei Fallgruppen unterscheiden:

Kam es bei der Abberufung auf den fälschlich behaupteten wichtigen Grund gar nicht an, weil etwa eine gesellschaftsvertragsändernde Mehrheit vorlag und kein Sonderrecht auf Versammlungsleitung bestand, dann war die Abberufung dennoch wirksam und die Folgebeschlüsse bleiben vom Fehler ohnehin unberührt.

War der wichtige Grund jedoch entscheidend, so wurde der Versammlungsleiter formal gesehen nicht wirksam abberufen. Wäre er weiterhin tätig geblieben, dann wären seine Maßnahmen – und nicht die eines eventuellen Parallelleiters – beachtlich. Hat er aber selbst seine Position geräumt, ist es nicht überzeugend, dass dies zwingend Konsequenzen für die Folgebeschlüsse hat. Damit sind die Folgebeschlüsse auch nicht zwingend fehlerbehaftet,[848] zumal der Versammlungsleiter selbst von seiner wirksamen Abwahl ausging.

Selbst wenn man, wie oben angedeutet, nicht davon ausgeht, dass die Regelungen zur Versammlungsleitung generell nur Ordnungsvorschriften darstellen, ist es in diesem Fall, in dem zunächst Übereinkommen über die Abberufung herrschte, indes nicht angebracht, Fehlerfolgen anzunehmen.

cc) Treuwidrig unterlassene Abberufung

Desweiteren ist die Fallgruppe zu unterscheiden, in der objektiv ein wichtiger Grund zur Abberufung des Versammlungsleiters bestand, er aber nicht abberufen wurde.

Dabei ist zunächst fraglich, ob die Gesellschafter verpflichtet sind, den Versammlungsleiter, wenn ein wichtiger Grund objektiv[849] besteht, abzuwählen. Ihre

---

845 *Krieger,* AG 2006, 355 (361).

846 MüKo-AktG/*Kubis,* § 119 Rn. 115; *Rose,* NZG 2007, 241 (244 f.); *v. Falkenhausen/Kocher,* BB 2005, 1058 (1059).

847 Tendenzen gegen die Annahme eines Beschlussmangels Lutter/Hommelhoff/*W. Bayer,* § 48 Rn. 15c.

848 Überzeugend Lutter/Hommelhoff/*W. Bayer,* § 48 Rn. 15c; *Noack,* GmbHR 2017, 792 (800).

849 Dazu G. I. 2. b) aa) (2).

Organisationsfreiheit erlaubt es ihnen grundsätzlich, auch an einem rechtswidrig handelnden Versammlungsleiter festzuhalten. Dies gilt allerdings nur, sofern dadurch keine schützenswerten Gesellschafterinteressen verletzt werden. In der Aktiengesellschaft ist es anerkannt, dass die Abberufung im Grundsatz eine freie Ermessensentscheidung der Hauptversammlung darstellt, allerdings kann es Situationen besonders schwerwiegender Leitungsfehler geben, die die Abwahl unter Treuegesichtspunkten der Aktionärsmehrheit gegenüber der -minderheit verlangen.[850] Dies wurde etwa angenommen, wenn der Versammlungsleiter Beschlussanträge nicht zur Abstimmung stellt, obwohl sie nicht „evident" oder „offenkundig" rechtswidrig waren, um eine persönliche Inanspruchnahme durch Geltendmachung von Schadensersatzforderungen (§ 147 AktG) aus früherer Vorstandstätigkeit zu verhindern.[851] Diese Treuebindung ist umsomehr in einer personell enger verflochtenen Personengesellschaft anzunehmen.[852]

Es sind also durchaus Situationen denkbar, in denen die (Selbst-)Abwahl des Versammlungsleiters wegen schwererer Pflichtverstöße aus Treuegesichtspunkten zwingend wäre. Zu denken wäre insbesondere an eine systematische Benachteiligung eines Gesellschafters durch wiederkehrende rechtswidrige Leitungsmaßnahmen, die ihm die Ausübung seiner Gesellschafterrechte deutlich erschweren. Liegt ein wichtiger Grund objektiv auf der Hand und verweigern Gesellschafter dennoch ihre Zustimmung zur Abberufung, so muss deren Verhalten als treuwidrig eingestuft werden.[853]

Auch bei der Fallgruppe der trotz berechtigtem Abwahlantrag treuwidrig unterlassenen Abberufung stellt sich die Frage, ob die nachfolgenden Beschlüsse durch den Fehler beim Versammlungsleiter „infiziert"[854] sind. Im Kapitalgesellschaftsrecht wird dazu wiederum vertreten, dass die nachfolgenden Beschlüsse entweder allein aus diesem Grund nichtig[855] sind oder aber der Fehler zumindest einen Anfechtungsgrund bildet[856]. Teilweise wird auch erwogen, dass dem Leiter zumindest die Beschlussfeststellungsbefugnis fehlt.[857]

---

850 OLG Köln v. 9.3.2017–18 U 19/16, AG 2017, 356 (360) (Rechtsmittel anhängig: BGH – II ZR 94/17); OLG Stuttgart v. 8.7.2015–20 U 2/14, AG 2016, 370 (372); OLG Frankfurt v. 18.3.2008–5 U 171/06, AG 2008, 417 (418); OLG Frankfurt v. 28.10.2008–17 U 196/07, Rz. 131 – juris.

851 OLG Köln v. 9.3.2017–18 U 19/16, AG 2017, 356 (360 f.) (Rechtsmittel anhängig: BGH – II ZR 94/17).

852 Oetker/*Wiedemann,* § 230 Rn. 82.

853 GmbH: Lutter/Hommelhoff/ *W. Bayer,* § 48 Rn. 15b.

854 So zur GmbH: Lutter/Hommelhoff/ *W. Bayer,* § 48 Rn. 15c.

855 LG Frankfurt a.M. v. 11.1.2005–3-5 O 100/04, BeckRS 2005, 10225.

856 Zur AG: OLG Bremen v. 13.11.2009–2 U 57/09, AG 2010, 256, Rz 27 ff.; MüKo-AktG/*Kubis,* § 119 Rn. 115; zur GmbH: Lutter/Hommelhoff/ *W. Bayer,* § 48 Rn. 15c; a.A. GroßkommGmbHG/*Hüffer/Schürnbrand,* § 48 Rn. 30 (keine Anfechtung möglich).

857 *Noack,* GmbHR 2017, 792 (800).

Für die Annahme einer Fehlerfolge spricht, dass es ansonsten „sanktionslos"[858] wäre, wenn ein berechtigter Abwahlantrag keine Zustimmung fände, nur weil der einen wichtigen Grund liefernde Versammlungsleiter durch sich selbst oder „seine" Mehrheit protegiert und im Amt gehalten wird.

Die Ansicht *Noacks*, nach der lediglich die Kompetenzen des rechtswidrig im Amt gehaltenen Versammlungsleiters eingeschränkt sind,[859] vermag jedoch keine Zustimmung zu finden. Auch wenn die Bedeutung der Beschlussfeststellung im Personengesellschaftsrecht im Vergleich zur GmbH deutlich eingeschränkt ist und ihr nur eine entscheidende Rolle bei einer Modifikation des Beschlussmängelrechts zukommt,[860] würde eine plötzliche Einschränkung der Kompetenzen für erhebliche Rechtsunsicherheit sorgen. Gerade die Vermeidung von Unsicherheiten war aber das Ziel der Veränderung des Beschlussmängelrechts. Zudem ist es schwer zu erklären, warum nach der Ansicht *Noacks* der Versammlungsleiter zwar weiterhin wirksam Ordnungsmaßnahmen verhängen kann, er Beschlüsse aber nicht mehr feststellen können soll.

Je nach einschlägigem Beschlussmängelrecht muss eine solche Treuwidrigkeit jedoch zumindest die Anfechtbarkeit, wenn nicht sogar die Nichtigkeit der Folgebeschlüsse nach sich ziehen, um die Treuwidrigkeit nicht „sanktionslos" im Raum stehen zu lassen.

II. Letztentscheidungsbefugnis der Gesellschafter

Ein direkter Eingriff in die Entscheidungen des Versammlungsleiters würde freilich eine besonders effektive Rechtsschutzmöglichkeit darstellen. Dies wäre realisierbar, indem die Gesellschafter dem Versammlungsleiter in seinem Zuständigkeitsbereich Weisungen gäben oder aber Aufgaben des Versammlungsleiters gleich an sich zögen und selbst vornähmen. Dieser Komplex wird auch als „Letztentscheidungsbefugnis"[861] oder „Prärogative der Gesellschafterversammlung"[862] bezeichnet.

Da der Versammlungsleiter in Personengesellschaften nicht obligatorisch ist und kein Organ der Gesellschaft darstellt, ist er nur von den Gesellschaftern eingesetzt und leitet konsequenterweise alle Kompetenzen – auch die Ordnungsrechte – von ihnen ab[863]. Anders als in der AG[864], stehen ihm keine originären Rechte zu. Demnach stehen die Gesellschafter über dem Versammlungsleiter, der ihnen keine eigenen Rechte entgegenhalten kann; er ist vielmehr ihr „Funktionsgehilfe"[865]. Angesichts

858 Lutter/Hommelhoff/*W. Bayer*, § 48 Rn. 15c.
859 *Noack*, GmbHR 2017, 792 (800).
860 Dazu D. I. 9. a).
861 *Kleemann*, Versammlungsleiter GmbH, S. 70 (GmbH).
862 *K.-S. Scholz*, in: FS Spellenberg, S. 51 (64).
863 *K.-S. Scholz*, in: FS Spellenberg, S. 51 (64).
864 MüKo-AktG/*Kubis*, § 119 Rn. 124; Hüffer/*Koch*, § 129 Rn. 1c; *Dietrich*, NZG 1998, 921 (923).
865 Scholz/*Seibt*, § 48 Rn. 32.

der generellen Rollenverteilung, hat der Versammlungsleiter zwar ein Initiativrecht zur Ausübung seiner Kompetenzen, die Letztentscheidungsbefugnis verbleibt aber im Grundsatz bei den Gesellschaftern. Dies deckt sich auch mit der allgemeinen Ansicht im GmbH-Recht.[866]

Die Gesellschafter könnten sich jedoch durch privatautonome Gestaltung selbst an ihren Versammlungsleiter binden.[867] Ausdrücklich wird diese Frage aber wohl nur in den seltensten Fällen geregelt sein. Richtiger Anknüpfungspunkt für die Ermittlung des Gesellschafterwillens ist dabei die Abbestellungsmöglichkeit des jeweiligen Versammlungsleiters, denn, wenn ein Versammlungsleiter insgesamt abberufen werden kann, dann müssen seine Verfügungen erst recht als Minus-Maßnahme von den ihm übergeordneten Gesellschaftern aufgehoben werden können[868].

1. Einfach gewählter Versammlungsleiter

Bei einem durch einfachen Beschluss gewählten Leiter sind keine Anhaltspunkte für eine Gebundenheit zu erkennen. Die Letztentscheidungsbefugnis verbleibt bezüglich aller Fragen der Versammlungsleitung bei den Gesellschaftern, den „Herren des Gesellschaftsverhältnisses"[869] und der Gesellschafterversammlung.[870]

a) Mehrheitsentscheidungen

Sollte die Abwahl aufgrund einer Mehrheitsklausel mehrheitlich möglich sein, muss dies auch für die Letztentscheidung gelten.[871] Demgemäß liegt freilich die Macht bezüglich Fragen der Versammlungsleitung allein in den Händen der Mehrheit.[872] Dies ist aber nur konsequent und als gewollt hinzunehmen.[873]

Anders als im Kapitalgesellschaftsrecht wird die Mehrheit nach dem gesetzlichen Prinzip der § 709 Abs. 2 BGB und § 119 Abs. 2 HGB nach Köpfen berechnet, sodass – sollte nicht eine Mehrheit nach Kapital vereinbart sein – regelmäßig mehrere Personen zur Erreichung der Mehrheit nötig sind und die Mehrheitsverhältnisse

---

866 GroßkommGmbHG/*Hüffer/Schürnbrand*, § 48 Rn. 28; Scholz/*Seibt*, § 48 Rn. 32, 37; Michalski/*Römermann*, § 48 Rn. 161; Lutter/Hommelhoff/*W. Bayer*, § 48 Rn. 16; Roth/Altmeppen/*Roth*, § 48 Rn. 8; MüKo-GmbHG/*Liebscher*, § 48 Rn. 122, 125; *Eickhoff*, Gesellschafterversammlung, S. 109, 75; *Lange*, NJW 2015, 3190 (3193); *Altmeppen*, NJW 2016, 2833 (2837); differenzierter *Kleemann*, Versammlungsleiter GmbH, S. 70 ff; *Wicke*, GmbHR 2017, 777 (785).

867 GroßkommGmbHG/*Hüffer/Schürnbrand*, § 48 Rn. 28.

868 *Kleemann*, Versammlungsleiter GmbH, S. 72.

869 *K.-S. Scholz*, in: FS Spellenberg, S. 51 (64).

870 *Kleemann*, Versammlungsleiter GmbH, S. 71 f.; zustimmend Lutter/Hommelhoff/*W. Bayer*, § 48 Rn. 16; Henssler/Strohn/*Hillmann*, § 48 GmbHG Rn. 16; Rowedder/Schmidt-Leithoff/*Ganzer*, § 48 Rn. 15 f.

871 *K.-S. Scholz*, in: FS Spellenberg, S. 51 (65).

872 *K.-S. Scholz*, in: FS Spellenberg, S. 51 (65).

873 *K.-S. Scholz*, in: FS Spellenberg, S. 51 (65).

daher zumindest in klassischen Personengesellschaften nicht zwingend von vornherein feststehen[874]. Darin liegt bereits ein gewisses Korrektiv für den Fall eines treuwidrigen Eingreifens der Mehrheit in die Versammlungsleitung. In Publikumsgesellschaften hingegen gibt es zwar regelmäßig starre Mehr- und Minderheiten,[875] dennoch können Mitgesellschafter wegen ihrer Treueverpflichtung gegenüber den Mitgesellschaftern und der Gesellschaft nicht einfach einen rechtswidrigen Prärogativbeschluss mittragen.

Bestimmt sich die Mehrheit nach dem Umfang der Beteiligung, ist keine Korrektur des gefundenen Ergebnisses erforderlich. Einen Versammlungsleiter, der nicht vom Willen des Mehrheitsgesellschafters getragen ist, wird es nicht geben. Sollte sich der Mehrheitsgesellschafter auf einen anderen Versammlungsleiter als sich selbst durch seinen Mehrheitsbeschluss festlegen, könnte er ihn alleine auch wieder abberufen – somit muss er letztlich auch alleine über die Leitungsmaßnahmen entscheiden können.

b) Umfang des Prärogativrechts

Die Gesellschafter haben die Letztentscheidungsbefugnis in allen Fragen, in denen das Erstentscheidungsrecht beim Versammlungsleiter liegt.[876]

aa) Beschlussfeststellung

Davon ist insbesondere auch die Beschlussfeststellung erfasst,[877] soweit ihr überhaupt eine Bedeutung zukommt (Kapitel D. I. 9.). Die Gesellschafterversammlung kann folglich einen abweichenden Beschluss feststellen,[878] da es das eigentlich für die Beschlussfeststellung zuständige Organ ist und der Versammlungsleiter seine Beschlussfeststellungskompetenz nur ableitet.[879] Die Gesellschafterversammlung kann die Beschlussfeststellung an sich ziehen, da sie über „ihrer Hilfsperson in Gestalt des Versammlungsleiters“ steht.[880]

Auch hier ist grundsätzlich ein Mehrheitsbeschluss möglich. Dies hat die Konsequenz, dass die Mehrheit nach Köpfen oder Kapital letztlich die Klagelast auf die Minderheit verteilen kann – auch dies entspricht aber dem allgemeinen Machtgefälle zwischen den Gesellschaftern.[881]

Die Anforderungen an den Prärogativbeschluss sollen nach *Scholz* aber steigen, wenn der festzustellende Beschluss besondere Mehrheitsverhältnisse oder sogar

---

874 *Klöhn*, AcP 216 (2016), 281 (305).
875 *Klöhn*, AcP 216 (2016), 281 (309).
876 *K.-S. Scholz*, in: FS Spellenberg, S. 51 (64 f.).
877 *K.-S. Scholz*, in: FS Spellenberg, S. 51 (64 f.).
878 *K.-S. Scholz*, in: FS Spellenberg, S. 51 (65).
879 *Altmeppen*, NJW 2016, 2833 (2837); *ders.*, GmbHR 2017, 788 (791); a.A. *Noack*, GmbHR 2017, 792 (797).
880 *Altmeppen*, NJW 2016, 2833 (2837).
881 Vgl. *Altmeppen*, NJW 2016, 2833 (2837 f.).

Einstimmigkeit voraussetzt: Dann würden diese höheren Voraussetzungen auf den Prärogativbeschluss durchschlagen.[882] Diese Ansicht würde den Versammlungsleiter jedoch über den Mehrheitsgesellschafter stellen, wenn durch dessen Beteiligung alleine die gestiegenen Voraussetzungen nicht erfüllt wären. Darüber hinaus ist eine Orientierung am Sachbeschluss im Endeffekt dogmatisch nicht überzeugend, sofern die Abwahl des Versammlungsleiters leichter möglich ist als der in Frage stehende Sachbeschluss. Es muss sich also stets an der Abwahlmehrheit, nicht an den Voraussetzungen des Sachbeschlusses orientiert werden. Alles andere wäre unnötiger Formalismus.

bb) Rechtmäßiges Versammlungsleiterhandeln

Die Gesellschafter können ihr Prärogativrecht zudem dann ausüben, wenn der Versammlungsleiter keinen Leitungsfehler gemacht und sich innerhalb des Ermessensspielraums bewegt hat. Dies folgt allein schon aus ihrer übergeordneten Stellung.

cc) Rechtswidriges Eingreifen in die Versammlungsleitung

Damit geht einher, dass die Gesellschafter rechtswidrige Prärogativentscheidungen (z. B. objektiv unzutreffende Beschlussfeststellung, unverhältnismäßige Ordnungsmaßnahme) treffen können, die der Versammlungsleiter hinnehmen und befolgen muss.[883] Er kann letztlich nur sein Amt niederlegen, wenn ihn die Rechtswidrigkeit der Prärogativentscheidung belastet.[884] Ist der Versammlungsleiter selbst Gesellschafter, kann er als solcher gegen den (ggf. auch fehlerhaft von der Mehrheit festgestellten) Sachbeschluss vorgehen, sofern der Fehler bei der Prärogativentscheidung auf den Sachbeschlusses durchschlägt.[885]

Natürlich darf der Versammlungsleiter dann aber nicht für durch rechtswidrige Prärogativentscheidungen entstandene Schäden haftbar gemacht werden (s. G. III. bb)). Eine Pflicht, darauf hinzuweisen, dass er den Beschluss für rechtswidrig hält, und auf eine rechtmäßige Beschlussfassung hinzuwirken, kann im Übrigen allenfalls für einen professionellen Versammlungsleiter angenommen werden.[886]

2. Gesellschaftsvertraglich bestellter Leiter ohne Sonderrecht

Bei einem gesellschaftsvertraglich bestellten Versammlungsleiter ist der Vertrag danach auszulegen, ob der Verbleib der Letztentscheidungsbefugnis bei den Gesellschaftern gewollt ist.[887]

---

882 *K.-S. Scholz*, in: FS Spellenberg, S. 51 (65).
883 *K.-S. Scholz*, in: FS Spellenberg, S. 51 (65).
884 *K.-S. Scholz*, in: FS Spellenberg, S. 51 (65).
885 *K.-S. Scholz*, in: FS Spellenberg, S. 51 (65).
886 A.A. *K.-S. Scholz*, in: FS Spellenberg, S. 51 (65) (stets Hinweispflicht).
887 *Kleemann*, Versammlungsleiter GmbH, S. 72 f.

Bei einstimmigem Prärogativbeschluss sollte ein solcher dennoch immer möglich sein – einstimmig können die Gesellschafter jeden Versammlungsleiter abberufen, dann können sie ihm auch Weisungen erteilen und seine Rechte wieder an sich ziehen.

Sind Mehrheitsentscheidungen möglich und kann auch nur eine Mehrheit in der konkreten Prärogativfrage erreicht werden, spräche gegen den Verbleib der Letztentscheidungsbefugnis bei den Gesellschaftern erstens, dass ansonsten die höheren Abwahlvoraussetzungen umgangen werden könnten, und zweitens, dass dies dem Ziel der Versammlungsleitung, nämlich der Konzentration auf inhaltliche Fragen, zuwiderlaufen könnte.[888] Diese Zweckerreichung durch eine Fokussierung auf inhaltliche Fragen kann tatsächlich gewünscht sein. Könnten dagegen alle Maßnahmen des Versammlungsleiters infrage gestellt werden, würden mögliche Beschluss- und Abstimmungsgegenstände vervielfacht. Besonders bei einem zerstrittenen Gesellschafterkreis droht bei jeder Maßnahme erneuter Streit. Andererseits kann es leichter und schneller sein, eine unerwünschte Entscheidung zu korrigieren, anstatt den Versammlungsleiter gleich abzubestellen und zugleich die Leitungsfrage neu zu klären, sodass man sich dann schneller wieder inhaltlichen Fragen zuwenden kann.

Die ggf. höheren Anforderungen für eine Abwahl würden aber schon dann nicht unterlaufen, wenn an die Prärogativentscheidung dieselben Anforderungen (erhöhte Mehrheitsanforderungen etc.) wie an den Abwahlbeschluss gestellt würden.

Andererseits kann es unter Umständen sogar gewollt sein, eine Korrektur von Einzelentscheidungen leichter zu ermöglichen als eine Abwahl. Dies ist vor allem dann vorstellbar, wenn die Versammlungsleitung gesellschaftsvertraglich abstrakt zugewiesen wird, z. B. an den ältesten anwesenden Gesellschafter. Dann kann die Regelung vordergründig bezwecken, dass die Frage nach der Person des Versammlungsleiters stets zu Beginn jeder Versammlung geklärt ist und keiner gesonderten Beschlussfassung bedarf – sie will dem ggf. öfter wechselnden Versammlungsleiter aber keine stärkere Rolle zubilligen.

Letztendlich wird die Auslegung zumeist ergeben, dass die Letztentscheidungsbefugnis in der Hand der Gesellschafterversammlung verbleiben soll. Es bleibt noch zu ermitteln, ob an den Prärogativbeschluss die ggf. höheren Anforderungen der Abwahl oder aber die einfachen Beschlussvoraussetzungen zu stellen sind.

3. Versammlungsleiter mit Sonderrecht

Wurde einem Gesellschafter mit seiner gesellschaftsvertraglichen Bestellung ein Sonderrecht zur Versammlungsleitung eingeräumt, spricht viel dafür, den übrigen Gesellschaftern keine Letztentscheidungsbefugnis mehr über Fragen der Versammlungsleitung einzuräumen: Zu seiner Abwahl muss der Sonderberechtigte zustimmen, wenn nicht ein wichtiger Grund zur Abwahl besteht (s. G. I. 2. b) aa) und c)

---

888 *Kleemann*, Versammlungsleiter GmbH, S. 72 f.

aa)). Diese erhöhten Anforderungen zum Schutz des Sonderberechtigten könnten aber umgangen werden, da bei der Zuweisung der Versammlungsleitung als Sonderrecht nicht nur sichergestellt werden soll, dass *überhaupt* ein Versammlungsleiter, sondern dass gerade *dieser* Versammlungsleiter bestellt wird. Hier greifen zudem die Zweckmäßigkeitserwägungen in besonderer Weise, da man offenbar davon ausging, dieser Gesellschafter würde die Versammlungsleitung besonders gut ausüben, sodass man sich mehr auf inhaltliche Fragen konzentrieren kann.

4. Stimmverbote bei der Prärogativentscheidung?

Ergibt die Auslegung, dass eine Letztentscheidung der Gesellschafterversammlung in Fragen der Versammlungsleitung weiterhin möglich ist, stellt sich die Frage, ob dabei alle Gesellschafter stimmberechtigt sind oder ob es Ausnahmen gibt.

a) Gesellschafter-Versammlungsleiter?

Darf der versammlungsleitende Gesellschafter, dessen Entscheidung durch die Gesellschafterversammlung abgeändert werden soll, bei dem Prärogativbeschluss mitstimmen, durch den seine ursprünglich getroffene oder unterlassene Maßnahme korrigiert wird? Zunächst wird man dazu tendieren, dies zu vereinen, weil darin ein Richten in eigener Sache gesehen werden könnte. Diese Frage ist freilich besonders dann relevant, wenn der kapitalmäßige Mehrheitsgesellschafter selbst Versammlungsleiter ist.

Diese Überlegung ist aber nicht konsequent, denn bei der Abwahl dieses Versammlungsleiters bestünde grundsätzlich kein Stimmverbot des Gesellschafter-Leiters (s. G. II. 4.); dann kann aber erst recht kein Stimmverbot bei der Letztentscheidungsfrage bestehen. Richtigerweise ist stets eine Parallele mit der Abwahlentscheidung zu ziehen. Andernfalls würde die Annahme eines Stimmverbotes des Gesellschafter-Leiters dazu führen, dass die Minderheit stets alle Fragen der Versammlungsleitung durch Ausübung ihrer Letztentscheidungsbefugnis anstelle des eigentlich leitenden Mehrheitsgesellschafters entscheiden könnte, was nicht angemessen wäre.

Sofern bei der Abwahl Stimmverbote aus objektiv wichtigen Gründen (dazu G. II. c)) bestünden, könnte man überlegen, auch das Stimmrecht bei der Prärogativentscheidung auszuschließen. Allerdings ist dieser Fall kaum praxisrelevant, da der Versammlungsleiter bei Vorliegen eines wichtigen Abberufungsgrundes wohl gleich abberufen wird und man sich regelmäßig nicht mit der bloßen Korrektur von Einzelverfügungen aufhalten würde.

b) Stimmverbote bei anderen Gesellschaftern?

Man könnte ferner annehmen, dass ein Gesellschafter, gegen den der Versammlungsleiter eine Ordnungsmaßnahme verfügt hat, bei einem diese Ordnungsmaßnahme betreffenden Prärogativbeschluss kein Stimmrecht hat, weil ungebührliches

Verhalten des Mehrheitsgesellschafters sanktionslos bliebe, wenn er selbst mit seiner Mehrheit gegen ihn gerichtete Ordnungsmaßnahmen aufheben könnte.[889]

In diesem Sinne könnte das Stimmrecht auch immer dann ausgeschlossen sein, wenn ein Gesellschafter bei dem Sachbeschluss vom Stimmrecht ausgeschlossen ist, bei dessen Beschlussfassung es zur Ausübung des Letztentscheidungsrechts kommt, damit dieser Gesellschafter nicht über den Umweg des Prärogativbeschlusses auf den Sachbeschluss Einfluss nehmen kann, vor allem, indem er als Mehrheitsgesellschafter ein abweichendes Beschlussergebnis feststellt.[890]

Auch wenn diese Stimmverbote auf den ersten Blick gerechtfertigt erscheinen mögen, überzeugt ihre Annahme letztlich aus dogmatischer sowie praktischer Sicht nicht: Dieses Abstellen auf Stimmverbote birgt praktische Probleme, denn die Frage der Stimmverbote ist bereits allgemein mit großen Schwierigkeiten behaftet, sodass das Abstellen auf Stimmverbote, die überdies noch mit Beschlüssen über inhaltliche Fragen der Versammlungsleitung in Verbindung stehen, die Beurteilung insgesamt noch komplizierter machen würde. Außerdem ist fraglich, wer Stimmverbote in einer solchen Situation prüfen und aussprechen soll – etwa der Versammlungsleiter, dessen Verfügung gerade korrigiert werden soll? Schließlich ist die Ausübung des Letztentscheidungsrechts das Minus zur Abwahl des Versammlungsleiters.[891] Bei der Abwahl bestehen bei den Gesellschaftern keine Stimmverbote (s. G. II c)). Wenn also dieselbe Mehrheit den Versammlungsleiter problemlos abberufen kann, kann sie auch Einzelentscheidungen anders treffen.

Im Fall einer Mehrheit nach Köpfen ist die Frage von Stimmverboten im Endeffekt auch gar nicht relevant, da die anderen, nicht betroffenen Gesellschafter als Korrektiv bei der Prärogativentscheidung wirken und der Gesellschafter stets noch andere Mitgesellschafter auf seiner Seite haben müsste, um die Letztentscheidungsbefugnis wahrzunehmen.

Ein wirkliches Störgefühl besteht eigentlich nur bei einem kapitalmäßigen Mehrheitsgesellschafter, der dann folgenlos stören und selbst dann ein abweichendes Beschlussergebnis feststellen könnte, wenn er eigentlich bei einer Frage nicht mitstimmen dürfte. Nähme man beispielsweise aber an, der Mehrheitsgesellschafter könnte wegen eines Stimmverbots nicht gegen seine Wortentziehung vorgehen, so würde er den Versammlungsleiter mit seiner Mehrheit sofort abberufen. Ein Versammlungsleiter, der nicht vom Mehrheitsgesellschafter getragen wird, ist in der Praxis undenkbar. Es ist außerdem nicht Zweck der Versammlungsleitung, den Mehrheitsgesellschafter zu behindern und seine Rechte zugunsten der Minderheit einzuschränken. Auch ist es nur richtig, dass der Mehrheitsgesellschafter ein abweichendes Beschlussergebnis feststellen kann, selbst wenn er bei der Sachfrage (angeblich) einem Stimmverbot unterliegen sollte, da dies der Rechtslage

889 *K.-S. Scholz*, in: FS Spellenberg, S. 51 (65).

890 Entsprechende Überlegungen auch bei *Altmeppen*, NJW 2016, 2833 (2837) zur GmbH.

891 *Kleemann*, Versammlungsleiter GmbH, S. 72.

ohne Versammlungsleiter gleichkommt, denn auch dann trüge die Minderheit die Behauptungs- und Beweislast für ein Stimmverbot in der Sachfrage.[892] Reicht die Beteiligung des Mehrheitsgesellschafters (z.B. 51 %) nicht für die Abwahl aus, weil eine höhere Mehrheit (z.B. 75 %) erforderlich ist – was vor allem bei einem gesellschaftsvertraglichen Leiter der Fall sein kann –, genügt sie regelmäßig auch nicht für die Prärogative. Dann ist die Mitwirkung eines weiteren Gesellschafters nötig, der als Korrektiv fungiert.

c) Zwischenfazit

Es bestehen keine Stimmverbote bei der Ausübung der Letztentscheidungsbefugnis durch die Gesellschafterversammlung.

III. Haftung des Versammlungsleiters gegenüber der Gesellschaft

Umstritten und seit dem Urteil des LG Ravensburg[893] rege diskutiert ist die Frage der Haftung des Versammlungsleiters für fehlerhafte Leitungsmaßnahmen. Auch wenn im Personengesellschaftsrecht eher weniger massenhaft Klagen von ‚Berufsklägern' drohen, welche sogar Fehler bei der Versammlungsleitung bewusst provozieren,[894] sind auch in Personengesellschaften einklagbare Schadensersatzansprüche aufgrund von Leitungsfehlern denkbar. Zudem ist die Situation für den Versammlungsleiter vergleichbar – auch er muss über Stunden hinweg ad hoc viele rechtlich komplexe sowie situationsbedingte und daher nicht vorzubereitende Entscheidungen treffen und ist hohem Stress ausgesetzt, was ebenfalls zu schadensverursachenden Unachtsamkeiten führen kann. Die Problematik der Haftung ist also auch im Personengesellschaftsrecht relevant.

1. Mögliche Schadensposten

Es gibt drei typischerweise entstehende Schadensposten:

Zunächst sind die Kosten für eine erneut durchzuführende Gesellschafterversammlung[895] zu nennen. Dabei können etwa erneute Saalmiete, ggf. Miete für Ausstattung (Mikrofon, Beamer etc.), Kosten zur Verpflegung der Gesellschafter oder die Kosten für eine erneute Ladung (Porto, Papier) anfallen.

---

892 Insoweit zutreffend *Altmeppen*, NJW 2016, 2833 (2837).

893 LG Ravensburg v. 8.5.2014–7 O 51/13 KfH 1 (rechtskr.), ZIP 2014, 1163.

894 Zum Fall der Berufskläger: *Theusinger/Schila*, BB 2015, 131 (131), auch wenn die Anzahl der Klagen nach Inkrafttreten des ARUG 2009 deutlich zurückgegangen sind, s. *W. Bayer/Hoffmann*, AG 2014, R163 (R163).

895 Die Kosten der Gesellschafterversammlung trägt die Personengesellschaft, *Vogel*, Gesellschafterbeschlüsse, S. 109.

Die Kosten der Ursprungsversammlung[896] können grundsätzlich nicht als Schaden (d.h. als unfreiwilliges Vermögensopfer) geltend gemacht werden, weil sie freiwillig auch ohne das schädigende Ereignis getätigt worden wären. Hier könnte allenfalls Aufwendungsersatz verlang werden. Sie sind nur dann als Schäden einzustufen, wenn sie als „frustrierte" Aufwendungen anzusehen sind, d.h. wenn sich die Kosten im Ergebnis tatsächlich „rentiert" hätten und es durch den nichtigen Beschluss zum Verlust der Kompensationsmöglichkeit kam.[897]

Des Weiteren können Prozesskosten anfallen, wenn aufgrund eines Fehlers des Versammlungsleiters die Bestandskraft bzw. der Inhalt der Beschlüsse unklar ist und gerichtlich festgestellt werden soll. Die Prozesskosten können entweder für eine Feststellungsklage (§ 256 ZPO) anfallen, oder aber, wenn im Einzelfall das aktienrechtliche Beschlussmägelregime Anwendung findet, für eine Anfechtungs- oder Nichtigkeitsklage nach §§ 246 bzw. 249 AktG.

Diese ersten beiden Schadensgruppen können zwar schon beträchtliche Schadenshöhen nach sich ziehen. Besonders hoch können aber die Schäden in der dritten Gruppe sein. Als solche sind vertane Geschäftschancen zu nennen, d.h. wirtschaftliche Schäden, die dadurch entstehen, dass Beschlüsse infolge von Leitungsfehlern nicht oder nur verspätet in die Praxis umgesetzt werden konnten.[898] Denn nicht nur im Aktienrecht können regelmäßig immens hohe Kosten[899] anfallen, die einen Versammlungsleiter im Einzelfall teuer zu stehen kommen können oder ihn – im Extremfall – bei unbeschränkter persönlicher Haftung sogar ruinieren könnten.

Zur Verdeutlichung folgende Beispiele:

Beispiel a) Normalfall – Leitungsfehler: Auf der Gesellschafterversammlung einer Personengesellschaft wird über den Abschluss eines gewinnversprechenden Geschäftes debattiert. Versammlungsleiter V spricht gegenüber dem Gesellschafter G ein in Wahrheit nicht bestehendes Stimmverbot für diesen Abstimmungsgegenstand aus. Ohne die Stimme des G wird ein knapper Beschluss *gegen* die Investition gefasst, den V sodann feststellt. Hätte die Stimme von hingegen G Beachtung gefunden, wäre der Beschluss *für* die Investition ausgefallen.

G fühlt sich in seinem Stimmrecht verletzt und greift den Beschluss an oder aber ein anderer Gesellschafter erhebt positive Beschlussdeststellungsklage. Gegebenenfalls muss eine weitere Gesellschafterversammlung anberaumt werden, um erneut über das Geschäft zu beschließen. Die Investition wird wegen des ablehnenden Beschlusses zunächst nicht getätigt. Nach Abschluss des Beschlussmängelprozesses hat bereits ein anderer Investor das Geschäft abgeschlossen.

---

896 LG Ravensburg v. 8.5.2014–7 O 51/13 KfH 1 (rechtskr.), ZIP 2014, 1163.

897 Zu den Frustrationstheorien und zur Rentabilitätsvermutung, MüKo-BGB/*Emmerich*, § 281 Rn. 19, 23.

898 *Von der Linden*, NZG 2013, 208 (209).

899 *Mutter*, AG-Report 2013, R161 (R161); *Drinhausen/Marsch-Barner*, AG 2014, 757 (757).

Beispiel b) Sonderfall – Usurpation (an den Sachverhalt der Entscheidung des LG Ravensburg[900] angelehnt): Die Gesellschafter einer KG kommen zur Gesellschafterversammlung zusammen. Der Gesellschaftsvertrag sieht vor, dass die Gesellschafterversammlung durch einen Versammlungsleiter aus den Reihen der Komplementäre geleitet wird. Komplementär A fühlt sich daher zur Versammlungsleitung berufen und beginnt mit Leitungsmaßnahmen. Dagegen regt sich Unmut der Komplementäre B und C, da nicht eindeutig feststeht, ob nun A, B oder C Versammlungsleiter sein soll. Kommanditist K schlägt eine ausdrückliche Wahl des Versammlungsleiters aus der Reihe der Komplementäre vor, womit B und C einverstanden sind. A hingegen ist gegen die Wahl, übernimmt die Versammlungsleitung und verweist B, C und K des Saales. Dem kommen sie nicht nach. Stattdessen entsteht ein heftiger Streit zwischen allen Gesellschaftern, der sich in situatione nicht mehr schlichten lässt. Schließlich sagt der Einberufende B die Versammlung ab.

Es muss schließlich eine neue Gesellschafterversammlung abgehalten werden.

2. Schadensersatz statt oder neben der Leistung

Die verschiedenen denkbaren Schadensposten können sich als Schadensersatzansprüche neben oder statt der Leistung darstellen. Entscheidend ist, ob sie durch eine Nacherfüllung entfallen würden; tritt der Schaden erst durch das endgültige Ausbleiben der Leistung ein, liegt ein Schadensersatz statt der Leistung vor.[901]

Typischerweise treten im Zusammenhang mit der Versammlungsleitung Schäden **neben der Leistung** auf,[902] etwa die anfallenden Prozeskosten oder die Kosten für eine erneute Gesellschafterversammlung, weil diese durch eine Nacherfüllung seitens des Versammlungsleiters nicht mehr verhindert werden könnten.[903]

Entsteht der Gesellschaft indes ein Schaden allein aus der Verzögerung der Leistung,[904] sind – ebenfalls als Schadensersatz neben der Leistung – Verzugsschäden nach §§ 280 Abs. 1 u. 2, 286 BGB denkbar.[905]

Beispiel c) – Verzug:[906] Die Gesellschafter haben V zum Versammlungsleiter für die nächste Gesellschafterversammlung gewählt. Zur Versammlung erscheint V aber nicht. Die Gesellschafter kontaktieren ihn und setzen ihm vorsorglich eine Frist von einer Stunde, um am Versammlungsort zu erscheinen, welche ungenutzt verstreicht. Ad hoc sind die Gesellschafter nicht in der Lage, einen anderen Versammlungsleiter zu wählen. Dies kann der Fall sein, weil es einer besonderen Vorbereitung bedurfte, die nun von keinem der Anwesenden noch aufgeholt werden kann. Oder aber, weil

900 LG Ravensburg v. 8.5.2014–7 O 51/13 KfH 1 (rechtskr.), ZIP 2014, 1163.
901 Zum Überblick Hk-BGB/*Schulze*, § 280 Rn. 4 m.w.N.
902 So zutreffend zur AG *Pliquett*, Haftung Hauptversammlungsleiter, S. 108.
903 Vgl. *Pliquett*, Haftung Hauptversammlungsleiter, S. 105 f. zur AG.
904 Zur Abgrenzung Jauernig/*Stadler*, § 280 Rn. 4.
905 Vgl. *Pliquett*, Haftung Hauptversammlungsleiter, S. 106.
906 Abstrakt ähnlich beschrieben bei *Pliquett*, Haftung Hauptversammlungsleiter, S. 109.

die Gesellschafter einen externen Versammlungsleiter möchten und anstelle von V kurzfristig kein anderer Dritter engagiert werden kann.

In diesem Fall sind die Kosten für eine erneute Versammlung aufgrund der Verzögerung der Leistung des V entstanden. Gleiches gilt für verlorene Geschäftschancen, wenn diese nicht mehr in der Ersatzversammlung erzielt werden können. Dieses Ergebnis gilt, sofern man die Versammlungsleitung an sich als verletzte Pflicht ansieht. Sieht man die Pflicht in der Versammlungsleitung an einem ganz konkreten Tag und Ort, so tritt bei Versäumen dieses Termins nachträgägliche Unmöglichkeit (§ 275 I BGB) ein und der Schaden wäre als statt der Leistung (§ 283 BGB) einzustufen (zum Schadensersatz statt der Leistung s. Beispiel e)).

Regelmäßig bestehen Ansprüche der Gesellschaft gegen den Versammlungsleiter auf Grundlage von § 280 Abs. 1 BGB, wenn der Versammlungsleiter seine Leistung zwar erbracht hat, diese jedoch fehlerhaft war.[907] Neben der Verletzung der Hauptleistungspflicht sind vereinzelt auch Schäden durch die Verletzungen von Nebenpflichten denkbar, die zu einer Haftung nach §§ 280 Abs. 1, 241 Abs. 2 BGB führen.

Beispiel d) – Nebenpflichtverletzung: Der Versammlungsleiter erfährt im Rahmen der Gesellschafterversammlung von finanziellen Schwierigkeiten der Gesellschaft. Davon berichtet er den Zulieferern der Gesellschaft. Diese weigern sich daher, weiterhin Lieferungen zu tätigen, weshalb die Gesellschaft auf andere, teurere Lieferanten zurückgreifen muss, um ihre Geschäfte weiterhin fortführen zu können.

Hier verletzte der Versammlungsleiter seine Nebenpflicht (§ 241 Abs. 2 BGB) zur Verschwiegenheit über die Geheimnisse der Gesellschaft, welche – unabhängig von einer möglichen beruflichen Schweigepflicht – aus dem Vertragsverhältnis zur Gesellschaft erwächst.

Im Zusammenhang mit verlorenem Gewinn sind schließlich auch Konstellationen des Schadensersatzes statt der Leistung denkbar:[908]

Beispiel e) – Schadensersatz statt der Leistung:[909] In der Gesellschafterversammlung unterläuft Versammlungsleiter V ein Leitungsfehler, der dazu führt, dass der Beschluss über ein gewinnversprechendes Geschäft nichtig ist. Die Gesellschafter setzen für den übernächsten Tag eine erneute Versammlung an, um den Beschluss sodann ordnungsgemäß und wirksam zu fassen. Diese zweite Versammlung wäre noch rechtzeitig, um die Geschäftschance zu realisieren. V weigert sich aber, die Versammlungsleitung in der zweiten Versammlung wahrzunehmen und lässt die ihm gesetzte Nacherfüllungsfrist fruchtlos verstreichen. Die Gesellschafter können sich auf keinen abweichenden Versammlungsleiter einigen und das Geschäft wird letztendlich von einem Mitbewerber abgeschlossen.

---

907 *Pliquett*, Haftung Hauptversammlungsleiter, S. 116.

908 Gelungene Darstellung bei *Pliquett*, Haftung Hauptversammlungsleiter, S. 107.

909 Siehe auch *Pliquett*, Haftung Hauptversammlungsleiter, S. 107, Beispiel 3.

Hier wäre der Schaden bezüglich der ungenutzten Geschäftschance nicht entstanden, wenn V ordnungsgemäß nacherfüllt hätte. Es handelt sich also um einen Schaden statt der Leistung, der nach §§ 280 Abs. 1 u. 3, 281 Abs. 1 S. 1 Alt. 2 BGB verlangt werden kann.

Es bleibt also festzuhalten, dass – je nach Konstellation – sowohl Schäden neben als auch statt der Leistung eintreten können.

3. Anspruchsvoraussetzungen

Schließlich ist zu klären, über welche Anspruchsgrundlage diese Schäden ersetzt verlangt werden können.

a) Keine Organhaftung

In der AG und der GmbH wird eine Heranziehung der Organhaftung aus §§ 93 Abs. 2, 116 AktG direkt[910] oder analog[911] bzw. § 43 Abs. 2 GmbHG analog erwogen.

Mangels Organqualität scheidet eine organähnliche Haftung analog §§ 93 Abs. 2, 116 AktG, 43 Abs. 2 GmbHG[912] – auch für den Gesellschafter-Versammlungsleiter (s. F. I und F. II. 1) – aber sowohl mangels planwidriger Regelungslücke als auch aufgrund der eindeutigen Unvergleichbarkeit der Sachverhalte in Personengesellschaften in jedem Fall aus.

b) Vertraglicher Schadensersatzanspruch – Regime der §§ 280 ff. BGB

Vielmehr besteht ein Anspruch nach der allgemeinen schuldrechtlichen Haftung aus §§ 280 ff. BGB.[913] Insbesondere bestehen für Auftrag oder Geschäftsbesorgungsvertrag keine spezielleren Haftungsregime. Die grundlegenden Anspruchsvoraussetzungen sind ein Schuldverhältnis, aus welchem eine Pflicht verletzt wird, das Vertretenmüssen der Pflichtverletzung sowie ein adäquat-kausaler Schaden.

aa) Schuldverhältnis

Das Schuldverhältnis zwischen Versammlungsleiter und Gesellschaft ist in einem besonderen Auftrags-/Geschäftsbesorgungsvertragsverhältnis zu sehen (s. F. II. 3. b).

---

910 Wenn die HV-Leitung von einem Mitglied des Aufsichtsrats wahrgenommen wird, *Rose*, NZG 2007, 241 (245); dagegen die ganz hM, vgl. nur *Poelzig*, AG 2015, 476 (478).

911 Dagegen *Poelzig*, AG 2015, 476 (478 f.).

912 S. zur GmbH: Baumbach/Hueck/*Zöllner/Noack*, § 48 Rn. 19; *Noack*, GmbHR 2017, 792 (798).

913 Lutter/Hommelhoff/*W. Bayer*, § 48 Rn. 14; Baumbach/Hueck/*Zöllner/Noack*, § 48 Rn. 19; *Kleemann*, Versammlungsleiter GmbH, S. 154 ff.

bb) Pflichtverletzung

(1) Allgemeines

Pflichtverletzung bedeutet „jede Abweichung von dem (gemäß Leistungs- oder Schutzpflicht) Geschuldeten"[914]. Die Aufgabe des Versammlungsleiters ist die „rechtmäßige, sachgerechte und zügige Erledigung der Tagesordnung".[915] Laut BGH darf er hierzu alle notwendigen Maßnahmen ergreifen.[916] Die Pflicht ist dann verletzt, wenn der Versammlungsleiter objektiv hinter seinem Pflichtenprogramm zurückbleibt.[917] Prägend für den Rahmen der Tätigkeit sind die vier Grundprinzipien der Neutralität, Sachdienlichkeit, Gleichbehandlung (§ 53a AktG) und Verhältnismäßigkeit[918]. Innerhalb dieser Grenzen steht ihm ein Ermessensspielraum zu. Es herrscht eine angespannte Atmosphäre, wobei oft ad hoc und ohne die Möglichkeit, Rechtsrat einzuholen, entschieden werden muss.[919] Daher ist eine ex-ante-ex-situatione-Betrachtung anzustellen, wann das Ermessen überschritten ist.

Klassische Fehler wären beispielsweise ungerechtfertigte Ordnungsmaßnahmen, eine fehlerhafte Stimmauszählung, das fehlerhafte Feststellen von Stimmverboten[920] oder eine falsche Beschlussfeststellung (soweit ihr in der konkreten Gesellschaft eine Rolle zukommt), z.B. in der Situation, dass der Gesellschafter-Leiter selbst einem Stimmverbot unterliegt, aber dennoch mitstimmt und ein verfälschtes Ergebnis feststellt (dazu D. I. 9. b) bb) (6)). War der Versammlungsleiter zur Beschlussfeststellung verpflichtet und hat diese unterlassen, so kann darin ebenfalls eine Pflichtverletzung liegen (dazu D. I. 9. b) bb) (3)).

Die Beweislast für das Vorliegen einer Pflichtverletzung liegt beim Gläubiger[921], d.h. bei der geschädigten Gesellschaft.

(2) Rechtswidrige Prärogativentscheidung

Haben die Gesellschafter eine rechtswidrige Verfügung anstelle des Versammlungsleiters vorgenommen, fehlt es an einer Pflichtverletzung des Versammlungsleiters, da schon keine Verletzungshandlung seinerseits angenommen werden kann. Gleiches muss auch gelten, wenn er eine rechtswidrige Gesellschafterweisung befolgt hat. Formal gesehen, hat er dann zwar die rechtswidrige Handlung vorgenommen, allerdings war sie nicht pflichtwidrig, weil er seiner Folgepflicht gegenüber den Gesellschaftern nachgekommen ist. Dies bestätigt ein Vergleich mit dem GmbH-Geschäftsführer: Die GmbH-Gesellschafterversammlung ist als oberstes willensbildendes Organ der GmbH befugt, ihrem Geschäftsführer Weisungen zu erteilen

914 BeckOK-BGB/*Lorenz*, § 280 Rn. 11.
915 *Von der Linden*, NZG 2013, 208 (208).
916 BGH v. 11.11.1965 – II ZR 122/63, NJW 1966, 43 (44).
917 RegBegr. SMG, BT-Dr 14/6040, S. 133 (135).
918 *Drinhausen/Marsch-Barner*, AG 2014, 757 (767).
919 *Schürnbrand*, NZG 2014, 1211 (1213).
920 Scholz/*K. Schmidt*, § 47 Rn. 176.
921 MüKo-BGB/*Ernst*, § 280 Rn. 33.

(§ 37 Abs. 1 GmbHG), denen dieser Folge leisten muss.[922] Weisungen enthaften den Geschäftsführer von seiner Haftung nach § 43 Abs. 2 GmbHG, weil sein Handeln dann nicht pflichtwidrig ist, soweit er nicht seine gesetzlichen Pflichten aus § 30 oder § 64 GmbHG verletzt.[923] Eine Grenze gesetzlicher Pflichten besteht für den Versammlungsleiter nicht, da er keine gesetzlichen Pflichten hat, sondern all seine Rechte und Pflichten von den Gesellschaftern ableitet.

(3) Stillschweigende Billigung der Leitungsmaßnahme

In gleicher Weise wie eine ausdrückliche Weisung soll die stillschweigende Billigung einer Geschäftsführungsmaßnahme des GmbH-Geschäftsführers durch alle Gesellschafter seine Enthaftung zur Folge haben.[924]

Zöge man eine Parallele beim Versammlungsleiter, dann könnte im bloßen Dulden einer Leitungsverfügung, z. B. deren unwidersprochenen Befolgung und das Unterlassen einer korrigierenden Prärogativentscheidung schon eine Enthaftung liegen, welche die Pflichtwidrigkeit ausschließen würde. Dies überzeugt jedoch aus folgenden Gründen nicht, insbesondere, wenn die Gesellschafter einen Drittleiter bestellt haben, damit dieser eine rechtssichere Versammlung durchführt:

Eine unterschiedliche Behandlung zur Situation mit dem GmbH-Geschäftsführer rechtfertigt sich daraus, dass Geschäftsführungsmaßnahmen hauptsächlich tatsächliche und wirtschaftliche Aspekte betreffen, von denen die Gesellschafter Kenntnis erlangen und beurteilen können, ob dies zum Wohle der Gesellschaft förderlich ist. Die Versammlungsleitung wirft aber viele rechtliche Fragen auf, vor allem sind desöfteren Ermessensentscheidungen zu überprüfen. Hier kann in einer schlichten Billigung keine Enthaftung gesehen werden, da dies die Kenntnis der Rechtslage voraussetzen würde, welche bei den Gesellschaftern nicht angenommen werden kann. Bei einem ausdrücklichen Beschluss haben sich die Gesellschafter zumindest bewusst mit den betreffenden Rechtsfragen auseinandergesetzt. Das bloße stillschweigende Einverständnis mit einer Leitungsverfügung zieht keinen generellen Haftungsausschluss nach sich.

cc) Vertretenmüssen

Das Vertretenmüssen richtet sich nach § 276 BGB. Danach hat der Schuldner Vorsatz und Fahrlässigkeit in Bezug auf die verletzte Pflicht zu vertreten, wenn keine strengere oder mildere Haftung greift, d. h. er muss die Pflichtverletzung entweder wissentlich und willentlich herbeigeführt haben[925] (Vorsatz) oder zumindest die

922 MüKo-GmbHG/*Liebscher*, § 45 Rn. 81.

923 BGH v. 14.12.1959 – II ZR 187/57, BGHZ 31, 258 (278); BGH v. 26.10.2009 – II ZR 222/08, GmbHR 2010, 85, Rz. 10, m. Komm. Blöse; Scholz/*U. H. Schneider*, § 43 Rn. 121; Lutter/Hommelhoff/*Kleindiek*, § 43 Rn. 40.

924 BGH v. 7.4.2003 – II ZR 193/02, GmbHR 2003, 712 (713) m. Komm. *Blöse*; Scholz/*U. H. Schneider*, § 43 Rn. 121; Lutter/Hommelhoff/*Kleindiek*, § 43 Rn. 41.

925 Jauernig/*Stadler*, § 276 Rn. 11.

im Verkehr erforderliche Sorgfalt außer Acht gelassen haben (Legaldefinition der Fahrlässigkeit, § 276 Abs. 2 BGB).

(1) Allgemeines zum Verschuldensmaßstab

Vorsätzliches Fehlverhalten wird dem Versammlungsleiter nur in sehr wenigen Fällen vorzuwerfen sein.[926] Somit kommt es meistens darauf an, ob der Versammlungsleiter die im Verkehr erforderliche Sorgfalt missachtet hat. Der Fahrlässigkeitsmaßstab bestimmt sich objektiv am jeweiligen Verkehrskreis des Schuldners.[927] Vergleichsmaßstab ist also ein durchschnittlicher, gewissenhafter und ordentlicher Versammlungsleiter. Das Verschulden wird gem. § 280 Abs. 1 S. 2 BGB bei Vorliegen einer Pflichtverletzung widerleglich vermutet. Wie *Pliquett* richtig darstellt, ist es – außer in extremen Ausnahmensituationen, wie etwa bei grundlegenden rechtlichen Unklarheiten – selten denkbar, dass dem Versammlungsleiter die Exkulpation gelingt, wenn bereits feststeht, dass das Verhalten des Versammlungsleiters pflichtwidrig war, da ein ordentlicher, gewissenhafter Versammlungsleiter nicht gegen die Leitungsmaxime verstoßen hätte.[928] Es gehöre also zur im Verkehr erforderlichen Sorgfalt, die notwendigen Kenntnisse und Fähigkeiten zu besitzen, sich solche anzueignen oder aber das Amt abzulehnen.[929]

(2) Haftungserleichterungen

Im Aktienrecht wird aufgrund der Höhe der drohenden Schäden und der Gefahr eines Leitungsfehlers im (entscheidungs-)schnellen Trubel der Hauptversammlung eine Einschränkung des Haftungsmaßstabes diskutiert,[930] um den Versammlungsleiter vor dem „Damoklesschwert der Haftung“ zu bewahren, damit die Versammlungsleitung nicht zur „Spielwiese für mutige Altruisten“ wird.[931] Auch in Personengesellschaften werden an den Versammlungsleiter diesbezüglich keine anderen Anforderungen gestellt. Bedenkt man zusätzlich, dass oftmals eine Exkulpation des Versammlungsleiters scheitern wird (s. gerade eben), drängt es sich auf, auch im Personengesellschaftsrecht nach Haftungserleichterungen zu suchen.

Haftungsprivilegierungen können sich aus dem Gesetz ergeben oder vertraglich begründet werden. Bei den gesetzlichen Regelungen ist eine generelle Beschränkung auf vorsätzliches und grob fahrlässiges Verhalten (§ 31a Abs. 1 S. 1 bzw. 31b Abs. 1 S. 1 BGB bei unentgeltlich tätigen oder nur geringst entlohnten Organmitgliedern eines Vereins bzw. Vereinsmitgliedern, § 521 BGB bei der Haftung des Schenkers, § 599 BGB bei der Haftung des Verleihers, § 680 BGB beim Geschäftsführer ohne Auftrag zur Gefahrenabwehr) oder (nur) auf die Sorgfalt in eigenen Angelegenheiten

926 Vgl. auch *Pliquett*, Haftung Hauptversammlungsleiter, S. 121.
927 MüKo-BGB/*Grundmann*, § 276 Rn. 54.
928 *Pliquett*, Haftung Hauptversammlungsleiter, S. 121.
929 *Pliquett*, Haftung Hauptversammlungsleiter, S. 121.
930 Ablehnend *von der Linden*, NZG 2013, 208 (211).
931 *Mutter*, AG-Report 2013, R161.

(geregelt in § 277 BGB, Verweis in § 690 BGB für den unentgeltlichen Verwahrer, § 708 BGB für die GbR-Gesellschafter untereinander, § 1359 BGB für Ehegatten gegenüber dem anderen Ehegatten und § 1664 BGB für Eltern gegenüber ihren Kindern) vorgesehen.

Der Auftrag oder der Geschäftsbesorgungsvertrag sehen selbst keine solche Haftungserleichterung innerhalb ihrer Vorschriften vor. Daher könnten allenfalls Regelungen analog zur Anwendung kommen.

(a) § 708 BGB

Im Personengesellschaftsrecht würde sich primär die Heranziehung des § 708 BGB für eine Haftungsprivilegierung auf die sog. *diligentia quam in suis*[932] anbieten. Dies hätte zur Folge, dass eine Haftung für Vorsatz und grobe Fahrlässigkeit in jedem Fall bestünde (arg. § 277 BGB), es für die Frage sonstiger Fahrlässigkeit jedoch darauf ankäme, ob der Versammlungsleiter in seinen eigenen Angelegenheiten eher ordentlich arbeitet (dann läge ein Verschulden vor) oder aber zu Fehlern neigt (dann wäre das Verschulden zu verneinen). § 708 BGB gilt für das Innenverhältnis der Gesellschafter,[933] ist jedoch starker Kritik ausgesetzt, da dessen Zeitgemäßheit negiert wird[934]. Daher empfiehlt der 71. DJT, dass § 708 BGB zumindest für Personenhandelsgesellschaften zugunsten des allgemeinen objektiven Verschuldensmaßstabs abgeschafft wird.[935]

Nichtsdestotrotz ist die Norm de lege lata geltendes Recht. Dabei gilt die Norm sowohl für vertragliche als auch erweiternd für deliktische Ansprüche der Gesellschaft sowie auch für Ansprüche der Mitgesellschafter gegen den schädigenden Gesellschafter.[936]

(aa) Normalfall

Mit der Bestellung zum Versammlungsleiter wird selbst bei einem Gesellschafter-Versammlungsleiter ein Drittgeschäft begründet (s. F. II. 1.). Die Darstellung, dass § 708 BGB dann eingreife, wenn „die schadensverursachende Handlung bei der Erfüllung der dem Gesellschafter obliegenden, durch den Gesellschaftsvertrag begründeten Verpflichtungen begangen wurde“[937], bildet den Fall eines gesellschaftsvertraglich bestellten Versammlungsleiters nicht richtig ab.

Soweit also die Gesellschaft Ersatzansprüche gegen den Versammlungsleiter geltend macht, handelt es sich nicht um Sozialansprüche der Gesellschaft. Vielmehr hat der Versammlungsleiter eine Pflicht aus einer selbständig neben der gesellschafts-

---

932 BeckOK-BGB/*Schöne*, § 708 Rn. 1.
933 MüKo-BGB/*Schäfer*, § 708 Rn. 1.
934 Überblicksweise bei *Fleischer/Danninger*, NZG 2016, 481 ff.
935 Abteilung Wirtschaftsrecht, Beschluss 17, http://www.djt.de/fileadmin/downloads/71/161213_71_beschluesse_web.pdf (aufgerufen am 12.4.2018).
936 Henssler/Strohn/*Servatius*, § 708 Rn. 4; MüKo-BGB/*Schäfer*, § 708 Rn. 4.
937 MüKo-BGB/*Schäfer*, § 708 Rn. 7.

rechtlichen Beziehung stehenden Vertragsbeziehung verletzt und aufgrund dieser Pflichtverletzung ist es zum Schadenseinschlag bei der Gesellschaft gekommen. Bei solchen Drittgeschäften findet § 708 BGB keine Anwendung.[938] Der Gesellschafter-Versammlungsleiter ist, wie bereits oben dargestellt, bei Ausübung der Leitungsaufgabe normaler Drittschuldner zur Gesellschaft.

Dass dieses gefundene Ergebnis richtig sein muss, zeigen auch folgende Überlegungen: Dritte Versammlungsleiter kämen generell nicht in den Genuss der Haftungsprivilegierung des § 708 BGB und auch nicht alle Gesellschafterversammlungsleiter wären erfasst, denn § 708 BGB wird teleologisch reduziert[939] in Gesellschaften mit einer Vielzahl von Gesellschaftern und/oder kapitalistisch strukturierten Gesellschaften, da sich die Gesellschafter hier nicht mehr gut persönlich kennen und akzeptieren können wie sie sind.[940] Ein mehrfaches Auseinanderfallen des Haftungsmaßstabes bei derselben Aufgabe mit denselben Schwierigkeiten kann nicht hingenommen werden.

Möglich wäre indes nur eine generelle Analogie des § 708 BGB auf alle Versammlungsleiter. Unabhängig von der Frage der planwidrigen Regelungslücke, ist der Zweck des § 708 BGB mit der Versammlungsleitung jedoch nicht in Einklang zu bringen. Oftmals kennen die Gesellschafter ihren Versammlungsleiter nicht so gut, um seine Stärken und Schwächen einzuschätzen. Im Gegenteil soll der Versammlungsleiter vielmehr sogar stets sorgfältig handeln. Es wäre nicht zu rechtfertigen, einen Versammlungsleiter allein deshalb für einfache Fahrlässigkeit nicht haften zu lassen, weil er stets unsauber arbeitet. Auch können immense Beweisschwierigkeiten auftreten, ob der Versammlungsleiter stets auch in eigenen Angelegenheiten eine gewisse Unachtsamkeit in bestimmten Punkten an den Tag legt, weil die Leitungstätigkeit besondere Aufgaben beinhaltet, die sich mit anderen an den Tag gelegten Verhaltensweisen nicht vergleichen lässt.

Eine Haftungsprivilegierung aus § 708 BGB ist für den Versammlungsleiter daher abzulehnen.

(bb) Sonderfall: Usurpation

Anders zu beurteilen ist der im **Beispielsfall b)** dargestellte Fall der Usurpation der Versammlungsleitung:

Weil in Personengesellschaften ein Versammlungsleiter für eine Beschlussfassung nicht zwingend benötigt wird, ist die Anmaßung der Versammlungsleitertätigkeit durch einen Gesellschafter gegen den Protest der übrigen Gesellschafter (ein Dritter wird regelmäßig in der Gesellschafterversammlung mangels Teil-

938 Staudinger/*Habermeier*, § 708 Rn. 5; MüKo-BGB/*Schäfer*, § 708 Rn. 6 f.; BeckOK-BGB/*Schöne*, § 708 Rn. 8; Jauernig/*Stürner*, § 708 Rn. 1; Henssler/Strohn/*Servatius*, § 708 Rn. 5 (Beschränkung auf die Verletzung „gesellschaftsvertraglicher" Pflichten).

939 BeckOK-BGB/*Schöne*, § 708 Rn. 4.

940 *Grunewald*, Gesellschaftsrecht, § 1 Rn. 130; ausführlicher BeckOK-BGB/*Schöne*, § 708 Rn. 6; Henssler/Strohn/*Servatius*, § 708 Rn. 3.

nahmerecht (s. o.) nicht anwesend sein) als ein bloßes, nicht angenommenes Angebot auf Abschluss eines Rechtsverhältnisses über die Versammlungsleitung zu qualifizieren. Die Gesellschafter müssen darauf nicht eingehen und können sich unbeirrt weiter ihrer Beschlussfassung widmen. Soweit dies aber in der streitigen Situation wie im **Beispielsfall b)** nicht mehr möglich ist und die Gesellschafter die Gesellschafterversammlung deshalb beenden, kann der Gesellschaft ein Schaden entstehen.

Diese Konstellation gehört nur scheinbar zur ‚Versammlungsleiterhaftung': Auch im Fall des LG Ravensburg wurde der Beklagte nach richtiger Ansicht,[941] die das Gericht allerdings verkannte, gar nicht Versammlungsleiter. Vielmehr war er bei der Anmaßung einfaches Aufsichtsratsmitglied und unterlag der Treuepflicht, welche ebenfalls beinhaltet, die satzungsmäßige Durchführung der Hauptversammlung nicht zu behindern. Somit kam eine Haftung aus §§ 93 Abs. 2, 116 AktG sehr wohl in Betracht, da die Usurpation gerade keine wirksame Versammlungsleitung begründet. Der Fehler ist hier somit vorverlagert, da die anmaßende Person nie Versammlungsleiter wurde. Parallel dazu ist eine Haftung des Gesellschafters aus seiner Gesellschafterstellung (§ 280 Abs. 1 BGB; nicht Schuldverhältnis als Versammlungsleiter) denkbar, weil auch ihn die Treuepflicht trifft, die Gesellschafterversammlung nicht zu behindern. Da der Gesellschafter beim Ansichziehen der Versammlungsleitung aber, wie gerade dargelegt, als Gesellschafter handelt, greift bei der Usurpation als Verschuldensmaßstab die Haftungsprivilegierung des § 708 BGB (§§ 124 Abs. 2, 161 Abs. 2 HGB) auf die *diligentia quam in suis*. In concreto wäre bei einer einfach fahrlässigen Übernahme der Versammlungsleitung, etwa bei unklarer Regelung der Versammlungsleitung im Gesellschaftsvertrag, daher das Verschulden zu verneinen, wenn der Gesellschafter auch in eigenen Angelegenheiten etwa impulsiv und anmaßend ist. Situationen wie diese dürften aber in der Praxis selten vorkommen, da die Usurpation wohl meistens vorsätzlich erfolgen wird.

Das gefundene Ergebnis mag dabei zunächst überraschen, stünde der Usurpator durch die Haftungsbeschränkung doch besser als ein rechtmäßig bestellter Versammlungsleiter. Müsste man nicht vielmehr aus teleologischen Gründen annehmen, dass der, der sich zum Versammlungsleiter aufschwingt, auch wie ein solcher behandelt werden muss, vielleicht unter Heranziehung der Grundsätze der Rechtsscheinshaftung, wie etwa beim Scheinkaufmann oder Scheinunternehmer? Dieser Gedanke ist bei genauerer Betrachtung aber abzulehnen: Es fehlt an einer Publizität des Schein-Versammlungsleiters, die geschützt werden muss. Dieser tritt nicht nach außen hin im Rechtsverkehr auf. Die differenzierte Haftung ist auch nicht unbillig, da der Usurpator gerade nicht das zu Verhältnismäßigkeit und Neutralität verpflichtende Amt des Versammlungsleiters innehat. Zugleich müssen die Gesellschafter nicht auf sein bloßes Angebot eingehen.

941 *Von der Linden*, EWiR 2014, 551 (552); für den konkreten Fall auch *Schürnbrand*, NZG 2014, 1211 (1213).

Somit ist festzuhalten, dass der Usurpator kein Versammlungsleiter ist und ihm deshalb – sofern die Norm auf die konkrete Gesellschaft Anwendung findet – § 708 BGB zugute kommt. Zur Bejahung eines Anspruchs ist freilich noch die haftungsbegründende Kausalität für den frühzeitigen Abbruch der ursprünglichen Versammlung und damit das Erfordernis eines erneuten Treffens entscheidend, wobei sich deren Beweis als schwierig erweisen kann.[942] Auch sind Fragen des Mitverschuldens (§ 254 BGB) zu erörtern, wenn sich die Gesellschafter leichthin entschieden haben, die Gesellschafterversammlung nicht weiterzuführen.

(b) Haftungserleichterung bei Unentgeltlichkeit

Erfolgt die Versammlungsleitung unentgeltlich, könnte man überlegen, die §§ 521, 599, 690, 277 BGB im Wege einer Gesamtanalogie heranzuziehen, sodass nur vorsätzliche und grob fahrlässige Leitungsfehler beachtlich wären (§§ 521, 599 BGB) bzw. es darüber hinaus auf die Sorgfalt in eigenen Angelegenheiten (§§ 690, 277 BGB) ankäme.[943] In den Normen könnte der gesetzgeberische Gedanke zum Ausdruck kommen, dass der unentgeltlich Handelnde *stets* schutzwürdig und privilegierungsbedürftig sei.[944] Im Auftragsrecht sieht das Gesetz jedoch keine solche Beschränkung des Haftungsmaßstabes vor. Dies legt die Annahme einer planwidrigen Regelungslücke nahe.[945] Gerade wer unentgeltlich tätig wird und dadurch keinerlei Kompensation für etwaig zu ersetzende Schäden erhält, kann durch eine Inanspruchnahme hart getroffen werden.

Eine Differenzierung zwischen unentgeltlich und entgeltlich tätigen Versammlungsleitern könnte auch aus Billigkeitsgesichtspunkten anzunehmen sein: Unentgeltlich leiten zumeist Gesellschafter und evtl. Aufsichtsrats- oder Beiratsmitglieder, die im Regelfall über keine besondere Rechtskenntnis und Erfahrung verfügen. Dritte hingegen, wie etwa Rechtsanwälte, werden sich die Leitungstätigkeit vergüten lassen und bringen dafür aber auch ein gewisses Maß an Professionalität mit.

Der Gesetzgeber hat jedoch für das Auftragsrecht bewusst keine Haftungsprivilegierung vorgesehen, sondern sich für den allgemeinen Verschuldensmaßstab entschieden, da beim Auftrag nicht die Unentgeltlichkeit der Tätigkeit im Vordergrund stehe, sondern vielmehr das vom Auftraggeber entgegengebrachte Vertrauen in den im fremden Rechtskreis handelnden Auftragnehmer.[946] Auch der Vormund (§§ 1836, 1833 BGB) und der Testamentsvollstrecker (§ 2290 BGB) erfahren trotz

---

942 So auch zur AG *von der Linden*, EWiR 2014, 551 (552).

943 Zur AG *Drinhausen/Marsch-Barner*, AG 2014, 757 (767); *Bachmann*, EWiR 2000, 157 (158); Heidel/*Heidel*, Vor § 123 Rn. 72; a.A. *von der Linden*, NZG 2013, 208 (211); *Pliquett*, Haftung Hauptversammlungsleiter, S. 123 f.; *Theusinger/Schila*, BB 2015, 131 (140); *Poelzig*, AG 2015, 476 (481).

944 Gegen einen allgemeinen Grundsatz zu recht Erman/*Berger*, § 662 Rn. 24.

945 *Medicus/Petersen*, Bürgerliches Recht, Rn. 369.

946 Motive II S. 530 f.

Unentgeltlichkeit vom Gesetzgeber keine Haftungsprivilegierung.[947] Es fehlt also an einer planwidrigen Regelungslücke, weshalb auch die Rechtsprechung[948] und weite Teile der Lehre[949] weder beim Auftrag, noch bei Gefälligkeitsverhältnissen eine Analogie anstellen.

Auch eine analoge Anwendung des § 31a Abs. 1 S. 1 BGB[950] oder § 31b Abs. 1 S. 1 BGB[951] ist abzulehnen, da § 31a BGB erstens laut Gesetzesbegründung als restriktiv auszulegender nicht analogierfähiger Ausnahmetatbestand einzuordnen ist.[952] Zweitens würde es an einer vergleichbaren Interessenlage fehlen: § 31a BGB gilt für den eingetragenen Verein (§§ 21, 22 BGB), weil dieser meist nicht wirtschaftlich tätig wird und daher auch die Vereinsgläubiger nicht derart schutzwürdig sind wie bei einer wirtschaftlich agierenden Gesellschaft.[953] Personengesellschaften sind zum Großteil selbst wirtschaftlich tätig. Zudem bezwecken die §§ 31a/b BGB, Privatpersonen zu fördern, die sich in Vereinen für Belange des öffentlichen Wohls einsetzen.[954] Gesellschaften verfolgen dagegen überwiegend privatwirtschaftliche und keine gesellschaftlich relevanten Ziele. Grundsätzlich ist der Verein als Grundform der Kapitalgesellschaft auch nicht mit einer Personengesellschaft vergleichbar.

(c) Haftungserleichterung wegen Unübersichtlichkeit

Teilweise wird im Aktienrecht unter Hinweis auf die Girmes-Entscheidung des BGH eine generelle Beschränkung des Verschuldensmaßstabs des Hauptversammlungsleiters auf Vorsatz (und grobe Fahrlässigkeit) vertreten.[955] Der BGH hatte darin den Verschuldensmaßstab eines (Klein-)Aktionärs wegen der „häufig [...] gespannten und hektischen Atmosphäre“[956] eingeschränkt, sodass die Haftung wegen pflichtwidriger Ausübung von Mitgliedschaftsrechten auf Vorsatz beschränkt ist, um die Handlungsfreiheit des Aktionärs bei Wahrnehmung seiner mitgliedschaftlichen Rechte[957] zu wahren.

Man könnte erwägen, eine Parallele zu ziehen, da das Amt des Versammlungsleiters auch in Personengesellschaften oftmals rechtliche Unsicherheit mit sich bringt. Allerdings übt der Versammlungsleiter in seiner Funktion keine mitgliedschaftlichen

---

947 MüKo-BGB/*Schäfer*, § 662 Rn. 68.

948 RGZ 145, 390 (394); BGH, 22.06.1956 – I ZR 198/54, BGHZ 21, 102 = NJW 1956, 1313 (1314); BGH v. 30.04.1959 - II ZR 126/57, BGHZ 30, 40 = NJW 1959, 1221 (1222).

949 MüKo-BGB/*Schäfer*, § 662 Rn. 68 m.w.N.; a.A. *Medicus/Petersen*, Bürgerliches Recht, Rn. 369.

950 Besprochen und abgelehnt bei *Poelzig*, AG 2015, 476 (481).

951 Beides geprüft und i.E. abgelehnt *Pliquett*, Haftung Hauptversammlungsleiter, S. 125 f.

952 Begr. RegE BT-Drucks. 16/10120, S. 6.

953 *Poelzig*, AG 2015, 476 (481).

954 Vgl. *Pliquett*, Haftung Hauptversammlungsleiter, S. 126.

955 *Drinhausen/Marsch-Barner*, AG 2014, 757 (767).

956 BGH v. 20.3.1995 – II ZR 205/94, BGHZ 129, 136 = NJW 1995, 1739 (1746) – Girmes.

957 *Schürnbrand*, NZG 2014, 1211 (1213).

Rechte aus, bei deren Ausübung er gehemmt sein könnte.[958] Zudem ist das Aushalten der Hektik und Angespanntheit und des Entscheidungsdrucks in der Gesellschafterversammlung „Kernbereich der übernommenen Aufgabe“[959] – kurzum, es kann eine gewisse Stressresistenz vom Versammlungsleiter erwartet werden.[960]

(d) Zwischenergebnis

Für den Versammlungsleiter greift – außer im Sonderfall der Usurpation – keine gesetzliche Haftungserleichterung.

(e) Vertragliche Haftungserleichterung

Auch wenn keine gesetzlichen Haftungserleichterungen einschlägig sind, steht es der Gesellschaft aufgrund der Privatautonomie frei, mit dem Versammlungsleiter vertragliche Freizeichnungen i.S.v. § 276 Abs. 1 S. 1 BGB in den Grenzen des § 276 Abs. 3 BGB (stets Haftung für Vorsatz) zu vereinbaren.[961] Solche Vereinbarungen werden häufig im Hinblick auf die Begrenzung des Verschuldensmaßstabes – z. B. nur auf Vorsatz und grobe Fahrlässigkeit – getroffen, können aber auch eine Begrenzung auf die Haftung nur für bestimmte Schäden oder eine Haftungshöchstsumme beinhalten.[962]

Eine ausdrückliche Vereinbarung durch Aufnahme eines entsprechenden Passus in den Gesellschaftsvertrag oder im Zuge des Wahlgeschehens, also als Bestandteil des Vertrages oder auch als separate (ggf. auch zeitlich spätere) Abrede, ist stets möglich. Ist keine Vereinbarung getroffen, so haftet der Versammlungsleiter auch für leichte Fahrlässigkeit.

(aa) Stillschweigende Vereinbarung

Schwierigkeiten können sich im Einzelfall ergeben, da eine Vereinbarung, besonders für einen Ausschluss einfacher Fahrlässigkeit, auch konkludent möglich ist oder mittels einer ergänzenden Vertragsauslegung in das Vertragsverhältnis hineingelesen werden kann.[963] Ein Indiz für eine konkludente Abrede könnte es sein, dass der Versammlungsleiter dringend gebeten wird, die Versammlungsleitung zu übernehmen, wenn sich also ansonsten niemand findet, der das Amt wahrnehmen möchte, und der Versammlungsleiter erst zur Übernahme überredet werden muss-

958 *Poelzig*, AG 2015, 476 (483).
959 *Von der Linden*, NZG 2013, 208 (211).
960 Vgl. auch *Poelzig*, AG 2015, 476 (483); *Schürnbrand*, NZG 2014, 1211 (1213).
961 *Von der Linden*, NZG 2013, 208 (211); *ders.*, EWiR 2014, 551 (552); *Drinhausen/Marsch-Barner*, AG 2014, 757 (768); *Pliquett*, Haftung Hauptversammlungsleiter, S. 130; Lutter/Hommelhoff/*W. Bayer*, § 48 Rn. 14.
962 Jauernig/*Stadler*, § 276 Rn. 38; zum Hauptversammlungsleiter *Pliquett*, Haftung Hauptversammlungsleiter, S. 131.
963 Jauernig/*Stadler*, § 276 Rn. 55 vgl. Baumbach/Hueck/*Zöllner/Noack*, § 48 Rn. 19 wegen der hohen Risiken bei unentgeltlichem Tätigwerden.

te.[964] Dann kann es durchaus von beiden Parteien gewollt sein, dass die Haftung eingeschränkt ist.[965] Bei vollem Haftungsrisiko hätte sich die Person möglicherweise gar nicht zur Verfügung gestellt. Weitere Indizien könnten sein, dass eine rechtlich nicht vorgebildete, unerfahrene Person die Versammlung leitet, aber extrem hohe Schäden durch eine wirtschaftlich sehr aktive Gesellschaft drohen und diese Schäden nicht versichert sind.[966] Alleine das Vorhandensein einzelner oder mehrerer dieser Kriterien genügt jedoch noch nicht, um stets von einer solchen stillschweigenden vertraglichen Vereinbarung auszugehen, damit die gesetzgeberische Wertung nicht umgangen wird.[967] So ist immer der Einzelfall zu beachten, insbesondere die konkrete Situation bei Bestellung des Versammlungsleiters.

(bb) Allgemeine Geschäftsbedingungen

Denkbar wären zudem Situationen, in denen der Versammlungsleiter im Rahmen seiner Bestellung Allgemeine Geschäftsbedingungen (AGB) stellt (§ 305 Abs. 1 S. 1 BGB), die eine Freizeichnungsklausel enthalten.[968] Dazu muss die zu bestimmende Person freilich schon vor ihrer Bestellung über die Kandidatur Bescheid wissen, sodass entsprechende Situationen bei der ad hoc-Wahl kaum vorstellbar sind. Zudem werden wahrscheinlich nur professionelle Versammlungsleiter eigene AGB verwenden. Es bleibt somit nur ein kleines, aber dennoch in der Praxis mögliches Feld an Konstellationen. Im Zweifel sind Haftungsprivilegierungen nach dem sog. Restriktionsprinzip eng und im Zweifel gegen denjenigen auszulegen, der die Haftung beschränkt hat,[969] also den Versammlungsleiter.

Dabei sind über § 276 Abs. 3 BGB hinaus die Grenzen des AGB-Rechts zu beachten: Über § 310 Abs. 1 S. 2 BGB finden im Rahmen von § 307 Abs. 1 und 2 BGB die besonderen Klauselverbote der §§ 309, 308 Nr. 1, 2–8 BGB auch im unternehmerischen Verkehr (rechtsfähige Personengesellschaft, die bei Abschluss des Auftrags in ihrer gewerblichen Tätigkeit handelt, § 14 BGB) Anwendung. Demnach ist ein Ausschluss für grobe Fahrlässigkeit unzulässig, §§ 310 Abs. 1 S. 2, 309 Nr. 7b BGB. Jedoch ist darüber hinaus eine Haftungsbeschränkung in AGB auch generell wegen eines Verstoßes gegen § 307 Abs. 2 Nr. 2 BGB unzulässig: Die rechtmäßige, sorgfältige und sachkundige Versammlungsleitung ist die Hauptpflicht des Vertragsverhältnisses[970] und damit als Kardinalpflicht des Versammlungsleiters einzuordnen.

---

964 Erman/*Berger*, § 662 Rn. 25; vgl. auch *Pliquett*, Haftung Hauptversammlungsleiter, S. 133.

965 Zur stillschweigenden Haftungsbeschränkung, *Noack*, GmbHR 2017, 792 (798).

966 Kriterien erarbeitet von *Pliquett*, Haftung Hauptversammlungsleiter, S. 132 f.

967 Erman/*Berger*, § 662 Rn. 25.

968 *Pliquett*, Haftung Hauptversammlungsleiter, S. 134.

969 BGH v. 29.10.1956 – II ZR 79/55, BGHZ 22, 90 = NJW, 1957, 17 (18); BGH v. 21.9.1983 – IV a ZR 165/81, BGHZ 88, 229 = NJW 1984, 370 (371); BeckOK-BGB/*Lorenz*, § 276 Rn. 47.

970 Zum Auftrag: Erman/*Berger*, § 662 Rn. 15.

Solche vertragswesentlichen Pflichten dürfen in AGB nicht abbedungen werden.[971] Anders als *Pliquett*[972] festhält, gilt dies nicht nur für den professionellen, sondern für jeden Versammlungsleiter, denn die vom Versammlungsleiter geschuldeten Aufgaben sind identisch. Praktisch werden sich keine Unterschiede ergeben, da nichtprofessionelle Leiter gar keine eigenen AGB stellen werden.

(f) Haftung für Hilfspersonen

Soweit es dem Versammlungsleiter nach § 664 Abs. 1 BGB gestattet ist, Hilfspersonen einzusetzen, haftet er sowohl für eigenes Verschulden bei der Übertragung (§ 664 Abs. 1 S. 2 BGB), wie etwa mangelhafte Instruktionen, als auch für das Verschulden seiner Gehilfen (§§ 664 Abs. 1 S. 3, 278 BGB).

dd) Schaden und weitere Voraussetzungen

Zu den möglichen Schadensposten (s. o.). Bei etwaigen sonstigen Haftungsvoraussetzungen wie Mahnung (im Rahmen des § 286 BGB) oder Fristsetzung (bei § 281 BGB) ergeben sich keine Besonderheiten.

Es bleibt also festzuhalten, dass der Versammlungsleiter zum Schadensersatz gegenüber der Gesellschaft verpflichtet sein kann.

ee) Schadensteilung

Der Versammlungsleiter hat aber unter Umständen nicht die gesamte Schadenssumme selbst zu tragen.

(1) Mitverschuldenseinwand?

Wiederum könnte man überlegen, ob die Haftung des Versammlungsleiters nicht durch das Verhalten der Gesellschafterversammlung bei einer rechtswidrigen Leitungsverfügung beeinflusst wird. Wie oben bereits dargestellt, verhindert ein ausdrücklicher rechtswidriger Prärogativbeschluss das Vorliegen einer Pflichtverletzung, das bloße Dulden der Leitungsmaßnahme jedoch nicht (G. III. 3. b) bb) (2) und (3)).

Unterlassen es die Gesellschafter, pflichtwidrigen Leitungsmaßnahmen durch eine Prärogativentscheidung entgegenzuwirken, könnte man aber erwägen, dass dies zwar keinen vollständigen Haftungsausschluss, aber immerhin eine Schadensquotelung nach sich ziehen könnte. Gemäß § 254 Abs. 2 a.E. BGB trifft den Geschädigten eine Schadensminderungs- oder Schadensabwendungspflicht. Geschädigte ist zwar die Gesellschaft,[973] welche freilich als solche handlungs- und (mit-)ver-

---

971 Fallbeispiele bei BGH v. 1.12.2003 – II ZR 216/01, NJW-RR 2003, 400 (401); BGH v. 5.12.2000 – XI ZR 340/99, NJW-RR 2001, 768 (769); BGH v. 13.1.2000 – III ZR 62/99, NJW-RR 2000, 998 (999); Darstellung bei MüKo-BGB/*Wurmnest*, § 307 Rn. 70.

972 *Pliquett*, Haftung Hauptversammlungsleiter, S. 135 f.

973 Insoweit besteht kein Widerspruch zur o. g. BGH-Ansicht, da der BGH bei einer Schädigung ‚von innen heraus' die Schadensfähigkeit der Personengesellschaft

schuldensunfähig ist, ihr könnte jedoch das Mitverschulden ihrer Gesellschafterversammlung als gegenüber dem Versammlungsleiter „verfassungsmäßig berufene[r] Vertreter[in]“ analog § 31 BGB zuzurechnen sein.[974] Man könnte also erwägen, dass aus dem Prärogativrecht der Gesellschafter eine Obliegenheit zur Korrektur der Entscheidungen des Versammlungsleiters folgt.

Machen die Gesellschafter daher von ihrem Prärogativrecht bei einer rechtswidrigen Handlung des Versammlungsleiters keinen Gebrauch und nehmen eine rechtswidrige Leitungsmaßnahme einfach hin, dann könnten sie gegen ihre Schadensminderungspflicht verstoßen und die Verschuldensquote des Versammlungsleiters könnte – ggf. sogar bis auf Null – zu reduzieren sein.

Beim GmbH-Geschäftsführer scheidet ein über die Enthaftung (dazu bereits G. III. b) bb) (2) und (3)) hinausgehendes Mitverschulden der Gesellschafter durch schlechte Auswahl oder unzureichende Überwachung (§ 46 Nr. 6 GmbHG) des Geschäftsführers nach hM aus.[975] Der BGH begründet dies damit, dass die „Pflichten der [...] Organe [einer juristischen Person] so ausgestaltet [seien], daß [!] sie nebeneinander bestehen [und daher] kein Gesellschaftsorgan [...] der Gesellschaft gegenüber einwenden [kann], seine Ersatzpflicht sei gemindert, weil ein anderes Organ für den Schaden mitverantwortlich sei“.[976] Das „Versäumnis [der Gesellschafter] entlaste[...] den Geschäftsführer, der seine eigenen Pflichten versäumt hat, nicht von seiner vollen Haftung gegenüber der Gesellschaft“.[977] Dies wird in der Lehre weitgehend anerkannt, wenn auch jüngst kritisch analysiert.[978]

Diese Erwägungen lassen die Möglichkeit der Schadenskürzung wegen Mitverschuldens beim Versammlungsleiter jedoch unberührt, da die Rechtslage beim Versammlungsleiter insoweit nicht mit derjenigen beim Geschäftsführer vergleichbar ist, denn der Versammlungsleiter ist – im Gegensatz zum GmbH-Geschäftsführer – kein obligatorisches und gesetzlich mit eigenen Pflichten ausgestattetes Organ,

---

abgelehnt hat, mit dem Versammlungsleiter aber ein Drittverhältnis besteht (s. o.); insoweit ist die Personengesellschaft freilich als Geschädigte anzuerkennen, §§ 124 Abs. 1, 161 Abs. 2 HGB.

974 Zur analogen Anwendung auf Personengesellschafter: MüKo-BGB/*Arnold*, § 31 Rn. 15 f.; zur Anwendbarkeit des § 31 BGB beim Mitverschulden: MüKo-BGB/*Oetker*, § 254 Rn. 136; Staudinger/*Schiemann*, § 254 Rn. 107; Erman/*Ebert*, § 254 Rn. 78.

975 So zum Mitverschulden der Gesellschafter, aber auch der Mitgeschäftsführer („solidarisch(e)“ Haftung, § 43 Abs. 2 GmbHG) sowie eines unzureichend überwachenden fakultativen Aufsichtsrats: BGH v. 14.3.1983 – II ZR 103/82, GmbHR 1983, 300 (301); nochmals: BGH v. 26.11.2007 – II ZR 161/06, GmbHR 2008, 144, Rz. 3; OLG Oldenburg v. 22.6.2006–1 U 34/03, GmbHR 2006, 1263 (1268); parallel zum Geschäftsführer eines Sozialversicherungsträgers: BGH v. 14.2.1985 – IX ZR 145/83, ZIP 1985, 529 (insoweit nicht abgedruckt in BGHZ 94, 18); parallel zum Stiftungsrecht: BGH v. 20.11.2014 – III ZR 509/13, NZG 2015, 38, Rz. 22 f.

976 BGH v. 14.3.1983 – II ZR 103/82, GmbHR 1983, 300 (301).

977 BGH v. 14.3.1983 – II ZR 103/82, GmbHR 1983, 300 (301).

978 *W. Bayer/Scholz*, GmbHR 2016, 841 (843 ff.).

sondern ist schon in seiner Existenz gänzlich von den Gesellschaftern abhängig. Daher besteht für die Gesellschafter auch schon kein „parallele[r] Pflichtenkanon" zum Versammlungsleiter, weil gerade sie den Willen der Gesellschaft bilden und keine Pflichten gegenüber ihrer Gesellschaft als solche haben, aufgrund derer sie neben dem Versammlungsleiter haftbar wären.[979]

Vielmehr passt auch der hinter dem Prinzip des Mitverschuldens stehende Normzweck des Verbots widersprüchlichen Verhaltens[980] – *venire cortra factum proprium* – auf die Situation: Denn zumindest, wenn die Gesellschafter erkannt haben, dass die Leitungsverfügung des Versammlungsleiters rechtswidrig ist und dennoch passiv bleiben, können sie nicht gleichzeitig Schadensersatz verlangen. Der Grundsatz müsste sogar noch auf solche Fälle erweitert werden, in denen die Gesellschafter die Rechtswidrigkeit hätten erkennen müssen, also den Schaden fahrlässig nicht verhindert haben, stellt sich doch das Mitverschulden als das Spiegelbild des Verschuldens dar, um so eine „Gleichbehandlung von Schädiger und Geschädigten"[981] zu erreichen.

Der praktische Anwendungsbereich wird allerdings gering sein. Inwieweit im Einzelfall der Anspruch tatsächlich wegen eines Mitverschuldens der Gesellschafterversammlung gekürzt werden könnte bzw. nach welcher Quote, hängt zum einen von der Gesellschaft und ihren Gesellschaftern ab. Dabei ist zunächst festzuhalten, dass der Gesellschaft nach § 31 BGB analog nur das Fehlverhalten der Gesellschaftergesamtheit[982] bzw. -mehrheit zuzurechnen ist. Es ist notwendig, dass die Gesellschafter erkannt haben oder hätten erkennen müssen, dass die Maßnahme des Versammlungsleiters rechtswidrig war. Dazu ist auf die Fähigkeiten eines durchschnittlichen Gesellschafters einer Gesellschaft der konkret betroffenen Art abzustellen. In concreto bedeutet dies, dass das Kennenmüssen in einer Anwalts-GbR in der Regel wohl anzunehmen wäre, in einem Handwerksbetrieb oftmals aber nicht.

Zum anderen müsste wertungsmäßig beachtet werden, ob die Gesellschafter einen juristisch vorgebildeten professionellen Leiter oder einen rechtlichen Laien zum Versammlungsleiter bestellt haben, da sie sich bei einem professionellen Leiter in viel höherem Maße auf dessen rechtliche Einschätzung verlassen dürfen.

Der Mitverschuldenseinwand kann auch dann nicht ohne Weiteres greifen, wenn der Mehrheitsgesellschafter (mangels eines für ihn bestehenden Stimmverbots (G. II. 4. a)) einen korrigierenden Prärogativbeschluss (bei ihm selbst als Versammlungsleiter oder einem Drittleiter) verhindert, sonst könnte er auf diese Weise seine Haftung als Versammlungsleiter verhindern. Hierbei kann nur darauf abgestellt werden, ob die übrigen Gesellschafter überhaupt versucht haben, eine abweichende Letztentscheidung zu treffen.

---

979 Vgl. entsprechende Argumentation zu den GmbH-Gesellschaftern und ihrem Geschäftsführer, *W. Bayer/Scholz*, GmbHR 2016, 841 (844).

980 Vgl. *W. Bayer/Scholz*, GmbHR 2016, 841 (844).

981 *W. Bayer/Scholz*, GmbHR 2016, 841 (845).

982 *W. Bayer/Scholz*, GmbHR 2016, 841 (845).

Festzuhalten bleibt, dass es in engen Fällen grundsätzlich denkbar wäre, die Haftung des Versammlungsleiters wegen Mitverschuldens zu kürzen.

(2) Innerbetrieblicher Schadensausgleich

Für die Aktiengesellschaft wird erwogen, eine Haftungsbeschränkung entsprechend des innerbetrieblichen Schadensausgleichs im Arbeitsverhältnis heranzuziehen und auf diesem Wege eine Schadensquotelung nach dem Grad des Verschuldens des Versammlungsleiters[983] zu erreichen.[984] Der innerbetriebliche Schadensausgleich dient dem Arbeitnehmer als Korrelat zu seiner Weisungsgebundenheit gegenüber seinem Arbeitgeber, der im Gegensatz zum in den Betrieb eingegliederten Arbeitnehmer die Arbeitsabläufe durch sein Organisationsrecht und das von ihm zu tragende Betriebsrisiko steuern kann.[985]

Die Rechtsfigur des innerbetrieblichen Schadensausgleichs konstruiert eine Mitverursachungshaftung des Arbeitgebers, der regelmäßig nicht jeden Arbeitsschritt seines Arbeitsnehmers begleitet, weshalb ein echtes Mitverschulden seinerseits oftmals ausgeschlossen und daher die verfassungsrechtlich gebotene[986] Haftung für das Betriebsrisiko zu konstuieren ist.[987]

In der AG-rechtlichen Literatur wird die Anwendung dieser Grundsätze abgelehnt, da der Hauptversammlungsleiter (außer in engen Ausnahmefällen) nicht weisungsgebunden ist.[988] Die Personengesellschafter sind dagegen stets gegenüber dem Versammlungsleiter weisungsberechtigt (s. G. II.). Allerdings sind die Gesellschafter, anders als ein Arbeitnehmer, typischerweise ständig bei jeder Handlung des Versammlungsleiters selbst anwesend – er wird ja gerade bei deren Gesellschafterversammlung tätig. Damit können durchaus Situationen echten Mitverschuldens wegen unterlassener Prärogativentscheidung einschlägig sein, sodass ein weiterer Rückgriff auf die Grundsätze des innerbetrieblichen Schadensersatzes nicht möglich ist.

c) Deliktische Haftung

Neben der vertraglichen Haftung kommt eine deliktische Haftung des Versammlungsleiters nur in wenigen Fällen in Betracht:

Ein Anspruch aus § 823 Abs. 1 BGB würde die Verletzung eines absoluten Rechts voraussetzen, worunter aber das Vermögen nicht fällt.[989] Somit dient § 823 BGB bei

---

983 Oder nur eine höhenmäßige Begrenzung, so *Pliquett*, Haftung Hauptversammlungsleiter, S. 86.
984 *Pliquett*, Haftung Hauptversammlungsleiter, S. 85 ff.; *Poelzig*, AG 2015, 476 (481).
985 MüKo-BGB/*Henssler*, § 619a Rn. 6 ff.; *Poelzig*, AG 2015 476 (481).
986 MüKo-BGB/*Henssler*, § 619a Rn. 9.
987 Zusammenfassung von *Junker*, Grundkurs Arbeitsrecht, Rn. 295 ff.
988 *Poelzig*, AG 2015, 476 (481).
989 BeckOK-BGB/*Förster*, § 823 Rn. 3.

der Geltendmachung der Versammlungs- und Prozesskosten sowie der vertanen Geschäftschancen als reine Vermögensschäden nicht als Anspruchsgrundlage.[990] Auch ein Eingriff in den eingerichteten und ausgeübten Gewerbebetrieb als anerkanntes absolutes Recht ist im Hinblick auf den Versammlungsleiter mangels unmittelbaren Eingriffs in den Betrieb[991] nicht gegeben.[992] Zum Eingriff in die Mitgliedschaftsrechte der Gesellschafter vgl. Kapitel G. IV. 5. c) ff) (1).

Ebenso besteht kein Anspruch aus § 823 Abs. 2 BGB i.V.m. einem Schutzgesetz. Insbesondere ist die Untreue gem. § 266 StGB als Schutzgesetz[993] nicht anspruchsbegründend:[994] Zu Restriktionszwecken setzen beide Tatbestandsalternativen der Untreue eine Vermögensbetreuungspflicht voraus.[995] Diese kann angenommen werden, wenn die Vermögensbetreuung eine Hauptpflicht[996] des Täters in Bezug zum Geschädigten ist, der Täter fremdnützig[997] handelt und ein gewisses Maß an Eigenverantwortlichkeit[998] bei der Ausführung seiner Aufgabe hat. Im Personengesellschaftsrecht ist schon höchst streitig, ob eine Personengesellschaft überhaupt tauglicher Geschädigter einer Untreuehandlung sein kann, oder ob aufgrund ihrer fehlenden Eigenschaft als juristische Person der Schaden bei den dahinterstehenden Gesellschaftern zu suchen ist.[999] Die Hauptpflicht des Versammlungsleiters ist jedoch die bestmögliche Durchführung der Gesellschafterversammlung,[1000] nicht etwa die Verwaltung des Gesellschaftsvermögens. Die allgemeine zivilrechtliche Pflicht zu vertragsgemäßem Verhalten und zur Rücksichtnahme auf die Interessen des Vertragspartners genügt nicht.[1001] Entstehende Vermögensschäden sind bloße Nebenfolgen. Mangels Vermögenbetreuungspflicht kommt eine Untreuestrafbarkeit – ohne auf den wohl meist ohnehin fehlenden Vorsatz angewiesen zu sein – daher nicht in Betracht.

Die einzige denkbare deliktische Anspruchsgrundlage wäre § 826 BGB[1002] bei vorsätzlich sittenwidriger Schädigung, wobei die tatsächlichen Voraussetzungen wohl äußerst

---

990 *Von der Linden*, NZG 2013, 208 (212).

991 Zum Erfordernis dieses Merkmals MüKo-BGB/*Wagner*, § 823 Rn. 257.

992 So schon zur AG *Pliquett*, Haftung Hauptversammlungsleiter, S. 139 f.

993 MüKo-BGB/*Wagner*, § 823 Rn. 423.

994 Ohne weitere Prüfung als denkbar angenommen, *Drinhausen/Marsch-Barner*, AG 2014, 757 (768).

995 BGH v. 6.12.2001–1 StR 215/01 = BGH NStZ 2002, 322 (323); BGH v. 21.12.2005–3 StR 470/04 = BGH NStZ 2006, 214 (216) – Mannesmann; MüKo-StGB/*Dierlamm*, § 266 Rn. 40; Lackner/Kühl/*Heger*, § 266 Rn. 2; BeckOK-StGB/*Wittig*, § 266 Rn. 12.

996 BGH v. 5.7.1968–5 StR 262/68 = BGH NJW 1968, 1938 (1938); BGH v. 13.6.1985–4 StR 213/85 = BGH NJW 1985, 2280 (2282); MüKo-StGB/*Dierlamm*, § 266 Rn. 45 m.w.N.

997 Schönke/Schröder/*Perron*, § 266 Rn. 2.

998 MüKo-StGB/*Dierlamm*, § 266 Rn. 44 f.

999 So zuletzt BGH v. 10.7.2013–1 StR 532/12, NJW 2013, 3590, Rz. 43.

1000 Zur AG: „Sachgerechte Durchführung (...) innerhalb angemessener Zeit“, *Drinhausen/Marsch-Barner*, AG 2014, 757 (758).

1001 BeckOK-StGB/*Wittig*, § 266 Rn. 12.

1002 Geprüft und abgelehnt vom LG Ravensburg v. 8.5.2014–7 O 51/13 KfH 1 (rechtskr.), ZIP 2014, 1163.

selten gegeben sein werden,[1003] denn der Versammlungsleiter müsste Kenntnis von den, die Sittenwidrigkeit begründenden, Umständen haben sowie den kausalen Schadenseintritts in Richtung der Gesellschaft zumindest billigend in Kauf nehmen.[1004] Zudem muss sein Verhalten bei normativer Wertung besonders verwerflich bzw. unlauter sein.[1005]

IV. Rechtsschutzmöglichkeiten der Gesellschafter

Nicht nur die Gesellschaft als solche, sondern vielmehr auch die Gesellschafter selbst sind von den Maßnahmen des Versammlungsleiters betroffen. Daher stellt sich die Frage, welche Rechtsschutzmöglichkeiten ihnen zukommen.

1. Keine separate (Feststellungs-/Anfechtungs-)Klage über/gegen Versammlungsleitermaßnahmen

Zunächst ist festzuhalten, dass es nicht möglich ist, eine Entscheidung des Versammlungsleiters im Rahmen einer Feststellungsklage herausgelöst aus dem Beschlusskontext auf deren Vereinbarkeit mit dem Gesellschaftsvertrag sowie dem Gesetzesrecht prüfen zu lassen.[1006] Eine Unterlassungsklage ist gleichwohl möglich (s. sogleich).

Anders sieht dies wohl *Liebscher* zur GmbH, wenn er davon ausgeht, dass „dieser Beschluss" einer Anfechtungsklage zugänglich ist, welcher sich aber noch vor Erlangung von Rechtsschutz erledigt haben werde.[1007] Dies überzeugt nicht, da eine Leitungsmaßnahme schon von ihrer Rechtsnatur her nach ganz hA keinen eigenen Beschluss, sondern nur eine „versammlungsleitende[...] Verfügung"[1008] darstellt. Für eine separate Feststellungsklage fehlt es am nötigen Feststellungsinteresse.[1009] Zu möglichen Unterlassungsansprüchen siehe G. IV. 4.

2. Fehlerhafte Beschlüsse

Hauptsächlich sind die Gesellschafter bei Fehlern des Versammlungsleiters dadurch betroffen, dass gefasste Beschlüsse fehlerbehaftet sind. Demnach ist das Angreifen

---

1003 *Von der Linden*, NZG 2013, 208 (212).

1004 MüKo-BGB/*Wagner*, § 826 Rn. 25 ff.

1005 BGH v. 19.7.2004 – II ZR 402/02, NZG 2004, 907 (909) – Informatec; *von der Linden*, NZG 2013, 208 (212).

1006 Henssler/Strohn/*Hillmann*, § 48 GmbHG Rn. 15; zur AG jüngst bestätigt: OLG Köln v. 9.3.2017–18 U 19/16, AG 2017, 351 (358) (Rechtsmittel anhängig: BGH – II ZR 94/17), s. auch MüKo-AktG/*Kubis*, § 119 Rn. 177 m.w.N.

1007 MüKo-GmbHG/*Liebscher*, § 48 Rn. 125.

1008 Lutter/Hommelhoff/*W. Bayer*, § 48 Rn. 16; Scholz/*K. Schmidt*, § 45 Rn. 20; Scholz/*Seibt*, § 48 Rn. 38.

1009 Dazu ausführlich im aktienrechtlichen Kontext: OLG Köln v. 9.3.2017–18 U 19/16, AG 2017, 351 (358 ff.) (Rechtsmittel anhängig: BGH – II ZR 94/17).

dieser Beschlüsse,[1010] mit inzidenter Überprüfung der Rechtmäßigkeit der Versammlungsleitung, das Hauptrechtsschutzinstrument gegen den Versammlungsleiter, ganz gleich welches Beschlussmängelsystem Anwendung findet (ausführlich Kapitel D. I. 9.). Im aktienrechtlichen Beschlussmängelsystem kann die Verletzung des Rede- sowie des Teilnahmerechts einen Anfechtungsgrund bilden.[1011]

3. Anrufung der Gesellschafterversammlung

Daneben kann der einzelne Gesellschafter (beispielsweise, wenn er von einer Ordnungsmaßnahme betroffen ist) die Gesellschafterversammlung zur Ausübung ihres Prärogativrechts anrufen.[1012]

4. Unterlassungsansprüche

Bei direkten Maßnahmen gegen einzelne Gesellschafter, also insbesondere bei Ordnungsmaßnahmen, kommt prinzipiell ein quasi-negatorischer Beseitigungsanspruch gem. § 1004 Abs. 1 S. 1 BGB analog[1013] in Betracht.

Dabei genießen deliktsrechtlich geschützte Rechtsgüter sowie die durch Schutzgesetze nach § 823 Abs. 2 BGB geschützten Rechte negatorischen Schutz.[1014] Es ist anerkannt, dass die Mitgliedschaft in einer juristischen Person ein von § 823 Abs. 1 BGB geschütztes absolutes Recht darstellt.[1015] Nichts Anderes kann für die Personengesellschaft gelten: Die Gesellschafterstellung in der Personengesellschaft beschreibt nicht mehr nur ein schuldrechtliches, sondern vielmehr selbst ein mitgliedschaftliches und von § 823 Abs. 1 BGB geschütztes Recht.[1016]

Problematisch ist der Umfang dieses Schutzes, denn durch eine Maßnahme des Versammlungsleiters wird die Mitgliedschaft nicht gänzlich entzogen, sondern nur

---

1010 Zur Verteidigung der Mitgliedschaftsrechte in Personengesellschaften *Westermann*, NZG 2012, 1121 (1123); OLG Hamm v. 3.11.1997–8 U 197/96, GmbHR 1998, 138 (139 f.); GroßkommGmbHG/*Hüffer/Schürnbrand*, § 48 Rn. 37; Henssler/Strohn/*Hillmann*, § 48 GmbHG Rn. 16 (z. B. bei einem Eingriff in das Teilnahmerecht durch Saalverweis).

1011 Scholz/*Seibt*, § 48 Rn. 38; Roth/Altmeppen/*Roth*, § 48 Rn. 9; MüKo-GmbHG/*Liebscher*, § 48 Rn. 127; GroßkommGmbHG/*Hüffer/Schürnbrand*, § 48 Rn. 37; genaue Darstellung möglicher Fehler bei Scholz/*K. Schmidt*, § 45 Rn. 96.

1012 Scholz/*Seibt*, § 48 Rn. 36; GroßkommGmbHG/*Hüffer/Schürnbrand*, § 48 Rn. 37; MüKo-GmbHG/*Liebscher*, § 48 Rn. 125; Henssler/Strohn/*Hillmann*, § 48 GmbHG Rn. 16.

1013 GroßkommGmbHG/*Hüffer/Schürnbrand*, § 48 Rn. 37.

1014 Staudinger/*Gursky*, § 1004 Rn. 16.

1015 *Grunewald*, Die Gesellschafterklage in der Personengesellschaft und der GmbH, S. 99 m.w.N.; Erman/*Wilhelmi*, § 823 Rn. 41; MüKo-BGB/*Wagner*, § 823 Rn. 234.

1016 Inzwischen weitgehend anerkannt MüKo-BGB/*Schäfer*, § 705 Rn. 180; MüKo-HGB/*K. Schmidt*, § 105 Rn. 169; *Habersack*, BB 2001, 477 (449); *K.-S. Scholz*, NZG 2002, 153 (161); *K.-S. Scholz*, WM 2006, 897 (902).

in Teilen beeinträchtig (z.B. Entzug des Rede- oder Teilnahmerechts). Der BGH konnte es in einer Entscheidung offenlassen „ob jede schuldhafte Beeinträchtigung dieses Rechts zur Auslösung dieser Rechtsfolge geeignet ist oder ob dazu ein unmittelbar gegen den Bestand der Mitgliedschaft oder die in ihr verkörperten Rechte und Betätigungsmöglichkeiten gerichteter Eingriff von erheblichem Gewicht erforderlich“[1017] sei. Nach *K. Schmidt* ist die Mitgliedschaft als solche gegen deren Entzug geschützt, „bloße [...] mitgliedschaftliche[...] Interessen“[1018] und – soweit konsequent im Rahmen des § 823 BGB –Vermögensschäden einzelner Gesellschafter sollen aber nicht erfasst sein.[1019] Dementsprechend soll die „Beeinträchtigung einzelne[r] Befugnisse der Gesellschafter“[1020] nicht ausreichend sein, andererseits soll aber das Unmöglichmachen oder die Erschwerung der Teilhabezuständigkeit genügen, sofern allgemeine, gegenüber jedermann geltende Rechte betroffen sind[1021].

Dies steht in Einklang mit der jüngst bestätigten[1022] Rechtsprechung des BGH zum sog. Fleet-Fall[1023], nachdem es für eine Verletzung des von § 823 Abs. 1 BGB geschützten Eigentums genüge, dass die Eigentümerbefugnisse durch das Einsperren des Schiffes derart eingeschränkt werden, dass es seinem bestimmungsgemäßen Gebrauch nicht mehr zugänglich ist, obwohl das Eigentum als solches in seiner Substanz noch Bestand hat.[1024] Dem Gesellschafter, in dessen Rechte der Versammlungsleiter eingreift, entzieht dieser dessen Mitgliedschaft als solche, wie bereits dargestellt, nicht. Dennoch macht die Teilhabe an der Gesellschafterversammlung gerade den innersten Kern der Mitgliedschaft aus – auch wenn sie als solche formal noch besteht, so ist sie doch gleichsam wertlos und ‚ihrem bestimmungsgemäßen Gebrauch entzogen‘, wenn die die Mitgliedschaft ausmachenden Teilhaberechte nicht aktiv wahrgenommen werden können. Folglich kommt die Beeinträchtigung der Mitgliedschaft einem zeitweiligen Entzug derselben gleich, wobei die Dauer der Beeinträchtigung unerheblich ist[1025], denn die Beeinträchtigung der mitgliedschaftlichen Rechte durch den Versammlungsleiter kommt gerade dem eigentumsverletzenden Einsperren des Schiffes unter Entzug jeglicher Gebrauchsmöglichkeit gleich und nicht dem entgegengesetzten Fall des bloßen, von § 823 BGB nicht erfassten, Aussperrens[1026], da die Gesellschafterrechte effektiv nur innerhalb der Gesellschafterversammlung wahrgenommen werden können, an deren Teilhabe der Gesellschafter gerade verhindert ist. Demnach spricht viel dafür, einem Gesellschafter, in dessen Teilnahme- oder Rederecht der Versammlungsleiter schuldhaft

---

1017 Zum Verein BGH v. 12.3.1990 – II ZR 179/89, NJW 1990, 2877 (2879 f.).
1018 *K. Schmidt*, JZ 1991, 157 (159).
1019 MüKo-HGB/*K. Schmidt*, § 105 Rn. 169.
1020 MüKo-HGB/*K. Schmidt*, § 105 Rn. 169.
1021 *K. Schmidt*, JZ 1991, 157 (159).
1022 BGH v. 21.6.2016 – VI ZR 403/14, BeckRS 2016, 13463.
1023 BGH v. 21.12.1970 – II ZR 133/68, BGHZ 55, 153 = NJW 1971, 886 (888).
1024 Vgl. *K. Schmidt*, JZ 1991, 157 (159, Fn. 45).
1025 BGH v. 21.6.2016 – VI ZR 403/14, BeckRS 2016, 13463, Ls. 3.
1026 BGH v. 21.6.2016 – VI ZR 403/14, BeckRS 2016, 13463, Ls. 4.

durch eine zielgerichtete (Ordnungs-) Maßnahme eingreift, dem Grunde nach einen deliktsrechtlichen Schutz nach § 823 Abs. 1 BGB zu gewähren. Dadurch hat die Verletzungshandlung des Versammlungsleiters, der „Kompetenzübergriff in die Teilhabezuständigkeit des Mitglieds", auch den geforderten „organisationsrechtlichen Charakter"[1027].

Sämtliche erfassten absoluten Rechte können bei drohender oder andauernder Beeinträchtigung mit einem negatorischen Anspruch verteidigt werden, bliebe doch die absolute Rechtszuweisung ohne die Sicherung durch entsprechende Ansprüche „eine leere Deklamation".[1028] Ein Beseitigungs- sowie Unterlassungsanspruch hinsichtlich Beeinträchtigungen in den mitgliedschaftlichen Rechten muss den Gesellschaftern zugestanden werden, ist es doch die einzige Möglichkeit, einem Schadenseintritt vorzubeugen.[1029] Damit wird das Ziel verfolgt, den Versammlungsleiter zum Rückzug aus dem fremden Gesellschafter-Rechtskreis[1030] zu veranlassen, indem er die Maßnahme zurücknimmt.

Der Beseitigungsanspruch könnte theoretisch mittels einstweiliger (Regelungs-) Verfügung nach § 940 ZPO durchgesetzt werden,[1031] weil dadurch keine endgültigen Tatsachen geschaffen würden. Allerdings wird der einstweilige Rechtsschutz oftmals zu spät kommen, da er nicht mehr in der aktuellen Versammlung zu erwirken sein wird und sich die Maßnahme dadurch schon erledigt hat.[1032]

Droht Wiederholungsgefahr, könnte ein Unterlassungsanspruch gem. § 1004 Abs. 1 S. 2 BGB bestehen, welcher ebenfalls im einstweiligen Rechtsschutz geltend gemacht werden könnte. Grundsätzlich wird vorbeugender Rechtsschutz zwar nicht gewährt, weil das Geschehen auf einer Versammlung nicht sicher vorhersehbar und damit beweisbar ist, ging jedoch schon (mehrfach) eine rechtswidrige Maßnahme voraus oder wurde eine solche vom Versammlungsleiter angekündigt und ist daher „ernstlich zu besorgen", kann ein Unterlassungsanspruch aber gewährt werden.[1033]

5. Schadensersatzanspruch

Im Rahmen der Versammlungsleitung können den Gesellschaftern eigene Schäden entstehen. Diese Fallgruppe ist für Personengesellschaften deutlich relevanter als etwa für die GmbH:

Erstens ist die Feststellungsklage über die Wirksamkeit eines Beschlusses als einzige Beschlussmängelklage (ohne Modifikationen) gegen die Mitgesellschafter

1027 *K. Schmidt*, JZ 1991, 157 (159).
1028 Staudinger/*Gursky*, § 1004 Rn. 15.
1029 Dazu auch *Grunewald*, DB 1981, 407 ff., im Kontext einer Gesellschafterklage gegen die Geschäftsführung einer Publikums-GmbH & Co. KG.
1030 Zur Usurpationslehre MüKo-BGB/*Baldus*, § 1004 Rn 93.
1031 MüKo-GmbHG/*Liebscher*, § 48 Rn. 126; Scholz/*Seibt*, § 48 Rn. 38.
1032 GroßkommGmbHG/*Hüffer/Schürnbrand*, § 48 Rn. 37; MüKo-GmbHG/*Liebscher*, § 48 Rn. 126.
1033 MüKo-GmbHG/*Liebscher*, § 48 Rn. 126.

und nicht gegen die Gesellschaft zu richten (s. C. I. 9.). War die Klage aufgrund eines Fehlers bei der Versammlungsleitung erfolgreich, tragen die unterliegenden Gesellschafter die Kostenlast des Prozesses. Damit entsteht den Gesellschaftern ein eigener Schaden.

Daneben ist an andere wirtschaftliche Schäden durch eine fehlerhafte Leitung zu denken, z.B. Fahrt-, Übernachtungs- und Verpflegungskosten für eine erneute Gesellschafterversammlung. Hier tritt noch eine weitere Besonderheit ans Licht, nämlich, dass die Schäden nicht zwingend nur bei dem von der fehlerhaften Leitungsmaßnahme Betroffenen, sondern bei mehreren oder sogar allen Gesellschaftern gleichermaßen eintreten können. Auch können Kosten für Korrespondenzen und Rechtsverfolgung entstehen, soweit diese nicht schon aufgrund einer Kostenentscheidung im gerichtlichen Beschlussmängelverfahren kompensiert wurden. Darüber hinaus ist an weitere Vermögensschäden zu denken, sofern diese nicht als bloße Reflexschäden einzustufen sind.

In eher untypischen, aber dennoch denkbaren Ausnahmefällen kann neben wirtschaftlichen Interessen auch das Integritätsinteresse verletzt sein, wenn das Eigentum oder der Körper eines Gesellschafters verletzt wurde.

Es stellt sich die Frage, wie für die verschiedenen von den Gesellschaftern erlittenen Schäden Ersatz verlangt werden kann. Grundsätzlich ist der Versammlungsleiter aus dem Vertragsverhältnis nur seinem Vertragspartner, „der Ges[ellschaft,] zur sachgerechten Ausübung seines Amtes verpflichtet“[1034]. Nicht von der Hand zu weisen ist aber, dass der Versammlungsleiter in Ausübung seiner Tätigkeit insbesondere mit den Rechten und Rechtsgütern der Gesellschafter in Berührung kommt und teilweise massiv in deren Rechte eingreift. Demnach könnten die Gesellschafter in das Rechtsverhältnis eingebunden sein. Zur Lösung derartiger Konstellationen stehen mehrere rechtliche Konstruktionen zur Verfügung: Der Vertrag zugunsten Dritter (§ 328 BGB), die Drittschadensliquidation sowie der Vertrag mit Schutzwirkung für Dritte.

a) Kein echter Vertrag zugunsten Dritter

Gem. § 328 Abs. 1 BGB kann vertraglich vereinbart werden, dass ein Dritter, der selbst keine Vertragspartei ist, unmittelbar das Recht erwirbt, die Leistung zu fordern. Bei einem solchen echten Vertrag zugunsten Dritter erwirbt der Dritte also ein eigenes Forderungsrecht gegenüber dem Schuldner; bei einem unechten Vertrag zugunsten Dritter wird vereinbart, dass an einen Dritten befreiend geleistet werden kann, ohne diesem aber selbst ein Leistungsforderungsrecht zuzubilligen.[1035] Ein Vertrag zugunsten Dritter ist mit dem Versammlungsleiter nicht vereinbart. Erstens kann die Hauptleistungspflicht (Versammlungsleitung) nur von der Gesellschaft eingefordert werden, denn für den einzelnen Gesellschafter bringt die Leistung

1034 Baumbach/Hueck/*Zöllner/Noack*, § 48 Rn. 19.
1035 Hk-BGB/*Schulze*, § 328 Rn. 2.

keinen Mehrwert, da er alleine keine Versammlung abhalten kann. Zweitens kann der Versammlungsleiter auch nicht an einen Gesellschafter befreiend leisten, weil seine Aufgabe der Gesellschaft als Ganzes zugutekommt.

b) Keine Drittschadensliquidation

Daneben wurden die Rechtsfiguren der Drittschadensliquidation und des Vertrages mit Schutzwirkung zugunsten Dritter entwickelt. Beide Fallgruppen sind dann einschlägig, wenn ein Dritter, der selbst nicht Vertragspartei ist, geschädigt wird. Im Fall der Drittschadensliquidation wird der Schaden zum Anspruch, beim Vertrag mit Schutzwirkung zugunsten Dritter der Anspruch zum Schaden gezogen.[1036]

Früher grenzte die Rechtsprechung die beiden Konstruktionen nach der Art des Schadens ab: Bei Körperschäden sollte ein Vertrag mit Schutzwirkung gegeben sein, bei Vermögens- und Eigentumsschäden die Drittschadensliquidation.[1037] Diese Rechtsprechung wurde später aufgegeben,[1038] weil für diese Differenzierung kein Grund ersichtlich war.[1039] Nunmehr wird danach abgegrenzt, ob aus Sicht des Schädigers eine zufällige Schadensverlagerung stattgefunden hat (dann Drittschadensliquidation)[1040] oder ob von Anfang an für ihn erkennbar war, dass auch Rechte und Rechtsgüter Dritter (mit-)betroffen sein können (dann Vertrag mit Schutzwirkung)[1041].

Beim Versammlungsleiter fehlt es zum einen an einer Schadens*verlagerung*, weil die Gesellschaft und die Gesellschafter gleichermaßen nebeneinander Schäden erleiden können. Daneben ist der Schadenseintritt bei den Gesellschaftern nicht zufällig, sondern vielmehr von Anfang an durch die Aufgaben des Versammlungsleiters möglich und wahrscheinlich. Demnach sind die Konstellationen nicht im Wege einer Drittschadensliquidation zu lösen.

c) Vertrag mit Schutzwirkung für Dritte

Nach der gerade vorgenommenen Abgrenzung könnte hingegen ein Vertrag mit Schutzwirkung zugunsten der Gesellschafter angenommen werden. Dabei bestehen Sorgfaltspflichten nicht nur gegenüber dem Vertragspartner, sondern auch gegenüber Dritten.[1042]

1036 *Medicus/Petersen*, Bürgerliches Recht, Rn. 839.

1037 BeckOK-BGB/*Janoschek*, § 328 Rn. 49; MüKo-BGB/*Oetker*, § 249 Rn. 291; *Medicus/Petersen*, Bürgerliches Recht, Rn. 840.

1038 BGH v. 22.1.1968 – VIII ZR 195/65, BGHZ 49, 350 = NJW 1968, 885 (887).

1039 MüKo-BGB/*Oetker*, § 249 Rn. 291.

1040 Vgl. MüKo-BGB/*Gottwald*, § 328 Rn. 178.

1041 BGH v. 22.1.1968 – VIII ZR 195/65, BGHZ 49, 350 = NJW 1968, 885 (887); BGH v. 11.1.1977 – VI ZR 261/75, NJW 1977, 2073 (2074).

1042 BGH v. 15.5.1959 – VI ZR 109/58, NJW 1959, 1676 (1677).

aa) Allgemeines

Dieser Annahme stehen zunächst keine grundsätzlichen Bedenken entgegen:

Das Rechtsverhältnis mit dem Versammlungsleiter besteht in einem Auftrag oder Geschäftsbesorgungsvertrag, welche per se schon ein Tätigwerden im fremden Rechtskreis beinhalten. Zusätzlich kann aber noch eine Schutzwirkung für Dritte bestehen, was z. B. für Fälle des Anwaltsvertrages als Geschäftsbesorgungsvertrag anerkannt ist.[1043]

Zudem sind Konstellationen des Vertrags mit Schutzwirkung zugunsten Dritter dem Gesellschaftsrecht nicht fremd. Dabei ist besonders an die Expertenhaftung zu denken. So nimmt der BGH im Falle einer Anlagegesellschaft eine Schutzwirkung des Wirtschaftsprüfervertrages für die Anleger an.[1044] Daneben gibt es Fälle, in denen ein Vertrag der Gesellschaft die Gesellschafter mitschützt: Generell schütze zwar der Bankvertrag einer GmbH deren Gesellschafter nicht,[1045] allerdings seien dahingehend Ausnahmefälle denkbar,[1046] wenn der Gesellschafter ein hohes Eigeninteresse an der Kreditgewährung an die Gesellschaft hat und selbst für die Tilgung des Kredits garantiert.[1047] Darüber hinaus können Gesellschafter (Kommanditisten) in den Steuerberatervertrag ihrer (Investment-)KG einbezogen sein.[1048] Ebenso können die Kommanditisten einer GmbH & Co. KG in den Schutzbereich des Geschäftsführerverhältnisses der GmbH miteinbezogen sein.[1049]

bb) Besonderheit: Überwiegend Verletzung einer Hauptleistungspflicht

Beim Versammlungsleitervertrag ist zu beachten, dass regelmäßig keine Verletzung von Sorgfalts- und Obhutspflichten, sondern die Verletzung der Hauptleistungspflicht droht. Den Gesellschaftern entstehen Schäden durch die Schlecht- oder Nichterfüllung der Hauptleistungspflicht.[1050] Diese besteht in der rechtmäßigen Versammlungsleitung, welche der Versammlungsleiter freilich mit unmittelbarem Bezug auf die Gesellschafter(rechte) ausführt. Daher sollen die Gesellschafter als Dritte vor einer „drohenden Schlechterfüllung der Hauptleistungspflicht“ ge-

---

1043 BGH v. 6.7.1965 – VI ZR 47/64, NJW 1965, 1955; BeckOK-BGB/*Janoschek*, § 328 Rn. 60.

1044 BGH v. 8.6.2004 – X ZR 283/02, NJW 2004, 3420; BGH v. 24.4.2014 – III ZR 156/13, NJW 2014, 2345, Rz. 15.

1045 BGH v. 24.1.2006 – XI ZR 384/03, NJW 2006, 830, Rz. 51, 55 – Kirch/Deutsche Bank AG/Breuer.

1046 BGH v. 24.1.2006 – XI ZR 384/03, NJW 2006, 830, Rz. 56 ff. – Kirch/Deutsche Bank AG/Breuer.

1047 MüKo-GmbHG/*Reichert, Weiler*, § 14 Rn. 57.

1048 OLG Köln v. 13.11.2008–8 U 26/08, DStR 2009, 555 (555); die abgewiesene Revision rügte lediglich rechtliche Ausführungen zur Verjährung BGH v. 12.11.2009 – IX ZR 218/08, DStRE 2010, 643; zur Parallelfrage bei der GmbH BGH v. 14.6.2012 – IX ZR 145/11, DStR 2012, 1825 (1826).

1049 BGH v. 12.11.1979 – II ZR 174/77, BGHZ 75, 321 = NJW 1980, 589.

1050 Zu dieser Konstellation Staudinger/*Klumpp*, § 328 Rn. 115.

schützt werden, ohne jedoch selbst ein Forderungsrecht zu erhalten.[1051] Die Hauptleistungspflicht des Versammlungsleiters als solche ist also schon drittbezogen[1052]. Auch diese Fälle können über die Grundsätze des Vertrages mit Schutzwirkung zugunsten Dritter gelöst werden, wenn dies nach Sinn und Zweck des Vertrages gerechtfertigt ist.[1053] Die Rechtsprechung hat in derartigen Konstellationen Verträge mit Schutzwirkung für Dritte im erb- und familienrechtlichen Kontext anerkannt, etwa im Fall eines Anwalts, der den vom Erblasser gewünschten Erbausschluss seiner Ehefrau zugunsten seiner Tochter fehlerhaft nicht erreicht hat[1054] oder im Fall eines Notars, wonach der vom Erblasser gewollte Testamentserbe aufgrund einer Pflichtwidrigkeit des Notars bei der Testamentserrichtung kein Erbe geworden ist[1055] oder aber bei fehlerhaften Scheidungsvereinbarungen, wenn den Kindern durch den Fehler Vermögenswerte vorenthalten werden[1056]. Die Dritten erwarten dabei zurecht eine ordnungsgemäße Erfüllung der Hauptleistung, weshalb sie einen eigenen Schadensersatzanspruch bei deren Schlechterfüllung haben sollten.[1057] Diese Grundsätze sind nicht auf das Familien- oder Erbrecht beschränkt, sondern können gleichermaßen auch im gesellschaftsrechtlichen Kontext auftreten, etwa beim schon oben erwähnten Fall der GmbH & Co. KG bezüglich des Geschäftsführervertrages der Komplementär-GmbH. Die Pflichten, bei deren Verletzung Dritte und der Vertragspartner geschützt sein sollen, können „in einer weiteren oder engeren Beziehung zur vertraglichen Hauptleistung stehen oder sich sogar weitgehend mit dieser decken“[1058]. Gleichsam wie im Fall der Geschäftsführung haben die Gesellschafter im Fall der Versammlungsleitung ein „gleichgerichtetes Interesse an einer ordnungsmäßigen Erfüllung dieser Aufgabe“[1059] wie der Gläubiger. Die Gesellschafter als Dritte haben aufgrund der o. g. Gründe „kein eigenes Forderungsrecht“, sind „aber gleichwohl d[ie] von der Vertragsleistung eigentlich Betroffene[n]“[1060].

Entscheidend für die Bejahung eines eigenen vertraglichen Schadensersatzanspruches nach den Grundsätzen von Treu und Glauben[1061] ist, dass die entwickelten Voraussetzungen auch im Einzelnen gegeben sind. Das sei dann der Fall, wenn der Vertrag nach seinem Sinn und Zweck und mit Rücksicht auf Treu und Glauben den Einschluss des Dritten in seinen Schutzbereich erfordere und der Gläubiger die ihm

1051 MüKo-BGB/*Gottwald*, § 328 Rn. 178.
1052 Zu dieser Möglichkeit MüKo-BGB/*Gottwald*, § 328 Rn. 178; Soergel/*Hadding*, Anh. § 328 Rn. 15; *Grunewald*, Bürgerliches Recht, S. 113 f.
1053 In diesem Sinne bereits BGH v. 6.7.1965 – VI ZR 47/64, NJW 1965, 1955 (1956).
1054 BGH v. 13.7.1994 – IV ZR 294/93, NJW 1995, 51 (52 f.).
1055 BGH v. 13.5.1997 – IX ZR 123/96, NJW 1997, 2327 (2328).
1056 BGH v. 11.1.1977 – VI ZR 261/75, NJW 1977, 2073 (2074).
1057 MüKo-BGB/*Gottwald*, § 328 Rn. 178.
1058 BGH v. 12.11.1979 – II ZR 174/77, BGHZ 75, 321 = NJW 1980, 589 (590).
1059 BGH v. 12.11.1979 – II ZR 174/77, BGHZ 75, 321 = NJW 1980, 589 (590).
1060 *Grunewald*, Bürgerliches Recht, S. 113.
1061 Herleitung sehr str. Staudinger/*Klumpp*, § 328 Rn. 96 ff.; in diesem Sinne *Grunewald*, Bürgerliches Recht, S. 111.

geschuldete Sorge erkennbar auch auf den Dritten beziehe, für den er seinerseits Verantwortung trage.[1062] Hierfür wurden die Kriterien der Leistungsnähe, des Gläubigereinbeziehungsinteresses, der Erkennbarkeit sowie der Schutzwürdigkeit entwickelt.[1063]

cc) Leistungsnähe

Zunächst muss der Dritter bestimmungsgemäß mit der Hauptleistung und den von ihr ausgehenden Gefahren genauso in Berührung kommen wie der Gläubiger.[1064] Die bloße Stellung als Gesellschafter begründet noch keine hinreichende Leistungsnähe zu einem Vertrag der Gesellschaft mit einem Vertragspartner, denn die Haftung fundiert nicht auf einer personellen Verknüpfung des Gläubigers mit dem Dritten, sondern auf dem Leistungskontext.[1065]

Die Leistungsnähe liegt im Bereich der Versammlungsleitung auf der Hand: Bei der internen Beschlussfassung sind die die Gesellschaft bildenden Gesellschafter den Handlungen des Versammlungsleiters nicht nur genauso, sondern sogar stärker ausgesetzt als die Gesellschaft als solche. Der Versammlungsleiter interagiert mit den Gesellschaftern und nimmt Maßnahmen vor, welche die Gesellschafter in ihren Mitgliedsrechten tangieren. Wie oben aufgezeigt, ist im Fall der Versammlungsleitung sogar die Hauptleistungspflicht drittbezogen. Die Leistungsnähe ist also ohne weiteres zu bejahen.

dd) Gläubigernähe

Daneben muss eine gewisse Gläubigernähe bestehen. Früher nahm der BGH dies insbesondere für Personenschäden an, wenn der Gläubiger für das „Wohl und Wehe“[1066] des Dritten verantwortlich ist, d.h. für ihn zu sorgen hat und ihn schützen muss.[1067] So wurden besonders Familienmitglieder oder Arbeitnehmer geschützt.[1068] Diese enge persönliche Bindung wird nicht mehr gefordert.[1069] Die Rechtsprechung erfasste dann Fälle staatlich anerkannter Sachkundeträger, wobei sogar eine Gegenläufigkeit der Interessen von Gläubiger und Drittem möglich sein kann.[1070] Als allgemeine Kriterien hat sich nun herausgebildet, dass der Gläubiger am Schutz des Dritten irgendein besonderes objektives Interesse haben muss.[1071]

1062 BGH v. 12.11.1979 – II ZR 174/77, BGHZ 75, 321 = NJW 1980, 589 (590) m.w.N.

1063 *Grunewald*, Bürgerliches Recht, S. 111 f.

1064 Vgl. BGH v. 2.7.1996 – X ZR 104/94, BGHZ 133, 168 = NJW 1996, 2927 (2928); Staudinger/*Klumpp*, § 328 Rn. 111 m.w.N.; Soergel/*Hadding*, Anh. § 328 Rn. 14.

1065 *Ehricke*, in: FS Derleder, S. 341 (352 ff.).

1066 Z.B. BGH v. 15.5.1959 – VI ZR 109/58, NJW 1959, 1676 (1677).

1067 BGH v. 26.11.1968 – VI ZR 212/66, BGHZ 51, 91 = NJW 1969, 269 (272).

1068 BGH v. 2.7.1996 – X ZR 104/94, BGHZ 133, 168 = NJW 1996, 2927 (2928).

1069 MüKo-BGB/*Gottwald*, § 328 Rn. 182 f.; Staudinger/*Klumpp*, § 328 Rn. 116.

1070 BGH v. 2.7.1996 – X ZR 104/94, BGHZ 133, 168 = NJW 1996, 2927 (2928) m.w.N.

1071 BGH v. 2.7.1996 – X ZR 104/94, BGHZ 133, 168 = NJW 1996, 2927 (2928); Soergel/*Hadding*, Anh. § 328 Rn. 15.

Eine Personengesellschaft und ihre Gesellschafter stehen sich schon naturgemäß nahe. Im Besonderen nimmt die Gesellschaft als solche an der Gesellschafterversammlung nicht teil; vielmehr sind es die einzelnen Gesellschafter, die dabei den Willen der Gesellschaft bilden. Somit hat der Versammlungsleiter nur mit den Gesellschaftern als solchen zu tun. Demnach besteht ein hohes Interesse der Gesellschaft daran, den sie bildenden und für sie handelnden Gesellschaftern einen adäquaten vertraglichen Schutz zukommen zu lassen.

ee) Erkennbarkeit

Zum Schutz des Schuldners muss aus Inhalt und Zweck des Vertrages erkennbar sein, dass Dritte überhaupt mit der Leistung in Berührung kommen und geschützt werden sollen oder dass die Parteien beabsichtigten, einen Drittschutz zu schaffen.[1072] Nur dann, wenn er sein Haftungsrisiko überblicken kann, ist dem Schuldner die Ausdehnung seiner Haftung zumutbar.[1073] Bei drittschützenden Hauptleistungspflichten kommt dem Kriterium der Erkennbarkeit eine besondere Bedeutung zu.[1074] Entscheidend ist, dass die geschützten Dritten objektiv bestimmbar sind.[1075]

Für den Versammlungsleiter ist es ohne weiteres ersichtlich, dass er ausschließlich mit den Gesellschaftern als solchen zu tun hat und er ihnen gegenüber in besonderer Weise zur Sorgfalt verpflichtet wird, wo er doch ihre Gesellschafterrechte beschneiden kann. Auch ist für ihn erkennbar, dass bei Fehlverhalten seinerseits nicht nur die Gesellschaft, sondern auch die Gesellschafter Schäden erleiden können.

ff) Schutzbedürftigkeit der Gesellschafter

Schließlich müssen die Gesellschafter schutzbedürftig sein, d.h. sie dürften keine eigenen vertraglichen Ansprüche haben, aus denen sie sich gleichwertig befriedigen könnten.[1076]

(1) Keine eigenen Ansprüche gegenüber dem Versammlungsleiter

Eigene vertragliche Schadensersatzansprüche gegenüber dem Versammlungsleiter bestehen mangels eigener vertraglicher Beziehung zwischen den (einzelnen) Gesellschaftern und dem Versammlungsleiter nicht (s.o.).

(a) Exkurs: Deliktsrechtliche Ansprüche der Gesellschafter

An dieser Stelle soll kurz das Bestehen deliktsrechtlicher Ansprüche untersucht werden, auch wenn solche die Schutzbedürftigkeit der Gesellschafter nicht schmä-

1072 Vgl. BGH v. 2.7.1996 – X ZR 104/94, BGHZ 133, 168 = NJW 1996, 2927 (2928).
1073 Staudinger/*Klumpp*, § 328 Rn. 121; Soergel/*Hadding*, Anh. § 328 Rn. 17.
1074 MüKo-BGB/*Gottwald*, § 328 Rn. 181; Staudinger/*Klumpp*, § 328 Rn. 115.
1075 Staudinger/*Klumpp*, § 328 Rn. 121.
1076 OLG Köln v. 13.11.2008–8 U 26/08, DStR 2009, 555 (555); MüKo-BGB/*Gottwald*, § 328 Rn. 188; Staudinger/*Klumpp*, § 328 Rn. 123 ff.

lern würden. Bei Verletzung von Eigentum oder Körper der Gesellschafter ist ein Anspruch aus § 823 Abs. 1 bzw. Abs. 2 BGB i.V.m. der einschlägigen strafrechtlichen Schutznorm ohne weiteres denkbar. Bei vorsätzlich sittenwidrigem Verhalten des Versammlungsleiters kann in Ausnahmefällen auch eine Haftung nach § 826 BGB möglich sein. Da das Vermögen als solches keinen Schutz über § 823 Abs. 1 BGB erfährt,[1077] kann wegen bloßer finanzieller Einbußen kein Anspruch hergleitet werden. Allerdings ist, wie im Rahmen des quasi-negatorischen Unterlassungsanspruchs dargelegt, anzunehmen, dass die Gesellschafterrechte über § 823 Abs. 1 BGB geschützt sind. Darüber hinaus ist freilich noch ein Verschulden des Versammlungsleiters sowie ein durch die Verletzung adäquat-kausal entstandener Schaden erforderlich.

(b) Zwischenfazit

Dieser denkbare deliktische Anspruch kann – zusätzlich zu den allgemeinen Defiziten eines deliktischen Anspruches, welche die Konstruktion eines Vertrages mit Schutzwirkung notwendig machen[1078] – nicht ausreichend sein:

Ein deliktsrechtlicher Anspruch bestünde nur bei einem unmittelbar vom Versammlungsleiter verletzten Gesellschafter, sodass nicht alle Gesellschafter, die aber gleichwohl durch eine Wiederholung der Gesellschafterversammlung Schäden erlitten haben, entschädigt würden.

(2) Ansprüche gegenüber der Gesellschaft?

Es wäre denkbar, dass sich die Gesellschafter durch Inanspruchnahme der Gesellschaft aus dem Gesellschaftsverhältnis schadlos halten könnten. Wegen Verletzung einer gesellschaftsrechtlichen Sorgfaltspflicht der Gesellschaft oder aus Deliktsrecht[1079] bestehen ganz überwiegend keine Ansprüche: Sie wären nur denkbar, wenn der Versammlungsleiter ersichtlich falsch ausgewählt wurde und der spätere Fehler zu diesem Zeitpunkt schon voraussehbar war. Dann könnte diese Fehlwahl der Gesellschafter der Gesellschaft über § 31 BGB analog zuzurechnen sein; der Betroffene darf aber dann den Versammlungsleiter nicht selbst gewählt haben, sonst wäre der Anspruch ggf. wegen Mitverschuldens auszuschließen. Derartige Konstellationen sind eher nicht praxisrelevant.

Denkbar wäre indes, dass die Gesellschaft wegen der Zurechnung von Fremdverschulden gegenüber den Gesellschaftern haftet, wenn ihr das Verschulden des Versammlungsleiters zugerechnet werden könnte, sodass letztlich die Gesellschaft

---

1077 Statt aller MüKo-BGB/*Wagner*, § 823 Rn. 247.

1078 Zu den Hintergründen der Notwendigkeit eines Vertrages mit Schutzwirkung für Dritte MüKo-BGB/*Gottwald*, § 328 Rn. 164; Staudinger/*Klumpp*, § 328 Rn. 90 ff. m.w.N.

1079 Nach den Grundsätzen des sog. Schärenkreuzer-Urteils, BGH v. 12.3.1990 – II ZR 179/89, BGHZ 110, 323 = NJW 1990, 2877, wonach ein Mitglied auch deliktsrechtlich gegenüber ihrem Verband geschützt ist.

gegenüber ihren Gesellschaftern verantwortlich wäre.[1080] Dabei käme nur eine Zurechnung über § 278 BGB in Betracht, ein Organverschulden analog § 31 BGB[1081] scheidet für den Versammlungsleiter aus, da er kein Organ der Gesellschaft ist und zu ihr nur in einem Drittverhältnis steht.

Dazu müsste er jedoch Erfüllungsgehilfe der Gesellschaft sein, also mit ihrem Wissen und Wollen „bei der Erfüllung einer diese[r] obliegenden Pflicht als [ihre] Hilfsperson“ tätig sein.[1082] Eine Pflicht der Gesellschaft, für die Gesellschafter eine Versammlungsleitung zu gewährleisten, wirkt selbst dann, wenn die Versammlungsleitung gesellschaftsvertraglich fest vorgesehen ist, konstruiert. Die Gesellschafter haben sich im Gesellschaftsvertrag vielmehr selbst die Pflicht auferlegt, einen Versammlungsleiter bei der Gesellschafterversammlung zu bestellen.

(3) Zumindest keine Gleichwertigkeit

Selbst wenn man einen Anspruch gegen die Gesellschaft zusprechen würde, wäre er nicht als gleichwertig zu einem eigenen Anspruch gegen den Versammlungsleiter einzustufen.[1083] Denn Direkthaftungsansprüche verfolgen über die Schadenskompensation hinaus immer auch präventive Zwecke, d. h. dass „bereits die Androhung eines vertragsähnlichen Schadensersatzanspruches den Schuldner davon abh[ält], eine zum Schadensersatz verpflichtende Handlung vorzunehmen“.[1084] Diese Prävention kann viel eher durch eine direkte Inanspruchnahmemöglichkeit erreicht werden, als wenn der Gesellschafter zunächst gegen seine Gesellschaft vorgeht und diese dann im Anschluss gegen den Versammlungsleiter. Gerade der einzelne Gesellschafter ist also durch die Schadensersatzdrohung gegenüber dem Schuldner deutlich besser geschützt.[1085] Darüber hinaus entspricht das Ingangsetzen solcher Regressketten nicht dem Interesse an einer schnellen schädigerbezogenen Abwicklung, zumal es gerade die Gesellschafter sind, die mit dem Versammlungsleiter in Berührung kommen.

gg) Ergebnis und Haftungsumfang

Wie soeben dargelegt, schützt der Versammlungsleitervertrag mit der Gesellschaft auch die Gesellschafter, weil deren Drittschutz mit der Bestellung des Versammlungsleiters als sinngemäß vereinbart[1086] anzusehen ist. Daraus haben sie einen

---

1080 Angedeutet bei MüKo-GmbHG/*Liebscher*, § 48 Rn. 111, allerdings im Kontext der gegen die Gesellschaft zu richtende Anfechtungsklage.

1081 So aber *Grunewald*, in: FS Baums, S. 507 (513).

1082 Jauernig/*Stadler*, § 278 Rn. 6.

1083 OLG Köln v. 13.11.2008–8 U 26/08, DStR 2009, 555 (555); die abgewiesene Revision rügte lediglich rechtliche Ausführungen zur Verjährung BGH v. 12.11.2009 – IX ZR 218/08, DStRE 2010, 643.

1084 OLG Köln v. 13.11.2008–8 U 26/08, DStR 2009, 555 (555).

1085 OLG Köln v. 13.11.2008–8 U 26/08, DStR 2009, 555 (556).

1086 MüKo-BGB/*Gottwald*, § 328 Rn. 178.

eigenen vertraglichen Schadensersatzanspruch[1087] gegen den Versammlungsleiter, wenn dem einzelnen Gesellschafter adäquat-kausal durch das verschuldete Fehlverhalten des Versammlungsleiters ein Schaden entstanden ist. Dazu zählen auch reine Vermögensschäden.[1088] Im Verhältnis zum Dritten gelten vereinbarte Haftungsfreizeichnungen gleichermaßen wie gegenüber dem Gläubiger, da der Dritte durch die Einbeziehung zwar besser stehen soll als durch reinen deliktsrechtlichen Schutz, nicht jedoch besser als der Gläubiger.[1089] Ob die Haftungsfreizeichnung für den Dritten erkennbar sein muss,[1090] kann jedenfalls dahinstehen, wenn der betroffene Gesellschafter sie für die Gesellschaft mitvereinbart hat, also positive Kenntnis davon hat. Ist dies nicht der Fall, weil die Konditionen mit dem Versammlungsleiter unabhängig vom geschädigten Gesellschafter verhandelt wurden, spricht viel dafür, dass der vereinbarte Haftungsmaßstab gleichwohl auf alle Gesellschafter Anwendung findet, unabhängig von deren Kenntnis, damit die gleichermaßen gefährdete Gesellschafter insgesamt gleich behandelt werden.

Der Schaden umfasst nicht nur das bloße negative Interesse, sondern darüber hinaus auch das positive Erfüllungsinteresse,[1091] weil der Versammlungsleiter die drittbezogene Leistungspflicht verletzt hat. Besteht die Pflichtverletzung des Schuldners nicht in einer Schlecht-, sondern in der Nichtleistung (erscheint der Versammlungsleiter etwa nicht zum Versammlungstermin und kann kein Ersatz gefunden werden), dann soll dem Dritten kein Schadensersatzanspruch zustehen, soweit er dadurch ein Leistungsforderungsrecht bekäme.[1092] Die für eine notwendige Folgeversammlung anfallenden Kosten der Gesellschafter sind gleichwohl ersatzfähig, weil ihnen insoweit kein eigenes Leistungsrecht zukommt. Darüber hinaus muss jeweils im Einzelfall geprüft werden, ob Schäden dieser Eingrenzung für den Fall der Nichtleistung gerecht werden.

Eigenes Mitverschulden des Dritten mindert den Anspruch[1093] sowie auch – nach richtiger herrschender Ansicht – ein Mitverschulden der Gesellschaft als Gläubigerin.[1094] Kein Mitverschulden ist aber jedenfalls dann anzunehmen, wenn der Gesellschafter Anlass zum Eingreifen des Versammlungsleiters gegeben hat, z.B. die Versammlung nachhaltig gestört hat und der Versammlungsleiter in der Situation angemessen reagiert hat. Dann liegt bereits keine Pflichtverletzung des Versammlungsleiters vor.

1087 Staudinger/*Klumpp*, § 328 Rn. 129 ff.

1088 MüKo-BGB/*Gottwald*, § 328 Rn. 190.

1089 Str., in diesem Sinne Jauernig/*Stadler*, § 276 Rn. 58; Soergel/*Hadding*, Anh. 328 Rn. 21; a.A. MüKo-BGB/*Gottwald*, § 328 Rn. 194.

1090 Soergel/*Hadding*, Anh. § 328 Rn. 22.

1091 Staudinger/*Klumpp*, § 328 Rn. 133; Erman/*Westermann*, § 328 Rn. 16; Soergel/*Hadding*, Anh. § 328 Rn. 19; *Grunewald*, Bürgerliches Recht, S. 113.

1092 MüKo-BGB/*Gottwald*, § 328 Rn. 109; Soergel/*Hadding*, Anh. § 328 Rn. 19.

1093 BGH v. 7.11.1960 – VII ZR 148/59, BGHZ 33, 247 = NJW 1961, 211; *Grunewald*, Bürgerliches Recht, S. 113.

1094 Str. dazu Staudinger/*Klumpp*, § 328 Rn. 136; Erman/*Westermann*, § 328 Rn. 16; Soergel/*Hadding*, Anh. § 328 Rn. 23.

Schwieriger zu beurteilen ist die Situation des unterlassenen Prärogativbeschlusses: Es stellt sich die Frage, ob es nur auf ein eigenes Mitverschulden des geschädigten Gesellschafters ankommt (d. h. darauf, ob er zumindest den Antrag gestellt hat, eine abweichende Letztentscheidung herbeizuführen), oder ob ihm darüber hinaus das Untätigbleiben der übrigen Gesellschafter zugerechnet werden könnte. In diesen seltenen Fällen erscheit eine Differenzierung zielführend:

Soweit es nur eine personengesellschaftsrechtliche Besonderheit ist, dass die Gesellschafter statt der Gesellschaft geschädigt sind (etwa bei den Prozesskosten wegen Beschlussklagen gegen alle Gesellschafter), ist der Anspruch des Einzelnen bzw. aller Einzelnen zu kürzen, wenn der Gesellschaftergesamtheit ein Mitverschulden vorzuwerfen ist, sodass es in diesem Fall nicht auf das Bemühen Einzelner ankommt, sondern nur darauf, ob die Gesellschafter es im Ergebnis unterlassen haben, einen Prärogativbeschluss zu fassen. Denn in diesem Fall werden alle Gesellschafter gleichermaßen geschädigt. Zwar können die §§ 254 Abs. 2 S. 2, 278 BGB nicht angewendet werden, da die Gesellschaft (der wiederum über § 31 BGB analog das Mitverschulden der Gesellschaftergesamtheit zugerechnet wird) weder gesetzliche Vertreterin, noch Erfüllungsgehilfin des einzelnen Gesellschafters als Gläubiger des gesetzlichen Schuldverhältnisses des Vertrages mit Schutzwirkung ist. Aus dem Gedanken der §§ 334, 846 BGB ergibt sich jedoch der allgemeine Gedanke, dass der Schuldner dem Dritten gegenüber nicht schärfer haften sollte als seinem Gläubiger gegenüber.[1095]

Handelt es sich hingegen um einen Einzelschaden, der nur bei einem Gesellschafter eingetreten ist, ist wegen der verschlungenen Sondersituation – entgegen §§ 334, 846 BGB – nur auf das konkrete Mitverschulden des einzelnen geschädigten Gesellschafters abzustellen, ohne ihm dasjenige seiner Mitgesellschafter zuzurechnen.

V. Haftung der Gesellschaft für Fehlverhalten des Versammlungsleiters

Soeben wurde dargestellt, dass die Gesellschaft gegenüber ihren Gesellschaftern nicht für ein Verschulden des Versammlungsleiters haftet.

Soweit der Versammlungsleiter aber gegenüber Dritten Schäden verursacht hat, muss die Situation neu beleuchtet werden, wobei gegenüber Dritten wohl vor allem reine Verletzungen des Integritätsinteresses in Betracht kommen:

Beispiel 1: Es nehmen Dritte (z. B. Sachverständige, Rechtsberater) an der Gesellschafterversammlung teil. Der Versammlungsleiter beschädigt das Eigentum oder verletzt den Körper des Dritten.

Beispiel 2: Ein Dritter begehrt Zulassung zur Gesellschafterversammlung. Der Versammlungsleiter verweigert dies mit Zustimmung der Gesellschafter. Der Dritte möchte dies nicht akzeptieren. Es kommt zu Handgreiflichkeiten, wobei der Ver-

1095 Dazu MüKo-BGB/*Gottwald*, § 328 Rn. 199.

sammlungsleiter den Dritten wegstößt, dieser hinfällt und sich dadurch Verletzungen zuzieht.

Bei Schädigungen in Erfüllung seiner Aufgaben als Versammlungsleiter, die keine Exzesse darstellen (eventuell **Beispiel 2**), kann die Gesellschaft für das Verschulden über § 278 BGB[1096] dann einzustehen haben, wenn in der rechtmäßigen Teilnahme des Dritten eine rechtliche Beziehung zwischen der Gesellschaft und dem Dritten („zur Erfüllung seiner Verbindlichkeit") gesehen wird. Im deliktsrechtlichen Bereich ist ggf. auch an eine Haftung der Gesellschaft aus § 831 BGB zu denken.

1096 Eine Verschuldenszurechnung über § 31 BGB analog wurde abgeleht (s. G. IV. 5. c) ff) (1) (b)), a.A. *Grunewald*, in: FS Baums, S. 507 (513).

H. Minderheiten-/Individualschutz und Versammlungsleitung

Für den einzelnen Gesellschafter sowie für Minderheiten ist die Versammlungsleitung ein zweischneidiges Schwert:

Bei einer zweckmäßigen, korrekt durchgeführten Versammlungsleitung erlangt die Minderheit automatisch Schutz durch den Versammlungsleiter, indem er für einen fairen und angemessenen Ablauf der Gesellschafterversammlung sorgt.

Allerdings besteht aufgrund des nicht zu unterschätzenden Lenkungspotenzials immer die Gefahr, dass Minderheiten und Einzelgesellschafter benachteiligt werden, etwa, weil der Versammlungsleiter als Gesellschafter Eigeninteressen verfolgt oder im Interesse eines Gesellschafters (z. B. seines Mandanten) tätig wird. Dann ist es wichtig, die Einzelgesellschafter und Minderheiten hinreichend vor dem Versammlungsleiter zu schützen. Dieser Schutz erfolgt nicht bei der *Bestellung* des Versammlungsleiters. Richtigerweise ist diese bei Vorliegen einer Mehrheitsklausel, d. h. in den meisten Fällen, mehrheitlich möglich. Auch bestehen keine Stimmverbote. So wird oftmals ein Versammlungsleiter tätig, der nicht von allen Gesellschaftern getragen wird. Dies ist aber als solches nicht bedenklich, da für viele Entscheidungen – aus Gründen der Handlungsfähigkeit – ein Mehrheitsbeschluss genügt. Selbst die Bestellung des kapitalmäßigen Mehrheitsgesellschafters oder seines Vertrauten gefährdet die Minderheit nicht per se, sondern ist das gute Recht des Mehrheitsinhabers. Die *Kompetenzen* erlauben es dem Versammlungsleiter, den Lauf der Versammlung entscheidend mitzubestimmen, z. B. durch die Änderung der Reihenfolge der Tagesordnung, die Festlegung der Reihenfolge der Wortmeldungen oder die Beschlussfeststellung, falls sie Relevanz hat. Auch kann er durch Ordnungsmaßnahmen in die Rechte der Gesellschafter eingreifen. Da der Versammlungsleiter letztlich durch *Prärogativbeschlüsse* inhaltlich angewiesen werden kann und *abberufbar* ist (Besonderheiten bestehen nur beim Sonderberechtigten), wird rechtswidriges Versammlungsleiterhandeln im Allgemeinen von den Gesellschaftern kontrolliert, durch Prärogativbeschlüsse behoben oder zumindest durch Abberufung aus wichtigem Grund sanktioniert.

Hierbei ist es für Minderheiten von entscheidender Bedeutung, dass bei der Abberufung *aus wichtigem Grund* Stimmverbote bestehen können, sodass die Minderheit in der Lage ist, sich gegen einen objektiv rechtswidrig handelnden Mehrheitsgesellschafter-Versammlungsleiter zur Wehr zu setzen. Schäden der Gesellschaft können vom Versammlungsleiter ersetzt verlangt werden. Daneben ist auch der einzelne Gesellschafter hinreichend vor dem Versammlungsleiter geschützt: Er kann sich gegen einen wegen Leitungsfehlern rechtswidrigen Beschluss wenden, bei drohender Wiederholung einer rechtswidrigen Maßnahme ihm gegenüber auf Unterlassung klagen sowie ihm entstandene Schäden über die Grundsätze des Vertrags mit Schutzwirkung zugunsten Dritter ersetzt verlangen.

Damit besteht im Ergebnis ein ausgewogenes Verhältnis zwischen dem berechtigten Interesse der Mehrheit auf eine schnelle und rechtssichere Beschlussfassung sowie den schützenswerten Interessen von Minderheiten und Einzelgesellschaftern.

I. Empfehlungen für die Praxis

Gesellschaftsverträge sind zwar „höchst relational", bestehen also aus mehr Lücken als Regelungen, um einerseits ein langlebiges Konstrukt zu bieten und andererseits angemessen auf jegliche Veränderungen in der Zukunft reagieren zu können.[1097] Die Verträge können und sollen daher nicht alle Eventualitäten im Vorhinein erfassen. Der „sensible Punkt"[1098] der Versammlungsleitung sollte dennoch im Gesellschaftsvertrag nicht ungeklärt bleiben:

Eine klare Regelung empfiehlt sich für Gesellschaften, in denen Mehrheitsentscheidungen möglich sind – und sie ist oftmals sogar unerlässlich, wenn der Vertrag keine Mehrheitsklausel vorsieht, wenn also einstimmig zu entscheiden ist. Dann kann es sein, dass schon die bloße Frage nach dem Versammlungsleiter keiner Lösung mehr zuzuführen ist und die Gesellschaft dadurch handlungsunfähig wird.

Dabei ist unerheblich, ob es sich um große oder kleine, ggf. um bloße Zwei-Personen-Gesellschaften, handelt, in welchen beide Gesellschafter gleichviele Stimmen haben und dadurch bei Stimmgleichheit eine Pattsituation droht. Es ist vielmehr von Bedeutung, Regelungen zur Versammlungsleitung zu treffen, solange die Gesellschafter noch miteinander harmonieren. Kommt es erst einmal zu Streitigkeiten, wird eine gemeinsame Lösung schwierig bis unmöglich. Wenn sich die Gesellschafter einer Zwei-Personen-Gesellschaft nicht dauerhaft auf einen Versammlungsleiter einigen können und den Aufwand sowie die Kosten für einen dauerhaft bestellten Dritt-Leiter scheuen, sollten sie wenigstens eine Vereinbarung treffen, wonach, sollte in der Frage der Versammlungsleitung keine Einigung zu erzielen sein, ein externer Versammlungsleiter – z.B. ein neutraler Rechtsanwalt, der im besten Fall weder der Vertraute und Interessensvertreter des einen noch des anderen Gesellschafters ist – bestellt ist.

Der Gesellschaftsvertrag sollte möglichst viele der nachfolgenden Punkte klären:

- die Notwendigkeit der Versammlungsleitung
- die Person des Versammlungsleiters (funktions- oder abstrakt bzw. konkret personenbezogen) bzw. zumindest
- falls nicht schon vertraglich bestimmt, die Mehrheitserfordernisse zur Wahl und Abwahl eines Versammlungsleiters
- ggf. Einräumung oder Ausschluss eines Sonderrechts
- ggf. die Möglichkeit der Wahl eines abweichenden Versammlungsleiters
- das Verfahren im Verhinderungsfall
- die Kompetenzen des Versammlungsleiters, insbesondere zur Beschlussfeststellung (dabei eindeutige Festlegung des gewünschten Beschlussmängelrechts)
- den Haftungsumfang des Versammlungsleiters.

1097 *Klöhn*, AcP 216 (2016), 281 (298 f.).

1098 *Wiester*, GmbHR 2008, 189 (191).

J. Zentrale Thesen

1. Ein Versammlungsleiter ist in Personengesellschaften gesetzlich nicht zwingend, kann jedoch gesellschaftsvertraglich vorgesehen werden. Einen geborenen Versammlungsleiter gibt es nicht. Vereinbarungen zur Versammlungsleitung können von den Personengesellschaftern aufgrund ihrer Vertragsfreiheit in zulässiger Weise vereinbart werden und sind stets vorrangig zu beachten.
2. Ein Versammlungsleiter ist empfehlenswert und rechtstatsächlich in den allermeisten Gesellschaften mehr oder weniger etabliert. Seine Einsetzung ist stets ratsam, wenn eine große Zahl von Gesellschaftern beteiligt ist, sich generelle bzw. gegenstandsbezogene Streitigkeiten innerhalb des Gesellschafterkreises abzeichnen oder es in besonderem Maße auf die Einhaltung von Formalien ankommt.
3. Sowohl Gesellschafter als auch Mitglieder fakultativer Organe können die Versammlung leiten. Gleiches gilt für gesellschaftsfremde Dritte, in deren Einsetzung kein Verstoß gegen das Prinzip der Selbstorganschaft liegt.
4. Die Aufgaben des Versammlungsleiters ergeben sich aus Vereinbarungen der Gesellschafter bzw. funktional aus dem Zweck der Versammlungsleitung. Der Versammlungsleiter hat ein Erstentscheidungsrecht in allen Fragen des Ablaufs der Gesellschafterversammlung („Wie“ der Versammlung), z.B. verfahrensleitende Feststellungen, Abarbeitung der Tagesordnung mit Möglichkeit der Änderung der Reihenfolge, Koordination der Wortbeiträge, Entgegennahme der Stimmen und Ordnungsrechte. Zur Protokollierung ist er nur verpflichtet, wenn ein Versammlungsprotokoll in der jeweiligen Gesellschaft vorgesehen ist. Der Gesellschafterversammlung hingegen unterliegen alle Fragen des „Ob“ der Versammlung, z.B. Vertagung, Aufnahme oder Absetzen von Tagesordnungspunkten, endgültige Entscheidung über den Schluss der Versammlung. Zur Absage einer zu eröffnenden Versammlung ist nur der Einberufungsberechtige zuständig.
5. Auch in Personengesellschaften kann es Situationen geben, in denen eine Beschlussfeststellung des Versammlungsleiters relevant ist. Dies ist immer dann der Fall, wenn die Gesellschafter privatautonom entsprechende Änderungen am gesetzlich vorgesehenen Beschlussmängelrecht vorgenommen haben. Sodann kommt dem Versammlungsleiter qua Amt die Beschlussfeststellungskompetenz zu. Es ist ihm möglich, alle Beschlüsse – ganz gleich welchen Inhalts – festzustellen und damit die spezifische Folge nach der jeweiligen Modifizierung des Beschlussmängelrechts herbeizuführen. Er ist dann zur Beschlussfeststellung sogar verpflichtet. Von diesen Kompetenzen ist er auch dann nicht ausgeschlossen, wenn er sich in einem möglichen Interessenkonflikt befindet. Seine Feststellungen haben aus Gründen der Klarheit und Rechtssicherheit selbst dann Bestand, wenn sie offensichtlich fehlerhaft sind.
6. Ein Versammlungsleiter kann durch Änderung des Gesellschaftsvertrages, durch Wahl mittels einfachen Gesellschafterbeschlusses oder durch Einführung eines

Los- oder Rotationsprinzips bestellt werden. Angeknüpft werden kann im ersteren Fall sowohl an die Innehabung einer Funktion (Beiratsvorsitzender) bzw. eines Merkmals (ältester anwesender Gesellschafter) als auch an die konkrete Person (Person X) selbst. In letzterem Fall kann ein Sonderrecht zur Versammlungsleitung analog § 35 BGB begründet worden sein. Die einfache Wahl kann auch konkludent erfolgen und ist von der rechtswidrigen Usurpation der Versammlungsleitung im Einzelfall abzugrenzen. Besteht eine tragfähige Mehrheitsklausel kann der Versammlungsleiter mehrheitlich bestellt werden. Eine gerichtliche Bestellung des Versammlungsleiters analog § 122 AktG besteht – selbst für Publikumspersonengesellschaften – nicht.

7. Der Versammlungsleiter – sowohl ein Dritter als auch ein Gesellschafter – steht in einem Auftrags- (§ 662 BGB) bzw. einem Geschäftsbesorgungsvertragsverhältnis (§ 675 BGB) zur Personengesellschaft – je nachdem, ob die Leitung unentgeltlich oder entgeltlich erfolgt. Er ist kein Gesellschaftsorgan.
8. Der Versammlungsleiter kann durch Konträrakt (actus contrarius) zu seiner Bestellung abberufen werden, d.h. ein einfach gewählter durch einfachen Beschluss, ein gesellschaftsvertraglich eingesetzter durch Änderung des Gesellschaftsvertrages – jeweils ohne zwingend vorliegenden wichtigen Grund. Steht einem Gesellschafter die Versammlungsleitung als Sonderrecht zu, so ist dessen Zustimmung zur Abwahl erforderlich. Besteht ein objektiv wichtiger Grund kann ein gesellschaftsvertraglich bestellter Versammlungsleiter auch durch vertragsdurchbrechenden Beschluss abgewählt werden. Grundsätzlich besteht bei der Abwahl kein Stimmverbot des Gesellschafter-Versammlungsleiters; anders hingegen, wenn die Abwahl aus wichtigem Grund erfolgen soll, sonst wäre der Gesellschafter-Versammlungsleiter Richter in eigener Sache. Ein wichtiger Grund ist dann anzunehmen, wenn den Gesellschaftern eine weitere Zusammenarbeit durch einen schon begangenen Leitungsfehler, eine offensichtlich drohende Voreingenommenheit oder ausnahmsweise aufgrund eines Fehlverhaltens außerhalb der Gesellschafterversammlung unzumutbar ist. Ein (nicht selbst leitender) Gesellschafter unterliegt im Einzelfall auch dann einem Stimmverbot, wenn der Dritt-Leiter diesem Gesellschafter klar zuzurechnen ist und den zur Abberufung rechtfertigenden Leitungsfehler zugunsten ‚seines' Gesellschafters begangen hat.
9. Das Letztentscheidungsrecht bezüglich aller Kompetenzen des Versammlungsleiters liegt grundsätzlich aufgrund der übergeordneten Stellung der Gesellschafter bei der Gesellschafterversammlung. Anhand der Abwahlmöglichkeit ist zu ermitteln, ob sich die Gesellschafter gleichwohl an die Entscheidungen des Versammlungsleiters binden und auf ihr Letztentscheidungsrecht verzichten wollten: Bei einem einfach gewählten Versammlungsleiter bleibt es beim unbeschränkten Prärogativrecht. Bei einem gesellschaftsvertraglich bestellten Versammlungsleiter ohne Sonderrecht kann beides gewollt sein. Wurde ein Sonderrecht zur Versammlungsleitung eingeräumt, spricht viel für den Verzicht auf das Letztentscheidungsrecht. Ist ein Prärogativbeschluss möglich, so ist er jedenfalls mit derselben Mehrheit wie die Bestellung und Abbestellung möglich.

Die Gesellschafter können alle Kompetenzen, auch die Beschlussfeststellung, wieder an sich ziehen. Stimmverbote bestehen beim Prärogativbeschluss nicht.

10. Der Versammlungsleiter haftet der Gesellschaft gegenüber vertraglich auf Schadensersatz nach den §§ 280 ff. BGB. Denkbare Schäden können sowohl neben als auch statt der Leistung bestehen. Der Versammlungsleiter haftet, soweit nicht ein anderes vereinbart ist, auch für einfache Fahrlässigkeit. Für eine allgemeine Beschränkung des Haftungsmaßstabes besteht weder die Notwendigkeit noch eine dogmatische Grundlage. Unter besonderen Umständen kann der Ersatzanspruch im Einzelfall wegen Mitverschuldens gem. § 254 Abs. 2 S. 1 a.E. BGB zu kürzen sein. Deliktsrechtliche Ansprüche werden in den seltensten Fällen erfolgversprechend sein.
11. Die Gesellschafter erreichen bei fehlerhafter Versammlungsleitung in erster Linie Rechtsschutz, indem sie gegen fehlerhaft gefasste Beschlüsse entsprechend dem jeweils einschlägigen Beschlussmängelrecht vorgehen. Die versammlungsleitende Verfügung als solche kann nicht isoliert angegriffen werden. Daneben besteht die Möglichkeit, auf einen Prärogativbeschluss der Gesellschafterversammlung hinzuwirken. Besteht ein rechtswidriger Zustand durch eine fehlerhafte Leitungsmaßnahme (insbesondere Ordnungsmaßnahme) fort, kann der betroffene Gesellschafter Beseitigung dieses Zustandes bzw. Unterlassung einer rechtswidrigen Maßnahme aufgrund eines quasinegatorischen Beseitigungs-/Unterlassungsanspruches verlangen, welcher im Wege des einstweiligen Rechtsschutzes durchgesetzt werden kann. Die Gesellschafter sind zwar nicht Vertragspartner des Versammlungsleiters, jedoch als Dritte in den Schutzbereich des Rechtsverhältnisses mit der Gesellschaft einbezogen, sodass ihnen ein eigener vertraglicher Schadensersatzanspruch gegen den Versammlungsleiter zukommen kann, was aufgrund der Prozesskosten von Beschlussmängelklagen, die im gesetzlichen Regelfall gegen die Gesellschafter und nicht gegen die Gesellschaft als solche zu richten sind, für Personengesellschafter von besonderem Belang ist.
12. Durch das dargelegte Wechselspiel aus Kompetenzen und Rechtsschutzmöglichkeiten, verbunden mit dem mäßigen – aber im Einzelfall entscheidenden – Bestehen von Stimmverboten, kann ein ausgewogenes Verhältnis von Mehrheits- und Minderheits- bzw. Individualinteressen sichergestellt werden.

Literaturverzeichnis

Altmeppen, Holger, Kernbereichslehre, Bestimmtheitsgrundsatz und Vertragsfreiheit in der Personengesellschaft, NJW 2015, 2065–2071.

Altmeppen, Holger, Machtverhältnisse bei Abberufung eines Gesellschafter-Geschäftsführers in der GmbH aus „wichtigem Grund", NJW 2016, 2833–2839.

Altmeppen, Holger, Einberufung der Gesellschafterversammlung einer GmbH auf Verlangen der Minderheit, GmbHR 2017, 788–792.

Bachmann, Gregor, Verletzung des Auskunfts- und Fragerechts des Aktionärs, EWiR 2000, 157–158.

Bamberger, Georg / Roth, Herbert (Hrsg.), Beck'scher Online-Kommentar BGB, Edition 43 15.6.2017 [zit.: BeckOK-BGB/*Bearbeiter*].

Baumann, Wolfgang, Der Nießbrauch am Anteil einer Einmann-Personengesellschaft, NZG 2005, 919–920.

Baumbach, Adolf / Hopt, Klaus J. (Hrsg.), Handelsgesetzbuch, mit GmbH & Co. KG Handelsklauseln, Bank- und Börsenrecht, Transportrecht (ohne Seerecht), 37. Auflage 2016 [zit.: Baumbach/Hopt/*Bearbeiter*].

Baumbach, Adolf / Hueck, Alfred (Hrsg.), Beck'sche Kurzkommentare Gesetz betr. die Gesellschaften mit beschränkter Haftung, 5. Auflage 1951 [zit.: Baumbach/Hueck/*Bearbeiter*, 5. Aufl. 1951].

Baumbach, Adolf / Hueck, Alfred (Hrsg.), Beck'sche Kurzkommentare Gesetz betr. die Gesellschaften mit beschränkter Haftung, 16. Auflage 1996 [zit.: Baumbach/Hueck/*Bearbeiter*, 16. Aufl. 1996].

Baumbach, Adolf / Hueck, Alfred (Hrsg.), Beck'sche Kurzkommentare Gesetz betr. die Gesellschaften mit beschränkter Haftung, 21. Auflage 2017 [zit.: Baumbach/Hueck/*Bearbeiter*].

Bauschatz, Peter, Rechtsschutzmöglichkeiten bei Feststellung des Jahresabschlusses einer KG, NZG 2002, 759–765.

Bayer, Walter / Hoffmann, Thomas, Hauptversammlungsleitung: Statutarische Regelungen, AG 2012, R 339–R341.

Bayer, Walter / Hoffmann, Thomas, Aktuelles zu Beschlussmängelklagen, AG 2014, R163–R166.

Bayer, Walter / Scholz, Philipp, Vom Dogma der Unzulässigkeit des Mitverschuldenseinwands bei der GmbH-Geschäftsführerhaftung, GmbHR 2016, 841–852.

Bayer, Walter / Illhardt, Daniel, Einberufung der Gesellschafterversammlung durch den abberufenen GmbH-Geschäftsführer bzw. den nicht wirksam bestellten Komplementär einer Publikums-KG?, NZG 2017, 801–810.

Bayer, Walter, Zum Stimmverbot des Betroffenen „aus wichtigem Grund", GmbHR 2017, 665–670.

Beck, Lukas, Aktuelles zur elektronischen Hauptversammlung, RNotZ 2014, 160–168.

Blasche, Sebastian, Zur Erforderlichkeit eines Versammlungsleiters bei der Einpersonen-Aktiengesellschaft, AG 2017, 16–22.

Bochmann, Christian, Statutarische Konfliktvorsorge im Hinblick auf das Verfahren der Gesellschafterversammlung, GmbHR 2017, 558–567.

Böttcher, Lars / Grewe, Daniel, Der Versammlungsleiter in der Gesellschaft mit beschränkter Haftung, NZG 2002, 1086–1090.

Brandes, Helmut, BGH: Frist/Beklagter für Feststellungsklage gegen fehlerhaften Gesellschafterbeschluß in Publikums-KG, Anm. BGH v. 7. 6. 1999 – II ZR 278/98, NZG 1999, 935–937.

Brodmann, Karl (Begr.), Gewerbe- und Industriekommentar, Band 1, Gesetz betreffend die Gesellschaften mit beschränkter Haftung, Kommentar, 2. Auflage 1930 [zit.: Brodmann-GmbHG/*Bearbeiter*].

Butzke, Volker, Die Abwahl des Versammlungsleiters – ein neues Betätigungsfeld für „kritische" Aktionäre? – Zugleich Besprechung von LG Frankfurt, Urt. v. 11.1.2005–3-5 O 100/04, ZIP 2005, 1164–1168.

Casper, Matthias, Publikums-KG: Geltendmachung der Unwirksamkeit von Gesellschafterbeschlüssen, Anm. BGH, 07.06.1999 - II ZR 278/98, BB 1999, 1835–1838.

Centrale für GmbH Dr. Otto Schmidt (Hrsg.), GmbH-Handbuch, 162. Lieferung 2017 [zit.: Centrale für GmbH/*Bearbeiter*].

Dauner-Lieb, Barbara / Winnen, Armin, Konflikte in der GmbH – Möglichkeiten der Streitbeilegung und Auflösung von Pattsituationen durch effektive Vertragsgestaltung, in: Rheinische Notarkammer (Hrsg.), Festschrift für Günter Brambring zum 70. Geburtstag, 2012, S. 45–72 [zit.: *Dauner-Lieb/Winnen,* in: FS Brambring]

Dauner-Lieb, Barbara / Langen, Werner, NomosKommentar BGB, Band 2/2, 3. Auflage 2016 [zit.: Dauner-Lieb/Langen/*Bearbeiter*]

Dietrich, Christian, Voraussetzungen und Inhalte einer Geschäftsordnung der Hauptversammlung, NZG 1998, 921–929.

Döser, Wulf, BGH: Bestimmtheitserfordernis bei Mehrheitsklausel im Personengesellschaftsvertrag – keine Überprüfung der GuV und von Gewinnthesaurierungen der Tochtergesellschaft im Jahresabschluss der Mutter – OTTO, LMK 2007, 221554.

Drinhausen, Florian / Marsch-Barner, Reinhard, Zur Rechtsstellung des Aufsichtsratsvorsitzenden als Leiter der Hauptversammlung einer börsennotierten Gesellschaft, AG 2014, 757–769.

Dumfarth, Philipp, Ad-hoc-Vorsitzender der Generalversammlung – Wahl und Kompetenzen, RdW 2011, 589–594.

Ebenroth, Carsten Thomas / Boujong, Karlheinz / Joost, Detlev / Strohn, Lutz (Hrsg.), Handelsgesetzbuch, Band 1, 3. Auflage 2014 [zit.: Ebenroth/Boujong/Joost/Strohn/*Bearbeiter*].

Ehricke, Ulrich, Der Drittschutz beim Bankgeheimnis im Konzern, in: Bub, Wolf-Rüdiger (Hrsg.), Zivilrecht im Sozialstaat, 2005, S. 341–364 [zit.: *Ehricke,* in: FS Derleder].

Eickhoff, Andreas, Die Praxis der Gesellschafterversammlung. Einberufung, Ablauf, Beschlussfassung in der GmbH und GmbH & Co. KG, 4. Auflage 2006 [zit.: *Eickhoff,* Gesellschafterversammlung].

Enzinger, Michael, Mehrheitsbeschlüsse bei Personengesellschaften, 1995.

Erman, Walter (Begr.), Bürgerliches Gesetzbuch, hrsg. von Westermann, Harm Peter / Grunewald, Barbara / Maier-Reimer, Georg, Band 1, 15. Auflage 2017 [zit.: Erman/*Bearbeiter*].

Erman, Walter (Begr.), Bürgerliches Gesetzbuch, hrsg. von Westermann, Harm Peter / Grunewald, Barbara / Maier-Reimer, Georg, Band 2, 15. Auflage 2017 [zit.: Erman/*Bearbeiter*].

Falkenhausen, Joachim Freiher von / Kocher, Dirk, Abwahlanträge gegen satzungsmäßig bestellte Hauptversammlungsleiter, BB 2005, 1068–1070.

Fantur, Lukas, Zur Leitung der Generalversammlung, insbesondere durch Geschäftsführer, in: Bernat, Erwin / Böhler, Elisabeth / Weilinger, Arthur (Hrsg.), Festschrift für Heinz Krejci zum 60. Geburtstag. 1. Band, S. 581–594 [zit.: *Fantur,* in: FS Krejci].

Fehrenbach, Markus, Der fehlerhafte Gesellschafterbeschluss in der GmbH, 2011.

Fleischer, Holger / Danninger, Nadja, Der Sorgfaltsmaßstab in der Personengesellschaft (§ 708 BGB), NZG 2016, 481–492.

Fleischer, Holger / Goette, Wulf (Hrsg.), Münchener Kommentar zum GmbHG, Band 2, 2. Auflage 2016 [zit.: MüKo-GmbHG/*Bearbeiter*].

Flume, Werner, Allgemeiner Teil des Bürgerlichen Rechts, Band I 1. Teil: Die Personengesellschaft, 1977.

Fritz, Christian / Perktold, Klaus, Die „neue" Gesellschaft bürgerlichen Rechts, 2015.

Gaul, Felix, Rechtsschutzmöglichkeiten bei fehlerhafter Entlastung in der KG – ein Beitrag zum Beschlussmängelrecht bei Personengesellschaften, DStR 2009, 804–809.

Gehrlein, Markus / Witt, Carl-Heinz / Volmer, Michael (Hrsg.), GmbH-Recht in der Praxis, 3. Auflage 2015 [zit.: Gehrlein/Bearbeiter].

Geißler, Markus, Schutz der Minderheit bei Einberufung und Durchführung der GmbH-Gesellschafterversammlung, GmbHR 2016, 1289–1297.

Gesellschaftsrechtliche Vereinigung (Hrsg.*),* Gesellschaftsrecht in der Diskussion 2015, Jahrestagung der Gesellschaftsrechtlichen Vereinigung (VGR), 2016.

Gierke, Julius von, Handelsrecht und Schiffahrtsrecht, 8. Auflage 1958.

Goette, Wulf / Goette, Maximilian, Mehrheitsklauseln im Personengesellschaftsrecht, DStR 2016, 74–84.

Goette, Wulf / Habersack, Mathias / Kalss, Susanne (Hrsg.), Münchener Kommentar zum AktG, Band 3, 4. Auflage 2018 [zit.: MüKo-AktG/*Bearbeiter*].

Götze, Cornelius, Anmerkung zu BGH, Urt. v. 8.11.2016 – II ZR 304/15, NZG 2017, 185.

Göz, Philipp / Pauw, Dominik, Reichweite gesellschaftsvertraglicher Mehrheitsklauseln bei Personengesellschaften, DB 2014, 2759–2760.

Grunewald, Barbara, Rechtsschutz gegen fehlerhafte Maßnahmen der Geschäftsführung, DB 1981, 407–409.

Grunewald, Barbara, Der Ausschluss aus Gesellschaft und Verein, 1987.

Grunewald, Barbara, Die Gesellschafterklage in der Personengesellschaft und der GmbH, 1990.

Grunewald, Barbara, Die Abberufung von Gesellschaftergeschäftsführern in der GmbH, in: Lieb, Manfred / Noack, Ulrich / Westermann, Harm Peter (Hrsg.), Festschrift für Wolfgang Zöllner zum 70. Geburtstag, Band I, 1999, S. 177–190 [zit.: *Grunewald,* in: FS Zöllner].

Grunewald, Barbara, Durchsetzung von Ersatzansprüchen durch besondere Vertreter in Personengesellschaften, in: Hoffmann-Becking, Michael (Hrsg.), Liber amicorum für Martin Winter, 2011, S. 167–175 [zit.: *Grunewald,* in: Liber amicorum Winter].

Grunewald, Barbara, Gesellschaftsrecht, 10. Auflage 2017.

Grunewald, Barbara, Die Bindung der Aktiengesellschaft an Beschlussanträge ihrer Aktionäre, AG 2015, 689–696.

Grunewald, Barbara, Die Aufgabe des Bestimmtheitsgrundsatzes – was bleibt vom Minderheitenschutz in der Personengesellschaft?, BB 2015, 332.

Grunewald, Barbara, Das Recht des Kommanditisten auf Einberufung bzw. Ergänzung der Tagesordnung der Gesellschafterversammlung, in: Siekmann, Helmut (Hrsg.), Festschrift für Theodor Baums, Band 1, 2017, S. 507–515[zit.: *Grunewald,* in: FS Baums].

Grunsky, Wolfgang, Grundlagen des Verfahrensrechts, 2. Auflage 1974.

Gummert, Hans (Hrsg.), Münchener Anwalts Handbuch Personengesellschaftsrecht, 2. Auflage 2015 [zit.: MAH PersGR/*Bearbeiter*].

Gummert, Hans / Weipert, Lutz (Hrsg.), Münchener Handbuch des Gesellschaftsrechts, Band 1, 4. Auflage 2014 [zit.: MünchHdb. GesR I/*Bearbeiter*].

Gummert, Hans / Weipert, Lutz (Hrsg.), Münchener Handbuch des Gesellschaftsrechts, Band 2, 4. Auflage 2014 [zit.: MünchHdb. GesR II/*Bearbeiter*].

Habersack, Mathias, Die Anerkennung der Rechts- und Parteifähigkeit der GbR und der akzessorischen Gesellschafterhaftung durch den BGH, BB 2001, 477–483.

Hager, Johannes (Hrsg.), Bestimmtheitsgrundsatz und Mehrheitsklauseln, Tagungsband, 2016.

Häublein, Martin, Die Vertretung von Wohnungseigentümern durch den Verwalter in der Versammlung, ZWE 2012, 1–17.

Heckschen, Heribert / Bachmann, Daniel, Mehrheitsklauseln bei Personengesellschaften, NZG 2015, 531–537.

Heidel, Thomas (Hrsg.), Aktienrecht und Kapitalmarktrecht, 4. Auflage 2014 [zit.: Heidel/*Bearbeiter*].

Heidel, Thomas / Schall, Alexander (Hrsg.), Handelsgesetzbuch Handkommentar, 2. Auflage 2015 [zit.: Heidel/Schall/*Bearbeiter*].

Heidenhain, Martin / Meister, Burkhardt (Hrsg.), Münchener Vertragshandbuch, Band 1, Gesellschaftsrecht, 6. Auflage 2005 [zit.: MüVertrags-HdB/*Bearbeiter*].

Heintschel-Heinegg, Bernd von (Hrsg.), Beck'scher Online-Kommentar StGB, Edition 36 1.11.2017 [zit.: BeckOK-StGB/*Bearbeiter*].

Henckel, Wolfram, Prozessrecht und materielles Recht, Göttingen 1970.

Herberger, Maximilian /Martinek, Michael / Rüßmann, Helmut /Weth, Stephan / Würdinger, Markus (Hrsg.), jurisPK-BGB, Band 2, 8. Auflage 2017 [zit.: jurisPK-BGB/ Bearbeiter].

Henssler, Martin / Strohn, Lutz (Hrsg.), Beck'sche Kurz-Kommentare Gesellschaftsrecht, 3. Auflage 2016 [zit.: Henssler/Strohn/*Bearbeiter*].

Hoffmann-Becking, Michael / Gebele, Alexander (Hrsg.), Beck'sches Formularbuch Bürgerliches, Handels- und Wirtschaftsrecht, 12. Auflage 2016 [zit.: Beck'Formular-HdB/*Bearbeiter*].

Hoffmann-Becking, Michael, Der Aufsichtsrat der AG und sein Vorsitzender in der Hauptversammlung, NZG 2017, 281–291.

Hoffmann, Jochen / Köster, Jan, Beschlußfeststellung und Anfechtungsklageerfordernis im GmbH-Recht, GmbHR 2003, 1327–1336.

Hofmann, Christian, Der Minderheitsschutz im Gesellschaftsrecht, 2011.

Hölters, Wolfgang (Hrsg.), Aktiengesetz Kommentar, 3. Auflage 2017 [zit.: Hölters/ *Bearbeiter*].

Hoppe, Axel, Hauptversammlungssaison 2017: Rechte und Pflichten des Versammlungsleiters bei Wahlentscheidungen in der Hauptversammlung, NZG 2017, 361–367.

Hopt, Klaus (Hrsg.), Vertrags- und Formularbuch zum Handels-, Gesellschafts- und Bankrecht, 4. Auflage 2013 [zit.: Vertrags-/FormularHdB/*Bearbeiter*].

Hueck, Alfred, Das Recht der offenen Handelsgesellschaft, 4. Auflage 1971 [zit.: *Hueck*, OHG].

Hüffer, Uwe / Koch, Jens (Hrsg.), Beck'sche Kurz-Kommentare Aktiengesetz, 12. Auflage 2016 [zit.: Hüffer/*Bearbeiter*].

Hügel, Stefan / Klepsch, Michael, Entlastung und Stimmverbot bei Personenidentität im Konzern, NZG 2005, 905–909.

Immenga, Ulrich, Die Minderheitsrechte des Kommanditisten, ZGR 1974, 385–426.

Jauernig, Othmar (Begr.), Bürgerliches Gesetzbuch mit Allgemeinem Gleichbehandlungsgesetz (Auszug) Kommentar, herausgegeben von Rolf Stürner, 16. Auflage 2015 [zit.: Jauernig/*Bearbeiter*].

Joecks, Wolfgang / Miebach, Klaus (Hrsg.), Münchener Kommentar zum StGB, Band 5, 2. Auflage 2014 [zit.: MüKo-StGB/*Bearbeiter*].

Junker, Abbo, Grundkurs Arbeitsrecht, 16. Auflage 2017.

Karrer, Götz, Der besondere Vertreter im Recht der Personengesellschaften, NZG 2008, 206–210.

Karrer, Götz, Bestellung und Rechtsstellung des besonderen Vertreters im Recht der Per-sonengesellschaften, NZG 2009, 932–937.

Kießling, Erik, Möglichkeit, Reichweite und Überprüfung von Mehrheitsentscheidungen in Personengesellschaften, Besprechung von BGH v. 21.10.2014 - II ZR 84/13, WM 2014, 2168–2174.

Kirberger, Wolfgang / Kirberger, Petra, Hinzuziehung eines fachkundigen Beistands in der OHG-Gesellschafterversammlung und KG-Gesellschafterversammlung, in der Mitgliederversammlung von Vereinen sowie im Vereinsausschlußverfahren, BB 1978, 1390–1394.

Kleemann, Marcel, Der Leiter der GmbH-Gesellschafterversammlung, 2013 [zit.: *Kleemann*, Versammlungsleiter GmbH].

Klöhn, Lars, Minderheitenschutz im Personengesellschaftsrecht. Rechtsökonomische Grundlagen und Perspektiven, AcP 216 (2016), 281–319.

Kocher, Dirk / Feigen, Jan Philipp, Hilfspersonen des Versammlungsleiters, NZG 2015, 620–623.

Koller, Ingo / Kindler, Peter / Roth, Wulf-Henning / Morck, Winfried (Hrsg.), Handelsgesetzbuch Kommentar, 8. Auflage 2015 [zit.: Koller/Kindler/Roth/Morck/*Bearbeiter*].

Konzen, Horst, Der besondere Vertreter in Kapital- und Personengesellschaften, in: Erle, Bernd (Hrsg.), Festschrift für Peter Hommelhoff zum 70. Geburtstag, 2012, S. 565–582 [zit.: *Konzen,* in: FS Hommelhoff].

Kornblum, Udo, Bundesweite Rechtstatsachen zum Unternehmens- und Gesellschaftsrecht (Stand 1.1.2015), GmbHR 2015, 687–696.

Kornblum, Udo, Bundesweite Rechtstatsachen zum Unternehmens- und Gesellschaftsrecht (Stand 1.1.2016), GmbHR 2016, 691–701.

Köster, Bernd, Anfechtungs- und Nichtigkeitsklage gegen Gesellschafterbeschlüsse bei OHG und KG, Göttingen 1981.

Krieger, Gerd, Abwahl des satzungsmäßigen Versammlungsleiters, AG 2006, 355–363.

Kunkel, Carsten / Kunkel, Olga, Gerichtliche Überprüfung der Wirksamkeit von Gesellschafterbeschlüssen bei Abberufung oder Kündigung eines Anstellungsvertrages eines Gesellschafter-Geschäftsführers einer GmbH aus wichtigem Grund, Besprechung von BGH v. 4.4.2017 - II ZR 77/16, jurisPR-HaGesR 6/2017 Anm. 2.

Lackner, Karl / Kühl, Kristian (Hrsg.), Strafgesetzbuch Kommentar, 28. Auflage 2014 [zit.: Lackner/Kühl/*Bearbeiter*].

Lange, Frank-Holger, Der Leiter der GmbH-Gesellschafterversammlung, NJW 2015, 3190–3194.

Leenen, Detlef, „Bestimmtheitsgrundsatz“ und Vertragsänderungen durch Mehrheitsbeschluß im Recht der Personengesellschaften, Festschrift für Karl Larenz zum 80. Geburtstag, 1983, S. 371–394 [zit.: *Leenen,* in: FS Larenz].

Lieder, Jan, Die Absage der Hauptversammlung und ihre Folgen, NZG 2016, 81–90.

Lind, Patric, BGH: Aufgabe des Bestimmtheitsgrundsatzes bei Personengesellschaften, Anmerkung, LMK 2015, 366316.

Linden, Klaus von der, Haftung für Fehler bei der Hauptversammlung, NZG 2013, 208–212.

Linden, Klaus von der, Keine organschaftliche Haftung des Hauptversammlungsleiters, EWiR 2014, 551–552.

Lockowandt, Peter, Stimmrechtsbeschränkungen im Recht der Personengesellschaften, Kernbereichslehre und Stimmrechtsausschluss, 1996.

Lutter, Marcus / Hommelhoff, Peter (Hrsg.), GmbH-Gesetz Kommentar, 19. Auflage 2016 [zit.: Lutter/Hommelhoff/*Bearbeiter*].

Marsch-Barner, Reinhard, Zu den Rechtsfolgen von Fehlern bei der Leitung der Hauptversammlung, in: Rheinische Notarkammer (Hrsg.), Festschrift für Günter Brambring zum 70. Geburtstag, 2012, S. 267–282 [zit.: *Marsch-Barner,* in: FS Brambring].

Martens, Klaus-Peter, Bestimmtheitsgrundsatz und Mehrheitskompetenz im Recht der Personengesellschaften, DB 1973, 413–420.

Medicus, Dieter / Petersen, Jens, Bürgerliches Recht, 26. Auflage 2017 [zit.: *Medicus/ Petersen,* Bürgerliches Recht].

Michalski, Lutz / Heidinger, Andreas / Leible, Stefan / Schmidt, Jessica (Hrsg.), Kommentar zum Gesetz betreffend die Gesellschaften mit beschränkter Haftung (GmbH-Gesetz), Band 2, 3. Auflage 2017 [zit.: Michalski/*Bearbeiter*].

Münnich, Lutz, Gesellschafterversammlung: Kein Stimmverbot eines satzungsmäßig zum Versammlungsleiter berufenen Gesellschafters bei Abwahl wegen

Interessenskonflikt –Besprechung von BGH v. 21.6.2010 – II ZR 230/08, GmbHR 2010, 977–980.

Münnich, Lutz, Gesellschafterversammlung: Keine Einberufungsbefugnis eines vorläufig wirksam abberufenen, aber im Handelsregister noch eingetragenen Geschäftsführers – Besprechung von BGH v. 8.11.2016 – II ZR 304/15, GmbHR 2017, 188–193.

Mutter, Stefan, Versammlungsleitung, nur noch etwas für Mutige?, AG-Report 2013, R161.

Noack, Ulrich, Der Versammlungsleiter im GmbH-Recht, GmbHR 2017, 792–800.

Nitschke, Manfred, Die körperschaftlich strukturierte Personengesellschaft, 1970.

Oetker, Hartmut (Hrsg.), Kommentar zum Handelsgesetzbuch (HGB), 5. Auflage 2017 [zit.: Oetker/*Bearbeiter*].

Otte-Gräbener, Sabine, Keine Reichweitenbeschränkung allgemeiner Mehrheitsklauseln durch Bestimmtheitsgrundsatz, Anmerkung zu BGH v. 21.10.2014 – II ZR 84/13, GWR 2015, 11.

Pliquett, Sebastian, Die Haftung des Hauptversammlungsleiters, 2015 [zit.: Pliquett, Haftung Hauptversammlungsleiter].

Poelzig, Dörte, Die Haftung des Leiters der Hauptversammlung – Grundlage, Grenzen und Durchsetzung der Haftung, AG 2015, 476–488.

Priester, Hans-Joachim, Festschrift für Walther Hadding zum 70. Geburtstag am 8. Mai 2004, in: Häuser, Franz (Begr.) / Hammen, Horst / Hennrichs, Joachim (Hrsg.)S. 607–619 [zit.: *Priester,* in: FS Hadding].

Priester, Hans-Joachim, Geltung einer allgemeinen Mehrheitsklausel in einem Personengesellschaftsvertrag auch für Grundlagen- und ungewöhnliche Geschäfte, EWiR 2015, 71–72.

Priester, Hans-Joachim, Eine Lanze für die Kernbereichslehre, Zwischenruf, NZG 2015, 529–531.

Prinz, Ulrich / Hoffmann, Wolf-Dieter (Hrsg.), Beck'sches Handbuch der Personengesellschaften, 4. Auflage 2014 [zit.: BeckHdB PersG/*Bearbeiter*].

Reul, Adolf, Die virtuelle Hauptversamlung im Aktienrecht – Online-Teilnahme und Briefwahl bei der Hauptversammlung, notar 2012, 76–85.

Reuter, Dieter, Neuere Rechtsprechung zum Personengesellschaftsrecht- Teil 2, JZ 1986, 72–82.

Reichert, Jochem (Hrsg.), GmbH & Co. KG, 7. Auflage 2015 [zit.: Reichert/*Bearbeiter*].

Roesener, Astrid, Alles beim Alten? Aktualisierung und Konsolidierung von Gesellschaftsverträgen, NJW 2016, 2214–2218.

Röhricht, Volker / Westphalen, Friedrich Graf von / Haas, Ulrich (Hrsg.), Kommentar zu Handelsstand, Handelsgesellschaften, Handelsgeschäften und besonderen

Handelsverträgen (ohne Bilanz-, Transport- und Seerecht), 4. Auflage 2014 [zit.: Röhricht/Graf v. Westphalen/Haas/*Bearbeiter*].

Rose, Michael, Anträge auf Abwahl des durch die Satzung bestimmten Versammlungsleiters, NZG 2007, 241–245.

Rosenberg, Leo / Schwab, Karl-Heinz / Gottwald, Peter, Zivilprozessrecht, 17. Auflage 2010.

Roth, Günter, Die Kompetenzkompetenz der Gesellschafterversammlung, in: Bachmann, Birgit / Breidenbach, Stefan / Coester-Waltjen, Dagmar / Heß, Burkhard / Nelle, Andreas / Wolf, Christian (Hrsg.), Grenzüberschreitungen. Beiträge zum Internationalen Verfahrensrecht und zur Schiedsgerichtbarkeit. Festschrift für Peter Schlosser zur 70. Geburtstag, 2005, S. 761–771 [zit.: *Roth*, in: FS Schlosser].

Roth, Günter / Altmeppen, Holger (Hrsg.), Gesetz betreffen die Gesellschaften mit beschränkter Haftung, Kommentar, 8. Auflage 2015 [zit.: Roth/Altmeppen/*Bearbeiter*].

Rothe, Gerhard, Richterliches Ermessen und Gestaltungswirkung, AcP 151 (1950/51), 33–42.

Rowedder, Heinz / Schmidt-Leithoff, Christian (Hrsg.), Gesetz betreffend die Gesellschaften mit beschränkter Haftung, 6. Auflage 2017 [zit.: Rowedder/Schmidt-Leithoff/*Bearbeiter*].

Säcker, Franz Jürgen / Rixecker, Roland / Oetker, Hartmut / Limperg, Bettina (Hrsg.), Münchener Kommentar zum Bürgerlichen Gesetzbuch, Band 1, 7. Auflage 2015 [zit.: MüKo-BGB/*Bearbeiter*].

Säcker, Franz Jürgen / Rixecker, Roland / Oetker, Hartmut / Limperg, Bettina (Hrsg.), Münchener Kommentar zum Bürgerlichen Gesetzbuch, Band 2, 7. Auflage 2016 [zit.: MüKo-BGB/*Bearbeiter*].

Säcker, Franz Jürgen / Rixecker, Roland / Oetker, Hartmut / Limperg, Bettina (Hrsg.), Münchener Kommentar zum Bürgerlichen Gesetzbuch, Band 4, 7. Auflage 2016 [zit.: MüKo-BGB/*Bearbeiter*].

Säcker, Franz Jürgen / Rixecker, Roland / Oetker, Hartmut / Limperg, Bettina (Hrsg.), Münchener Kommentar zum Bürgerlichen Gesetzbuch, Band 6, 7. Auflage 2017 [zit.: MüKo-BGB/*Bearbeiter*].

Saenger, Ingo, Beteiligung Dritter bei der Beschlussfassung und Kontrolle im Gesellschaftsrecht, 1990 [zit.: *Saenger*, Beteiligung Dritter].

Saenger, Ingo / Inhester, Michael (Hrsg.), GmbHG-Handkommentar, 3. Auflage 2016 [zit.: Saenger/Inhester/*Bearbeiter*].

Sandhaus, Daniel, Rechtsschutz gegen Beschlüsse bei Personengesellschaften, 2011 [zit.: *Sandhaus*, Rechtsschutz].

Schäfer, Carsten, Vom Einstimmigkeitsprinzip zum treupflichtgetragenen Mehrheitsentscheid im Personengesellschaftsrecht, ZGR 2013, 237–272.

Schäfer, Carsten, Der Bestimmtheitsgrundsatz ist (wirklich) Rechtsgeschichte, NZG 2014, 1401–1404.

Schäfer, Carsten, Empfiehlt sich eine grundlegende Reform des Personengesellschaftsrechts? Gutachten E zum 71. Deutschen Juristentag, Verhandlungen des 71. Deutschen Juristentages Essen 2016, Band I Gutachten, 2016, S. E1–E118 [zit.: *Schäfer,* in: Gutachten].

Schall, Alexander, Organhaftung und Freistellungsanspruch aus § 670 BGB, JZ 2015, 455–459.

Schatz, Matthias, Beschlussvereitelung durch den Versammlungsleiter und Reaktionsmöglichkeiten der Aktionäre, AG 2015, 696–708.

Schiffer, Jack, Mehrheitsentscheidungen in der Personengesellschaft – Ende der Kernbereichslehre?, BB 2015, 584–586.

Schirmer, Jan-Erik, Diskussionsbericht zum Referat von Jan Klöhn, AcP 216 (2016), 320–324.

Schlegelberger, Franz (Begr.) / Geßler, Ernst / Hefermehl, Wolfgang / Hildebrandt, Wolfgang/ Schröder, Georg / Martens, Klaus-Peter / Schmidt, Karsten (Hrsg.), Handelsgesetzbuch, Kommentar, Bd. III 1. Halbbd., 5. Auflage 1992 [zit.: Schlegelberger/*Bearbeiter*].

Schlosser, Peter, Gestaltungsklagen und Gestaltungsurteile, 1966.

Schmidt, Karsten, Die Beschlussanfechtungsklage bei Vereinen und Personengesellschaften. Ein Beitrag zur Institutionenbildung im Gesellschaftsrecht, in: Lutter, Marcus / Mertens, Hans-Joachim / Ulmer, Peter (Hrsg.), Festschrift für Walter Stimpel zum 68. Geburtstag, 1985, S. 217–243 [zit.: *K. Schmidt,* in: FS Stimpel].

Schmidt, Karsten, Grundfälle zum Gestaltungsprozeß. Schwerpunktprobleme der Gestaltungsklagen und Gestaltungsurteile, JuS 1986, 35–41.

Schmidt, Karsten, Die Vereinsmitgliedschaft als Grundlage von Schadensersatzansprüche – Positive Vertragsverletzung und sonstiges Recht im Innenrecht des Vereins, JZ 1991, 157–162.

Schmidt, Karsten, Die Bahandlung treuwidriger Stimmen in der Gesellschafterversammlung und im Prozeß, GmbHR 1992, 9–14.

Schmidt, Karsten, Gesellschaftsrecht, 4. Auflage 2002 [zit.: *K. Schmidt,* Gesellschaftsrecht].

Schmidt, Karsten, Mehrheitsbeschlüsse in Personengesellschaften. Stand und Fortbildung des Innenrechts der Personengesellschaften nach dem „Otto“-Urteil des Bundesgerichtshofs, ZGR 2008, 1–33.

Schmidt, Karsten / Lutter, Marcus (Hrsg.), Aktiengesetz Kommentar, Band 1, 3. Auflage 2015 [zit.: K. Schmidt/Lutter/*Bearbeiter*].

Schmidt, Karsten, Das Personengesellschaftsrecht als Rechtsprechungsrecht, in: Limperg, Bettina (Hrsg.), Recht im Wandel deutscher und europäischer Rechtspolitik,

Festschrift 200 Jahre Carl Heymanns Verlag, 2015, S. 245–259 [zit.: *K. Schmidt,* in: FS Carl Heymanns Verlag].

Schmidt, Karsten, Personengesellschaftsrecht: Reichweite einer allgemeinen Mehrheitsklausel, JuS 2015, 655–657.

Schmidt, Karsten (Hrsg.), Münchener Kommentar zum Handelsgesetzbuch, Band 1, 4. Auflage 2016 [zit.: MüKo-HGB/*Bearbeiter*].

Schmidt, Karsten (Hrsg.), Münchener Kommentar zum Handelsgesetzbuch, Band 2, 4. Auflage 2016 [zit.: MüKo-HGB/*Bearbeiter*].

Schmidt, Karsten (Hrsg.), Münchener Kommentar zum Handelsgesetzbuch, Band 3, 3. Auflage 2012 [zit.: MüKo-HGB/*Bearbeiter*].

Schmidt, Karsten, Stimmrechtsausschluss bei der Beschlussfassung über die Abberufung aus wichtigem Grund, zum Urteil des BGH v. 4.4.2017 - II ZR 77/16, GmbHR 2017, 670–673.

Schneider, Herbert / Schneider, Uwe Helmut, Die Organisation der Gesellschafterversammlung bei Personengesellschaften, in: Hefermehl, Wolfgang / Nirk, Rudolf / Westermann, Harry (Hrsg.), Festschrift für Philipp Möhring, 1975, S. 271–294 [zit.: *Schneider/Schneider,* in: FS Möhring].

Schneider, Uwe Helmut, Die Inhaltskontrolle von Gesellschaftsverträgen, ZGR 1978, 1–35.

Scholz, Franz (Hrsg.), Kommentar zum GmbHG, 4. Auflage 1960 [zit.: Scholz/*Bearbeiter,* 4. Aufl. 1960].

Scholz, Franz (Begr.), Kommentar zum GmbHG mit Anhang Konzernrecht, Band 2, 11. Auflage 2013 [zit.: Scholz/*Bearbeiter*].

Scholz, Kai-Steffen, Die BGB-Gesellschaft nach dem Grundsatzurteil des BGH vom 29. 1. 2001, NZG 2002, 153–163.

Scholz, Kai-Steffen, Beschlussmängelstreitigkeiten in Personengesellschaften – Verselbständigung auch im Innenverhältnis, WM 2006, 897–905.

Scholz, Kai-Steffen, Die Versammlungsleitung in der Personengesellschaft, in: Bernreuther, Jörn / Freitag, Robert / Leible, Stefan / Sippel, Harald / Wanitzek, Ulrike (Hrsg.), Festschrift für Ulrich Spellenberg, 2010, S. 51–67 [zit.: *K.-S. Scholz,* in: FS Spellenberg].

Schönke, Adolf / Schröder, Horst (Hrsg.), Strafgesetzbuch Kommentar, 29. Auflage 2014 [zit.: Schönke/Schröder/*Bearbeiter*].

Schröder, Oliver, Neue Konzepte zum Beschlußmängelrecht der GmbH und der Personen-gesellschaften, GmbHR 1994, 532–537.

Schulze, Reiner (Hrsg.), Bürgerliches Gesetzbuch Handkommentar, 9. Auflage 2017 [zit.: Hk-BGB/*Bearbeiter*].

Schürnbrand, Jan, Rechtsstellung und Verantwortlichkeit des Leiters der Hauptversammlung, NZG 2014, 1211–1213.

Schütz, Olaf, Sachlegitimation und richtige Prozeßpartei bei innergesellschaftlichen Streitigkeiten in der Personengesellschaft, 1994.

Schwab, Martin, Das Prozeßrecht gesellschaftsinterner Streitigkeiten, 2005.

Seidel, Thorsten / Wolf, Maximilian, Minderheitenschutz in der Gesellschaft – Bedeutung der Kernbereichslehre in der neueren BGH-Rechtsprechung, BB 2015, 2563–2567.

Simons, Cornelius, Die Online-Abstimmung in der Hauptversammlung, NZG 2017, 567–572.

Soergel, Hans Theodor (Begr.), Bürgerliches Recht mit Einführungsgesetz und Nebengesetzen, Band 5/3, Schuldrecht 3/3, 13. Aufl. 2010 [zit.: Soergel/*Bearbeiter*].

Soergel, Hans Theodor (Begr.), Bürgerliches Recht mit Einführungsgesetz und Nebengesetzen, Band 11/1: Schuldrecht 9/1, 13. Aufl. 2011 [zit.: Soergel/*Bearbeiter*].

Spindler, Gerhard / Stilz, Eberhard (Hrsg.), Kommentar zum Aktiengesetz, Band 1, 3. Auflage 2015 [zit.: Spindler/Stilz/Bearbeiter].

Staub, Hermann (Begr.), Handelsgesetzbuch Großkommentar, herausgegeben von Claus-Wilhelm Canaris / Mathias Habersack / Carsten Schäfer, Band 3, 5. Auflage 2009 [zit.: GroßkommHGB/*Bearbeiter*].

Staub, Hermann (Begr.), Handelsgesetzbuch Großkommentar, herausgegeben von Claus-Wilhelm Canaris / Mathias Habersack / Carsten Schäfer, Band 4, 5. Auflage 2015 [zit.: GroßkommHGB/*Bearbeiter*].

Staudinger, Julius von (Begr.), Kommentar zur Bürgerlichen Gesetzbuch mit Einführungsgesetz und Nebengesetzen, Buch 2: Recht der Schuldverhältnisse §§ 249–254, Neubearbeitung 2017 [zit.: Staudinger/*Bearbeiter*].

Staudinger, Julius von (Begr.), Kommentar zur Bürgerlichen Gesetzbuch mit Einführungsgesetz und Nebengesetzen, Buch 2: Recht der Schuldverhältnisse, §§ 328–345, Neubearbeitung 2015 [zit.: Staudinger/*Bearbeiter*].

Staudinger, Julius von (Begr.), Kommentar zur Bürgerlichen Gesetzbuch mit Einführungsgesetz und Nebengesetzen, Buch 2: Recht der Schuldverhältnisse, §§ 705–740, Neubearbeitung 2003 [zit.: Staudinger/*Bearbeiter*].

Staudinger, Julius von (Begr.), Kommentar zur Bürgerlichen Gesetzbuch mit Einführungsgesetz und Nebengesetzen, Buch 3: Sachenrecht, §§ 985–1011, Neubearbeitung 2012 [zit.: Staudinger/*Bearbeiter*].

Sudhoff, Heinrich (Begr.), Unternehmensnachfolge, 5. Auflage 2005 [zit.: Sudhoff/*Bearbeiter*].

Teichmann, Arndt, Gestaltungsfreiheit in Gesellschaftsverträgen, 1970.

Terner, Paul, Neues zum Vereinsrecht, NJW 2008, 16–20.

Theusinger, Ingo / Schila, Ralph, Die Leitung der Hauptversammlung – eine Aufgabe frei von Risiken?, BB 2015, 131–141.

Theusinger, Ingo / Schila, Ralph, Gerichtliche Bestimmung eines unparteiischen Versammlungsleiters für einzelne Tagesordnungspunkte der Hauptversammlung, BB 2016, 56–59.

Timm, Wolfram, Beschlußanfechtungsklage und Schiedsfähigkeit im Recht der personalistisch strukturierten Gesellschaften, in: Goerdeler, Reinhard / Lutter, Marcus / Odersky, Walter / Wiedemann, Herbert (Hrsg.), Festschrift für Hans-Jochachim Fleck zum 70. Geburtstag, 1988, S. 365–381 [zit.: *Timm,* in: FS Fleck].

Todtenhöfer, Jens, Bestimmung des Klagegegners bei personengesellschaftsrechtlichen Beschlussmängelklagen, 2016.

Torggler, Ulrich (Hrsg.), Unternehmensgesetzbuch Kommentar, 2. Auflage 2016 [zit.: Torggler/*Bearbeiter*].

Ulmer, Peter, Testamentsvollstreckung am Kommanditanteil – Voraussetzungen und Rechtsfolgen, NJW 1990, 73–83.

Ulmer, Peter, Gesellschafterbeschlüsse in Personengesellschaften – Zur Bindung der Gesellschafter an ihre Stimmabgabe, in: Jayme, Erik (Hrsg.), Festschrift für Hubert Niederländer zum siebzigsten Geburtstag, 1991, S. 415–434 [zit.: *Ulmer,* in: FS Niederländer].

Ulmer, Peter, Die große, generationsübergreifende Familien-KG als besonderer Gesellschaftstyp, ZIP 2010, 549–558.

Ulmer, Peter, Mehrheitsbeschlüsse in Personengesellschaften: definitiver Abschied vom BestimmtheitsgrundsatzRandbemerkungen zu BGH v. 21.10.2014 - II ZR 84/13, ZIP 2014, 2231 (Anteilsabtretung), ZIP 2015, 657–662.

Ulmer, Peter / Habersack, Mathias / Löbbe, Marc (Hrsg.), GmbHG Großkommentar – Gesetz betreffend die Gesellschaften mit beschränkter Haftung, Band 2, 2. Auflage 2014, [zit.: GroßkommGmbHG/*Bearbeiter*].

Vogel, Wolfgang, Gesellschafterbeschlüsse und Gesellschafterversammlung. Mit Formularanhang für die Praxis, 1968 [zit.: *Vogel,* Gesellschafterbeschlüsse].

Weber, Christoph, Totgesagte leben nicht immer länger – das (endgültige) Ende des personengesellschaftsrechtlichen Bestimmtheitsgrundsatzes, JA 2015, 147–149.

Weber, Johannes, Miniatur: Mehrheitsklauseln in Gesellschaftsverträgen, ZfPW 2015, 123–128.

Weimar, Robert, Einmann-Personengesellschaften – ein neuer Typ des Gesellschaftsrechts?, ZIP 1997, 1769–1778.

Weise, Stefan / Krauß, Hans-Frieder (Hrsg.), Beck'sche Online-Formulare Vertrag, 42. Edition 2017 [zit.: BeckForm/*Bearbeiter*].

Werner, Rüdiger, Das Beschlussfeststellungsrecht des Versammlungsleiters, GmbHR 2006, 127–132.

Wertenbruch, Johannes, Abschied von Bestimmtheitsgrundsatz und Kernbereichslehre im Beschlussanfechtungssystem der Personengesellschaft – Zugleich Besprechung des BGH-Urteils v. 21.10.2014 - II ZR 84/13, DB 2014, 2875–2880.

Westermann, Harm Peter, Vertragsfreiheit und Typengesetzlichkeit im Recht der Personengesellschaften, 1970.

Westermann, Harm Peter, Die Verteidigung von Mitgliedschaftsrechten in der Personengesellschaft (einschließlich GmbH & Co. KG), NZG 2012, 1121–1129.

Westermann, Harm Peter / Wertenbruch, Johannes (Hrsg.), Handbuch Personengesellschaften, 69. Aktualisierung 2017 [zit.: Westermann/*Bearbeiter*].

Wicke, Hartmut (Hrsg.), Gesetz betreffend die Gesellschaften mit beschränkter Haftung. Kommentar, 3. Auflage 2016 [zit.: Wicke/*Bearbeiter*].

Wicke, Hartmut, Dos and Don'ts bei der Einberufung und Durchführung von Gesellschafterversammlungen, GmbHR 2017, 777–788.

Wiedemann, Herbert, Änderung von Gesellschaftsverträgen durch Mehrheitsbeschluß, JZ 1983, 559–560.

Wiedemann, Herbert, Die Personengesellschaft – Vertrag oder Organisation?, ZGR 1996, 286–299.

Wiedemann, Herbert, Gesellschaftsrecht Band II: Recht der Personengesellschaften, 2004 [zit.: *Wiedemann,* Gesellschaftsrecht Bd. II]

Wieland, Karl Albert, Handelsrecht Band 1: Das kaufmännische Unternehmen und die Handelsgesellschaften, 1921 [zit.: *Wieland,* Handelsrecht].

Wiester, Roland, Die Durchführung von Gesellschafterversammlungen bei der zerstrittenen Zweipersonen-GmbH, GmbHR 2008, 189–195.

Wilsing, Hans-Ulrich / Linden, Klaus von der, Hauptversammlungsleitung durch einen Unternehmensfremden, ZIP 2009, 641–651.

Windbichler, Christine, Gesellschaftsrecht, 24. Auflage 2017.

Winkler, Sylko, Gesellschafterausschluss und Geschäftsführer-Abberufung in der Zweipersonen-GmhH, GmbHR 2017, 334–341.

Ziemons, Hildegard / Jaeger, Carsten, Beck'scher Online-Kommentar GmbHG, 33. Edition 1.11.2017 [zit.: BeckOK-GmbHG/*Bearbeiter*]

Zöllner, Wolfgang, Die Zulässigkeit von Mehrheitsregelungen in Konsortialverträge, in: Habersack, Mathias / Hommelhoff, Peter / Hüffer, Uwe / Schmidt, Karsten (Hrsg.), Festschrift für Peter Ulmer zum 70. Geburtstag, 2003, S. 725–755 [zit.: *Zöllner,* in: FS Ulmer].

Zöllner, Wolfgang / Noack, Ulrich (Hrsg.), Kölner Kommentar zum Aktiengesetz, Band 3 Teil 5, §§ 147–149 AktG, 3. Aufl. 2015 [zit.: KölnKomm-AktG/*Bearbeiter*].

Zöllner, Wolfgang / Noack, Ulrich, Geltendmachung von Beschlußmängeln im GmbH-Recht, ZGR 1989, 525–544.

www.ingramcontent.com/pod-product-compliance
Ingram Content Group UK Ltd.
Pitfield, Milton Keynes, MK11 3LW, UK
UKHW021131041026
8980IPUK00034B/1684

9 783631 757628